AF402427

Adéodat BOISSARD

PROFESSEUR D'ÉCONOMIE ET DE LÉGISLATION
INDUSTRIELLES
A LA FACULTÉ LIBRE DE DROIT DE PARIS

CONTRAT DE TRAVAIL

ET SALARIAT

INTRODUCTION

PHILOSOPHIQUE, ÉCONOMIQUE ET JURIDIQUE

à l'étude des

Conventions relatives au Travail

dans le Régime du Salariat

PARIS

BLOUD & Cⁱᵉ, ÉDITEURS

7, PLACE Sᵗ-SULPICE; 3, RUE FÉROU; ET 6, RUE DU CANIVET

1910

CONTRAT DE TRAVAIL ET SALARIAT

8ᵉ R
23888

DU MÊME AUTEUR

Le Syndicat mixte. 1897; chez A. Rousseau, 14, rue Soufflot, Paris... 5 fr.

Les Accidents du travail. Br. 1898; chez Sueur-Charruey, 41, rue de Vaugirard, Paris........................ Epuisé.

La Vieillesse de l'ouvrier. Br. 1899; chez Sueur-Charruey, 41, rue de Vaugirard, Paris........................ Epuisé.

Les premiers résultats de la loi du 9 août 1898. Br. 1902; chez Larose et Tenin, 22, rue Soufflot, Paris.......... 1 fr.

Retraites ouvrières et risque professionnel. Br. 1904; chez Larose et Tenin, 22, rue Soufflot, Paris........ 1 fr.

La lutte contre la concurrence excessive. Br. 1909; Action populaire; — et chez Lecoffre, 90, rue Bonaparte, Paris .... 1 fr. 25

Le mesurage du travail à la tâche. Br. de l'Association pour la protection légale des travailleurs; 1907; chez Alcan, 108, boulevard Saint-Germain...................... 1 fr. 20

ÉTUDES DE MORALE ET DE SOCIOLOGIE

Adéodat BOISSARD

PROFESSEUR D'ÉCONOMIE ET DE LÉGISLATION
INDUSTRIELLES
A LA FACULTÉ LIBRE DE DROIT DE PARIS

CONTRAT DE TRAVAIL ET SALARIAT

INTRODUCTION

PHILOSOPHIQUE, ÉCONOMIQUE ET JURIDIQUE

à l'étude des

Conventions relatives au Travail
dans le Régime du Salariat

PARIS

BLOUD & Cie, ÉDITEURS

7, PLACE St-SULPICE; 3, RUE FÉROU; ET 6, RUE DU CANIVET

1910

« La vie sociale est la condition nécessaire de la vie individuelle; le travail, la condition nécessaire de la conservation
et du développement de la vie individuelle; l'organisation, la
condition nécessaire de la vie sociale. Le but de la discipline
économique sera donc la recherche de l'organisation du travail la plus conforme à la justice, la plus apte à se prêter au
progrès, la plus propre à assurer la conservation et le développement de la vie individuelle et sociale. »

Henri Lorin. — Déclaration inaugurale de la *Se-*
maine sociale de Marseille, 27 juillet 1908.

« Il faut se féliciter que de tous les horizons de la conscience
humaine s'élève à l'unisson, au-dessus des luttes de partis et
des conflits de doctrine, cette parole que les canonistes ont dite
les premiers, que les socialistes ont répétée après eux et qui
sort aujourd'hui de toutes les bouches : l'homme a le droit
de vivre par son travail. »

Lucien Brocard. — Préface au livre de Ryan :
Salaire et Droit à l'existence.

SOMMAIRE

AVANT-PROPOS

———

Les pages qui suivent sont quelques chapitres détachés d'un cours sur « le Contrat de Travail dans le Régime du Salariat (1) ».

Ce sont des notes de cours, c'est-à-dire par définition quelque chose de très sec et de très raccourci : simples thèmes destinés à trouver leur développement dans la leçon parlée, et à se voir accompagnés d'illustrations variées (exemples choisis parmi les événements historiques ou immédiatement contemporains; citations d'auteurs d'opinions divergentes; et autres références de toutes sortes).

Ces notes (à part quelques-unes qui avaient été revues pour d'autres utilisations) ont été laissées dans leur nudité et leur rudesse premières, leur orientation générale paraissant seule pouvoir offrir quelque intérêt, étant donné l'afflux tous les jours grossissant de la littérature spéciale à cet ordre de questions.

Telles quelles, elles se présentent comme une esquisse introductive — philosophique, économique et juridique, — à l'étude du contrat de travail, de sa pratique en droit positif actuel et de sa réforme nécessaire par la coutume et par la loi.

(1) Voir, à l'Annexe n° I, le programme complet du cours professé à la Faculté libre de Droit de Lille en 1906-1907.

Professées soit devant les étudiants en doctorat des Facultés libres de droit de Lille et de Paris, soit devant les auditeurs des Semaines sociales de France (1), ces considérations auraient l'ambition de constituer une contribution, — si modeste qu'elle pût être, — à l'élaboration des doctrines du Catholicisme social, c'est-à-dire d'une sociologie vraiment et intégralement réaliste, et par cela même harmonisée à la fois avec les nécessités de l'ordre physique ou économique et avec les besoins spirituels et les postulats de la morale chrétienne (2).

Grasse, villa Paradis, janvier-juin 1910.

(1) J'ai traité, à la *Semaine sociale de Bordeaux* (1909), *des grèves et de leur régularisation;* à celle d'Amiens (1907), *des conventions collectives de travail;* enfin, à Lyon (1904), Orléans (1905) et Rouen (1910), *de la théorie du risque professionnel et de son application au problème des retraites ouvrières.*

(2) On voudra bien tenir compte de ce que ces notations ayant été jetées sur le papier à l'intention d'étudiants, — c'est-à-dire de novices en cet ordre de préoccupations, — et en vue de la formation du sens social de ces jeunes gens, c'est très consciemment qu'elles ramènent à itératives reprises et s'efforcent de mettre en relief avec une insistance délibérément tendancieuse certaines vérités d'observation élémentaires et banales, sans doute, mais essentielles.

Le Régime du Salariat

Les facteurs de la production économique, et le problème de la répartition des produits. — Comment se caractérise le régime du salariat. — L'évolution économique comparée à l'évolution politique.

Le problème de la répartition.

Comment s'analyse la production économique ?

Comment doit s'opérer la répartition des produits ?

Tels sont les deux graves problèmes qui dominent et conditionnent la question des conventions relatives au travail et du régime du salariat.

Toute production économique suppose l'intervention de deux facteurs essentiels :

1° Un facteur actif, *un agent* : le travail humain. Et seul, à vrai dire, parmi tous les facteurs de la production, le travail humain mérite ce titre d'agent parce que seul il est conscient et libre.

2° Un facteur passif, à savoir : le ou les éléments matériels auxquels s'applique le travail humain.

Le travail, lui-même, appliqué à la production se décompose en travail intellectuel : travail de conception, travail de direction ; et en travail musculaire : travail physique, travail d'exécution.

Quant aux éléments matériels auxquels s'applique le travail, ils peuvent, soit dériver directement de la nature (tels la terre, la houille, les forêts); soit encore constituer des résultantes, des composés de certains produits naturels directs, originaires, auxquels se serait déjà incorporé du travail : ainsi en est-il de ce que l'on appelle le capital. N'a-t-on pas dit d'une des formes du capital, le capital-épargne, que c'était « du travail cristallisé » ?

Quoiqu'il en soit et pour une production économique donnée, il se peut qu'un seul agent humain la réalise, y employant à la fois son intelligence, sa force musculaire, et des matériaux naturels ou dérivés, produits directs de la nature ou capitaux lui appartenant. Ou bien encore, il se peut que plusieurs êtres humains se mettent ensemble, s'associent en vue du produit à réaliser, en apportant .. l'œuvre commune qui son génie inventif, qui ses connaissances intellectuelles, qui son travail manuel, qui le terrain sur lequel on s'installera, qui les matériaux, qui les instruments, qui les capitaux nécessaires.

Lorsqu'un seul agent humain réalise à lui tout seul et par ses propres moyens la production économique, la question de la répartition des produits ne se pose pas : ces produits appartiennent intégralement à celui qui les a créés.

Mais, lorsque plusieurs hommes ont dû réunir les forces intellectuelles ou matérielles dont ils disposent pour la réalisation d'un produit, comment va s'opérer la répartition de ce produit entre ceux qui ont concouru à sa création?

Les systèmes de répartition.

Trois systèmes-types de répartition ont été réalisés, ou se conçoivent comme réalisables.

a) Ou bien, les produits créés en commun par un certain groupement d'hommes sont consommés en collectivité, en groupe, chacun y prenant une part plus ou moins large, plus ou moins léonine, ou au contraire plus ou moins restreinte et réduite, suivant les coutumes intérieures du groupe : c'est le système du *communisme familial*, si l'on peut dire, appliqué avec des variantes et dans des agrégats plus ou moins étendus aussi bien par le groupe patriarcal primitif que par le groupe féodal ou le groupe corporatif, au moins à leurs débuts, quand groupe féodal et groupe corporatif ne sont, en somme, que des familles élargies.

b) Mais, la société observée est une société industriellement plus avancée, où la division du travail est pratiquée avec plus de rigueur et de minutie, et où la production industrielle réalisée plus en grand exige la réunion de concours plus nombreux et diversifiés, et entraîne l'éventualité de risques considérables. Alors apparaît un nouveau régime de répartition des produits, régime que l'on peut qualifier *régime de partage conventionnel inégal*. En effet, certains parmi les producteurs assument, dans ce régime, les risques les plus considérables de l'entreprise commune ; mais ils se réservent, en revanche, tous les bénéfices éventuels de la production, c'est-à-dire toute la différence entre le prix de vente des produits et l'ensemble des frais généraux de la production dans lesquels est comprise la rémunération forfaitaire de l'apport — travail ou capital — de certains parmi les collaborateurs : les apporteurs-travail, ou *salariés*, et, certains apporteurs de numéraire limités dans leur rémunération, ou *obligataires*.

Ce régime, répétons-le, est un régime de partage

inégal dans lequel certains prennent à leur charge exclusive les risques principaux de l'entreprise, mais s'adjugent — en compensation — la propriété, exclusive aussi, du bénéfice net, alors que d'autres acceptent comme remunération de leur apport des prestations fixes, périodiques et forfaitaires qui constituent pour eux comme une assurance. C'est donc un régime qu'on peut qualifier soit régime de partage inégal, soit encore : régime de rémunération forfaitaire et à caractère d'assurance, par rapport à une partie des collaborateurs de la production.

Et c'est parce que, le plus souvent, ce sont ceux qui apportent le capital-numéraire qui, dans ce régime, assument les risques (non pas tous les risques : nous aurons l'occasion de le mieux préciser, par la suite ; mais certains grands risques) et se réservent, en retour, le bénéfice net, que l'on appelle aussi ce régime : *régime capitaliste*.

c) Enfin, on conçoit que les divers collaborateurs d'une production économique s'entendent pour réaliser le partage absolument complet, et aussi proportionnel que possible à la part prise par chacun dans la production, de tous les résultats de cette production, quels qu'ils soient, pertes ou bénéfices.

Ce régime qui est appliqué plus ou moins intégralement dans les coopératives de production, peut être qualifié *régime de partage proportionnel*, ou encore *régime associationiste*.

Ainsi, régime de communisme familial, régime de partage inégal ou capitaliste, régime de répartition proportionnelle ou associationniste : voilà les trois systèmes-types qui peuvent être pratiqués quant à la répartition des résultats d'une production économique.

Il est à peine besoin d'observer que ces systèmes-types apparaissent très rarement, dans la vie réelle, comme fonctionnant à l'état absolument exclusif et isolé, et comme conditionnant, à tour de rôle et à un moment donné, toutes les relations de production économique et toutes les opérations de répartition des produits.

La vie ne connaît pas ces distinctions rigides et ces catégories logiques.

Ces divers régimes coexistent dans la réalité ; ils s'entremêlent ; ils sont susceptibles de mille nuances et de mille modalités qui servent de transition de l'un à l'autre, dérangeant les symétries et adoucissant les arêtes vives des schémas théoriques.

C'est ainsi qu'il y a eu des salariés, à titre isolé et exceptionnel, bien avant que l'on fût en régime capitaliste, et que, par exemple, « même dans l'antiquité et sous le régime de l'esclavage, il y a eu des hommes pauvres, mais libres qui louaient leurs bras à un riche en échange d'un certain prix en argent ou en nature et qui, par conséquent, rentraient à peu près dans la définition du salarié. Mais c'était là l'exception. » (Ch. Gide, *Principes d'économie politique*, p. 453.)

En fait, le régime du salariat s'est généralisé à la faveur de circonstances historiques et comme conséquence naturelle et forcée d'un état économique tout nouveau et de conditions de production industrielle absolument bouleversées par la découverte de la vapeur, l'introduction du machinisme, la constitution des vastes ateliers agglomérés, les grandes concentrations de capitaux, la multiplication des voies de communication et la transformation des procédés de transport.

Et l'on aperçoit aisément quels ont pu être et quels

sont encore les avantages comme les inconvénients de ce régime.

Avantages et inconvénients du régime capitaliste ou régime du salariat.

Avantages d'abord.

Du côté des entrepreneurs, le régime du salariat présente le double avantage « de leur laisser, avec la propriété définitive du produit », c'est-à-dire le bénéfice intégral de l'affaire, s'il y en a, « la direction absolue et la responsabilité exclusive de l'entreprise »; seule la réunion de ces deux conditions : liberté entière de direction, perspective de bénéfices considérables, était de nature à décider les industriels qui les premiers se lancèrent dans la production en grand laquelle comportait, dans les débuts, tant d'aléas.

Quant à l'ouvrier, au travailleur sans avances et sans capitaux, le régime du salariat présente pour lui l'avantage de lui assurer un revenu certain, régulier, touché à intervalles rapprochés et soustrait à plusieurs des risques de l'entreprise.

Mais, par contre, voici venir les inconvénients du régime.

Dans le régime du salariat, le travail, c'est-à-dire en somme le travailleur (car il est absolument impossible d'isoler l'un de l'autre : parler du travail sans parler du travailleur, c'est faire la plus mauvaise des abstractions), devient un objet de trafic, une marchandise « subissant, comme telle, sur le marché, toutes les lois dites naturelles, et amorales aussi, qui règlent la valeur des marchandises. »

Et puis, si le contrat de salaire, étant un contrat à forfait, assure à l'ouvrier une rémunération fixe, du moins il lui enlève, du même coup et en échange de cette rémunération fixe, tout droit sur les produits de son travail et sur les bénéfices qui peuvent être le résultat de sa production, quelque élevés que puissent être ces bénéfices.

Ce régime supprime ainsi chez l'ouvrier tout intérêt direct, apparent, immédiat à l'accroissement de ces bénéfices ; et il en résulte que le travailleur n'est plus soutenu dans l'exécution consciencieuse de son labeur que par le sentiment du devoir, mobile qui n'agit pleinement que sur les consciences d'élite.

« Enfin, le régime du salariat crée entre entrepreneur et salarié un antagonisme d'intérêts inévitable. Il est naturel que l'ouvrier croie de son intérêt de fournir le minimum de travail en échange du salaire qu'il touche ; — et, de son côté, le patron cherche, très naturellement aussi, à obtenir le maximum de travail en échange du minimum de salaire » (1).

Voilà, à très grands traits, la physionomie d'ensemble du régime ; voilà l'exposé succinct des avantages et des inconvénients qu'il comporte.

Quels que soient, d'ailleurs, qualités et défauts du régime du salariat, il serait tout à fait inexact de prétendre que ce régime soit nécessairement injuste et spoliateur. Il n'est ni l'un ni l'autre si le contrat qui lui sert de base, — d'une part, — est bien un contrat, c'est-à-dire un arrangement conclu avec liberté et égalité réciproques des parties en cause ; et si, — d'autre part, — ce contrat est véritablement, ainsi qu'on l'affirme à son éloge, un contrat de sécurité mettant le travailleur salarié à l'abri des risques qui le guettent.

De toutes façons, ce régime paraît avoir devant lui

____

(1) *Gide*, p. 490 et s.

de longs siècles encore de prédominance, étant données les commodités pratiques qui en résultent du
fait de la division des attributions et de la distinction
des situations très nettes qu'il établit.

L'évolution économique
comparée à l'évolution politique.

On peut être tenté de rapprocher des trois régimes-
types que nous venons de distinguer, en fait d'organisation économique, les trois étapes successives de
l'organisation politique : patriarcat, monarchie, démocratie.

Le patriarcat est, en effet, le régime politique du
communisme familial qui fonctionne dans l'agrégat
primitif.

La monarchie se présente comme un régime de
partage inégal du pouvoir politique qui régit, avec
de nombreuses variantes, les sociétés plus avancées
comme civilisation et plus étendues comme cadre.

· La démocratie, enfin, prétend être, au moins en principe, un régime de répartition égalitaire et proportionnelle du pouvoir politique entre tous les citoyens.

L'évolution politique a devancé l'évolution économique, dans nos sociétés modernes, en ce sens que
le troisième système de répartition écohomique : le
régime associationniste, n'a encore été pratiqué que
sur une très petite échelle, à titre d'expériences très
localisées, tandis que le principe démocratique paraît
informer de plus en plus les constitutions politiques
des États contemporains.

Ce qui est certain, c'est que nous sommes, actuellement, au point de vue économique, en régime monarchique tendant vers le constitutionalisme.

La question se pose donc de savoir si ce deuxième stade de l'évolution économique doit être considéré comme réalisant une organisation supérieure non seulement à celle qui l'a précédée, mais encore à celle que certains voudraient lui substituer ; ou si, au contraire, le régime associationniste, ou de démocratie économique, constitue par rapport au régime capitaliste un progrès indiscutable en théorie, et effectivement réalisable en pratique, non pas seulement dans quelques cas privilégiés ou dans quelques hypothèses exceptionnelles, mais en tant que norme d'organisation courante des relations économiques entre les hommes.

La question est pendante. Elle est scientifiquement controversable.

Une remarque assez piquante trouve, de toutes façons, ici sa place : à savoir que l'application des doctrines collectivistes n'aurait aucunement pour résultat de substituer à l'organisation monarchique actuelle des rapports économiques une organisation démocratique de ces rapports, c'est-à-dire un régime de responsabilités multipliées et d'autonomies accrues, mais bien — uniquement — de substituer au gouvernement morcelé et émietté des entrepreneurs, des capitalistes actuels (qui est presque plus un gouvernement aristocratique qu'un gouvernement monarchique pur), le pouvoir d'un entrepreneur unique, d'un capitaliste monstre, d'un autocrate absolu et, à la fois, anonyme et irresponsable : l'État.

CHAPITRE PREMIER

Le Contrat de Travail
et la Réalité économique

I. L'offre et la demande de travail. Comment le contrat de travail se forme ; dans quelles conditions il s'exécute ; comment il se rompt. — II. Les salaires : leur hausse depuis un siècle ; leur taux actuel ; les circonstances qui en conditionnent le cours. — III. Les risques de l'industrie et du travail : dans quelle mesure les salariés en sont garantis. — IV. Le rôle des grèves et des syndicats, au point de vue de l'amélioration de la condition des travailleurs.

Le contrat de travail
dans la pratique quotidienne.

Nous avons dit, au chapitre précédent, que l'un des inconvénients du salariat et le plus grave, incontestablement, consistait à faire en réalité du travail — et par conséquent du travailleur — un objet de trafic, une marchandise subissant comme telle, sur le marché, le contre-coup de toutes les lois économiques, dites naturelles, qui règlent la valeur des marchandises.

Il est bien entendu que nous ne nous plaçons pas, ici, au point de vue du droit, de la justice, de ce qui — en d'autres termes — *devrait* résulter normalement des relations et des obligations qu'impliquerait le con-

trat de travail conclu et exécuté dans des conditions
de complète égalité des parties contractantes et de
rigoureuse équité. Nous nous plaçons exclusivement
au point de vue des faits, de ce qui se passe dans la
pratique quotidienne. Ce sont les faits, les réalités
objectives que nous voulons, en ce chapitre, observer,
décrire et analyser.

La loi de l'offre et de la demande.
Son empire sur le marché de travail.

Or le fait le plus saillant est celui-ci :

Par suite de la brusque suppression de tous les règlements corporatifs et de l'établissement de la liberté
du travail, sans contrôle ni limitation, coïncidant
avec l'introduction du machinisme et le développement de la grande industrie, le travail est venu, presque
du jour au lendemain, s'offrir sur le marché comme
un objet de transaction quelconque, et les conventions qui consacrèrent, au début de ce régime nouveau, l'aliénation de ce travail se trouvèrent exclusivement dominées par la loi économique de l'offre et
de la demande.

Pendant de longues années, — pendant près d'un
siècle, pourrait-on dire, — c'est la loi de l'offre et de
la demande qui a, seule, déterminé les conditions de
vente ou de louage du travail (nous n'avons pas à
prendre parti, pour l'instant, sur la nature juridique
du contrat), — et notamment les prix auxquels était
payé ce travail.

En effet, si l'on étudie et si l'on compare les salaires
pratiqués pendant le cours du siècle dernier, on constate que les différences entre les divers salaires ne cor-
respondent exactement ni à la difficulté et au carac-

tère plus ou moins pénible des travaux exécutés (certains travaux beaucoup plus pénibles que d'autres étant payés beaucoup moins); ni aux dangers plus ou moins étendus encourus pour ces travaux (la différence de taux des salaires n'étant pas du tout équivalente à la différence des risques); ni à la part plus ou moins importante que le travail représentait quant à la création du produit (tel ouvrier qui donnait au produit, par certaines transformations délicates, presque toute sa valeur n'étant pas sensiblement plus rémunéré, souvent, que tel manœuvre qui se livrait à une besogne absolument accessoire).

Ces divers éléments entraient, évidemment, en ligne de compte par rapport à la fixation du salaire, en ce sens qu'ils influaient sur le nombre des ouvriers qui se présentaient pour l'exécution d'un travail donné (tels travaux n'étant susceptibles d'être exécutés que par des hommes particulièrement robustes ; certains risques plus accentués détournant de tel autre travail un nombre plus ou moins grand de postulants ; ou certaines capacités techniques, nécessaires pour l'exécution de tel autre genre de travail, faisant défaut à d'autres catégories de travailleurs); mais, en somme, ces éléments de différenciation n'influençaient le taux des salaires que si, et dans la mesure exacte où ils avaient pour résultat de diminuer ou d'augmenter l'offre de travail par rapport à une tâche donnée.

Depuis quelques années seulement, une réaction s'étant enfin produite contre les conséquences immorales et tyranniques de la liberté illimitée et de la concurrence sans freins, la loi, — à défaut de règlements corporatifs qu'elle a eu, en somme, dans bien des cas pour but de faire revivre sous une autre forme, — la loi, disons-nous, est apparue comme un facteur nouveau et impératif, informant les stipulations des contrats de travail.

Mais, jusque-là, — on ne le saurait nier — ces stipulations, de par le principe même de la liberté illimitée du travail et des conventions relatives à ce travail, étaient exclusivement conditionnées par le jeu du phénomène économique de l'offre et de la demande.

Il nous faut voir, maintenant, avec un peu plus de détails, quels avaient été et quels sont encore les résultats principaux de cet état de choses.

I

Comment se conclut, s'exécute et se rompt le contrat de travail.

Et d'abord, comment se forme le contrat du travail dans la réalité quotidienne et brutale des faits?

Il semblerait que l'on ne dut savoir entourer de trop de soins et de précautions la formation d'un contrat dont les conséquences seront si considérables, de part et d'autre; — qui, du côté de l'ouvrier, va entraîner l'aliénation momentanée de sa liberté, la mise au service d'autrui de la plus grande partie de ses ressources intellectuelles et matérielles, de ses forces morales et physiques; et qui, au surplus, doit procurer à ce même ouvrier et à sa famille le pain quotidien, les moyens indispensables d'existence; — qui, en ce qui concerne le patron, va conférer à celui-ci un collaborateur nouveau dans l'œuvre de production qu'il poursuit, collaborateur dont l'introduction dans ses ateliers peut avoir, au point de vue tant de la bonne exécution technique des produits que du respect des coutumes de la maison et du bon ordre disciplinaire et moral du travail, des répercussions infiniment graves.

Donc, nous le répétons, il paraîtrait normal et naturel que la conclusion d'un contrat si important fut le résultat d'un échange de vues effectif et explicite, ayant pour aboutissant une entente librement consentie sur toutes les conditions essentielles de l'engagement réciproque qu'il s'agit de nouer.

Or il n'en est absolument pas ainsi dans la réalité des faits.

Le travail étant, sur le marché, un objet de transactions courantes, a son cours connu et coté. Ce cours, sauf exception, fait toute la loi des parties; c'est-à-dire qu'il s'impose à elles, et plus particulièrement au travailleur qui cherche du travail, et sans que celui-ci puisse échapper à sa tyrannie.

En pratique (le processus a été assez de fois décrit par les spécialistes, ou simplement par les romanciers) (1), le travailleur se présente soit à la porte du chantier, soit au bureau de l'usine, et demande à être embauché. Si sa demande ne peut être immédiatement satisfaite, et si, par ailleurs, le postulant fournit les références d'aptitude et de probité estimées suffisantes, il reçoit un numéro d'ordre et, lorsque son tour sera venu, il entrera au chantier ou à l'atelier, et il se mettra au travail qui lui aura été assigné.

Le plus souvent, l'ouvrier qui aura ainsi commencé à travailler n'aura obtenu, et n'aura — du reste — cherché à obtenir aucune autre précision sur les conditions d'exécution de ce travail : durée, interruptions, police, rémunération, etc...; conditions qu'il est censé connaître.

---

(1) Voir notamment, L. Bertrand : *L'Invasion.*

Le contrat se sera noué ainsi par l'échange de deux consentements beaucoup plus implicites qu'explicites, et les conséquences de ce contrat seront désormais réglées par les coutumes de l'atelier, lesquelles se conforment exactement ou, — au contraire, — dérogent plus ou moins gravement aux coutumes ordinaires de la profession dans la région.

Très souvent, la direction de l'entreprise a fixé, une fois pour toutes et d'une manière absolument unilatérale, par un règlement d'atelier, ces coutumes particulières de la maison auxquelles chaque ouvrier est censé avoir adhéré par le fait même de son embauchage.

Et ainsi se trouvent résolues, en dehors de la participation et de l'acquiescement préalable du personnel, toutes les questions qui intéressent le plus vitalement ce personnel : heures d'entrée, heures de sortie, repos, suspensions du travail, répartition du travail, hygiène, mesures de sécurité, police des ateliers, etc... — Et ce qui est vrai des conditions de formation et d'exécution du contrat l'est également, le plus souvent, des conditions de rupture du contrat. Et la cessation de l'engagement pourra être prévue au règlement d'atelier comme possible à tout moment, sans aucun préavis, à la volonté arbitraire de l'une comme de l'autre des parties, — soit que l'ouvrier ayant cessé de plaire se voie prié de passer à la caisse; soit que, au contraire, l'ouvrier ne voulant plus travailler ou préférant aller travailler ailleurs, ce soit lui qui, spontanément, demande la remise immédiate de son livret de paie.

Voilà à quoi se réduit, en pratique, le contrat de travail, dans les grands ateliers collectifs, par le fait de la liberté inconditionnée du travail et des transactions relatives au travail.

Pour le travail à domicile, les choses se passent de manière tout à fait analogue quant à la conclusion du contrat et à la détermination de ses conditions.

L'intermédiaire, ou le fabricant passent chez le travailleur en chambre. Ils lui proposent du travail, souvent sans lui donner aucune explication sur les conditions de ce travail : rémunération, retenues ou autres. Et l'ouvrier accepte de confiance, ou mieux de force. Car s'il n'acceptait pas sans observations, l'intermédiaire le laisserait tout bonnement en plan et passerait au voisin.

II

Les salaires.

Quelles conséquences spéciales la pratique du contrat de travail sous le régime de la liberté illimitée des transactions a-t-elle eue par rapport aux salaires?

Il ne saurait être, évidemment, question de s'associer ici, à aucun degré, aux anathèmes violents et exagérés proférés par les écoles socialistes contre les méfaits du régime capitaliste depuis un siècle.

Il est, cependant, impossible de nier que des abus énormes, véritablement stupéfiants se soient produits. Cela, toutes les écoles le reconnaissent, l'école libérale intransigeante elle-même, tout en prétendant que c'était un mal inévitable, une crise momentanée dont les excès devaient d'eux mêmes et automatiquement faire surgir le remède.

Par ailleurs, tout un concert de voix généreuses et désintéressées s'est élevé pour faire écho à ce que les réquisitoires socialistes avaient de fondé ; et à côté des Jules Simon, des Engel Dolfus et des humanitaires de toutes nuances, les paroles autorisées de catholiques éminents tels que Ozanam, Lacordaire, Le Play, le comte de Mun, le marquis de la Tour-du-Pin, Léon Harmel, comme aussi des grands évêques Ketteler, Manning, Mermillod, se sont fait entendre, confirmées enfin et comme légalisées par la suprême autorité du grand pontife Léon XIII qui, dans son immortelle Encyclique *Rerum Novarum*, flétrit d'une manière si énergique les excès du capitalisme et de la liberté économique illimitée ; et qui, lors d'un grand pèlerinage ouvrier, faisait distribuer une médaille commémorative sur laquelle il avait fait frapper l'antique parole de saint Jacques, redevenue actuelle : « Merces operariorum clamat in aures Domini », *le salaire des travailleurs clame aux oreilles du Seigneur.*

Mais, nous n'insisterons pas sur le tableau des abus qui sont très connus.

Nous rappellerons seulement que, de l'aveu unanime, il s'est passé — en France, du reste, moins que dans d'autres pays, mais en France aussi, — dans le premier tiers du XIXᵉ siècle, de véritables monstruosités (1), conséquences de la liberté illimitée des

______

(1) « En 1837, l'enquête officielle à laquelle il fut procédé en exécution d'une circulaire ministérielle, révéla que la durée du travail effectif des enfants dans les manufactures de laines, de coton et de soie, était de 12 à 14 heures par jour, sans compter 1 h. 1/2 ou 2 heures pour les repas, et qu'on admettait les enfants de 5 ou 7 ans dans certaines régions, et à peu près partout dès 8 ou 9 ans. Le travail de nuit était alors usité dans un grand nombre d'établissements... Parfois, dans certaines fabriques — rares heureusement — on ne craignait pas, dans les moments de presse, lorsque les ouvriers passaient la nuit a travailler, de frapper les enfants à coups de nerf de bœuf pour les tenir éveillés. » (Martin-Saint-Léon, *Le travail de nuit des adolescents dans l'industrie française*, 1906).

conventions de travail et des conditions du travail, et notamment du chef de la concurrence faite au travail des hommes adultes par le travail des femmes et des enfants, et grâce à l'état d'inorganisation, d'émiettement voulu, légalement maintenu des travailleurs.

Durant cette période, la fameuse *loi d'airain* de Lasalle, suivant laquelle le taux des salaires tend à tomber aux limites extrêmes auxquels ils sont strictement suffisants à l'entretien actuel et, au jour le jour, le plus réduit, du travailleur, — cette loi d'airain, disons-nous, trouva certainement et momentanément sa confirmation dans les faits.

Cette situation ne pouvait, évidemment, se prolonger longtemps; et il n'est que juste de reconnaître qu'elle s'est très sensiblement modifiée au cours de la seconde moitié du xixe siècle.

Les salaires n'ont pas cessé de hausser depuis cette époque.

Comment, approximativement, se chiffre cette hausse ?

Leur hausse depuis un siècle.

De calculs statistiques très consciencieux, établis par les autorités scientifiques les plus qualifiées, il résulte que les salaires ont sensiblement plus que doublé, au cours du xixe siècle, et que, notamment. et en prenant pour élément de comparaison des chiffres conventionnels, on peut dire que :

ce qui, en 1806, aurait pu s'exprimer par ..   5
n'étant, en 1848, passé qu'à   6
aurait, en 1906, haussé aux environs de ...   11
    et   en 1910, c'est-à-dire actuellement, à.   12

Les salaires auraient donc plus que doublé depuis cent ans, et exactement doublé depuis 1848.

Or, pendant cette même période, le coût de la vie ne s'est guère élevé que d'un quart ; — dans la proportion de 75 à 100.

Donc, et incontestablement, *le salaire réel* (et non pas seulement le salaire nominal), a haussé dans des proportions très notables depuis cent ans, et surtout depuis cinquante ans.

Cette hausse des salaires a-t-elle été proportionnelle à l'accroissement de l'ensemble de la richesse nationale ?

Ici, il nous faut bien constater que non. Il y a, au contraire, un grand écart entre la proportion dans laquelle ont haussé les salaires et celle dans laquelle se sont accrues les fortunes privées.

Des données tirées des renseignements les plus sûrs, les plus indiscutables, entre autres des valeurs successorales déclarées et soumises chaque année aux impôts de transmission, on est amené à conclure que les fortunes privées, la richesse nationale ont *sextuplé* depuis cent ans.

Or nous venons de voir que, durant le même laps de temps, les salaires n'ont même pas triplé.

Il en résulte que, comparativement, la situation de la classe ouvrière s'est moins améliorée que la situation des classes moyennes et des classes riches.

Or, — et c'est là un fait constant d'observation psychologique, — le bien être est essentiellement chose de convention et de comparaison.

Leurs taux actuels.

Où en sont, par ailleurs, les salaires quant à leurs taux moyens actuels ?

D'enquêtes officielles récentes, il résulte que le taux

moyen des salaires des ouvriers adultes serait, actuellement, à Paris de 1.800 à 2.000 francs et en province de 1,100 à 1,200 francs par an ; soit dans les 5 francs par jour à Paris (jour de consommation, soit 365 par an ; ou un peu plus de 6 francs par jour de travail, à 300 par an), et moins de 3 fr. 50 en province.

Et ce sont là des moyennes, et des moyennes s'appliquant aux hommes adultes.

Les salaires minima sont infiniment moins élevés ; et si l'on observe, notamment, certaines catégories de travailleurs, si l'on cherche à supputer, entre autres, la situation des travailleurs en chambre, on arrive aux constatations navrantes des enquêtes parisiennes, lyonnaises ou lilloises, à ces chiffres lamentables, honteux, que signalent tous les publicistes qui ont écrit sur les salaires féminins. Ces douloureuses monographies ne font que trop lumineusement apparaître que « salaires de femme » et « salaires de famine » sont bien souvent synonymes.

Quelles sont donc les lois qui déterminent aujourd'hui encore, la fixation de ces salaires ?

Les lois des salaires.

Nous l'affirmions tout à l'heure : on ne peut plus dire que ce soit encore, aujourd'hui, absolument et brutalement la loi d'airain qui conditionne à elle toute seule le taux des salaires.

Les lois qui s'appliquent ici, sans être d'ailleurs sensiblement plus favorables, sont celles que formulait récemment, avec sa coutumière précision, mon collègue et ami M. Bureau, dans une série de leçons sur un sujet très connexe (1).

(1) *Le Sillon* n° du 16 novembre 1906, p. 339.

M. Bureau constate, d'abord, que si l'on étudie objectivement le contrat de travail, on observe que le travail figure, pour l'employeur, parmi les frais généraux de son entreprise, comme un des éléments du coût de production et au même titre que l'achat et l'entretien des machines, les bâtiments, les matières premières, etc..., et que les mêmes forces qui contraignent cet employeur à se procurer des matières premières de la meilleure qualité possible pour le moindre prix possible, l'obligent, également, à se procureur le travail de la meilleure qualité possible au meilleur marché possible.

C'est là le conflit inhérent à tout contrat entre vendeur et acheteur d'une marchandise soumise à la concurrence. Or, en l'état actuel des choses, le contrat de travail se présente avec toutes les apparences d'un pur contrat de vente de marchandise.

Si donc, le travail est une marchandise comme une autre, il se trouve soumis aux lois qui déterminent invinciblement le prix de toutes autres marchandises sur le marché économique libre.

Ces lois, par ailleurs, sont au nombre de deux et peuvent être formulées ainsi qu'il suit.

Première loi. — En temps normal (et étant données les conditions contemporaines d'approvisionnement) l'abondance des denrées est assez grande sur le marché économique pour que le prix de ces denrées s'abaisse aussi près que possible du coût de production.

Deuxième loi. — Le coût de production qui, couramment, règle le prix d'une marchandise n'est pas celui du producteur qui pourrait livrer au prix le plus bas, mais au contraire celui du producteur qui livre au cours le plus haut et *dont la fabrication est encore nécessaire aux besoins de la consommation.*

Cette seconde loi se vérifie par ce fait expérimental que, dans une circonscription industrielle donnée, le prix d'une marchandise est unique pour les différents centres de production qui peuvent le fournir : le prix de la tonne de houille, par exemple, est unique (à qualité égale ou sensiblement égale) pour les différentes mines d'un même bassin. Il semblerait, au premier abord, que les différentes mines dussent vendre leur houille à des prix très variés, suivant leur plus ou moins grande facilité d'exploitation, leurs frais généraux plus ou moins élevés, etc...

Or, il n'en est rien, et c'est le prix de la tonne de houille extraite de la mine dont le prix de revient est le plus élevé et dont la production est, cependant, encore nécessaire à la consommation qui fixe le cours général des charbons pour toutes les autres mines.

Ces dernières font alors, de ce chef, des bénéfices parfois considérables et c'est cela, d'ailleurs, c'est la perspective de ce profit qui leur fait hausser leurs prix jusqu'à ce cours maximum uniforme que les nécessités de la consommation rendent pratiquables.

Ce sont les mêmes lois qui déterminent le prix du travail.

D'une manière générale, les bras ne manquent pas; souvent, au contraire, ils abondent.

Le taux des salaires, dans une circonscription déterminée, répond donc aux besoins de l'ouvrier ayant le plus de charges de famille, et dont les bras sont encore nécessaires à l'industrie.

Ce ne sont donc pas les besoins des ouvriers célibataires qui fixent, habituellement, le taux du salaire; mais si, dans une circonscription industrielle donnée, il n'est pas d'usage que les familles ouvrières soient très nombreuses, aient six, sept, huit enfants, le père de famille qui dépassera le chiffre normal ne trouvera pas un salaire lui permettant de faire vivre sa famille.

Ainsi, ce sont les besoins essentiels, incompressibles de la famille ouvrière moyenne, normale (non pas au point de vue du plan providentiel, mais *pratiquement normale*, d'après les us et coutumes courants de la région) et dont le travail est encore nécessaire à l'industrie étudiée qui fixent le taux du salaire pour toute la circonscription.

On voit de quel redoutable et immorale solidarité dans le sens de l'abaissement des salaires fait supporter le contre-coup aux familles nombreuses le développement des pratiques malthusiennes dans la classe ouvrière (1).

Telles sont les forces naturelles qui, dans notre état actuel de liberté économique quasi illimitée, conditionnent le taux courant des salaires.

Généralité de ces lois.

Cette détermination du taux courant des salaires par les lois que nous venons de formuler est si absolue, le cours des salaires est un cours si général qu'il s'impose non seulement dans la grande industrie concentrée, mais encore dans toutes les branches de la production économique, quelque soit le régime de travail qui y est pratiqué.

C'est ainsi que, dans les métiers où l'atelier familial ou quasi familial subsiste encore, les salaires ouvriers se trouvent déterminés non par des accords spéciaux se modelant plus ou moins sur les conditions particulières dans lesquelles s'exécute le travail,

(1) Bureau, loc. cit., *passim.*

mais — en somme et toujours — par le cours général et connu, pratiqué dans la région pour un travail analogue en grand atelier.

De même, aussi, les salaires agricoles sont de plus en plus influencés uniquement par l'abondance ou la pénurie de l'offre de travail; et il en résulte que l'offre de travail diminuant de jour en jour, dans cette branche de la production économique, par suite des attraits qu'exerce la ville sur ceux qui cherchent à vivre de l'utilisation de leurs bras, le travail agricole tend à être rémunéré beaucoup plus, proportionnellement, que le travail industriel ou commercial.

Ceci constaté, quant à la rémunération du travail en régime capitaliste qu'en est-il des risques encourus par les travailleurs?

III

Les risques de la production.
Le contrat de salariat est-il un contrat de sécurité?

Nous avons dit, précédemment, que la caractéristique même du régime du salariat paraissait être que moyennant un *forfait*, — le salaire, — en considération duquel il renonçait à sa part de propriété des produits et, par conséquent, à sa part dans la répartition éventuelle des bénéfices de l'entreprise, le travailleur devait, en revanche, se trouver garanti contre les risques de ladite entreprise.

Le contrat de salariat serait donc, essentiellement, n contrat d'*exclusion des risques*, de *sécurité*. Et 'est là, du reste, le grand mérite qu'on fait toujours essortir à son actif; et c'est bien le véritable et conidérable avantage qu'il présenterait, en effet, *si la alité répondait à la théorie.*

Tous les auteurs économiques font, à l'envi, ressortir ce caractère du contrat de salariat; et un économiste enthousiaste a été jusqu'à lancer cette imprécation : « Malheureux ceux qui veulent remplacer par l'aléa des bénéfices la *bienfaisante assurance* du salariat! »

Le contrat de salariat constitue-t-il en réalité cette *bienfaisante assurance?* Si, par lui, le travailleur renonce à une participation aux bénéfices qui, dans certaines hypothèses et si le facteur travail était estimé à sa réelle valeur, pourrait monter à des taux élevés, ce travailleur est-il du moins, et par contre-partie, *assuré contre tous les risques fâcheux*, contre toutes les éventualités mauvaises?

Sa part modeste dans le partage des résultats de la production est-elle une part *sans aléas*, une part absolument garantie, et devant le mettre, en toutes circonstances, à l'abri du besoin?

En réalité, il n'en est rien.

Et comme pendant à l'imprécation de l'économiste que nous rappelions immédiatement, voici une affirmation du P. Antoine qui en est comme l'absolue antithèse :

« Le trait caractéristique du régime du salariat, au point de vue social, c'est l'*incertitude angoissante* qui pèse sur l'ouvrier. »

La question des risques du travailleur.

Cette question des *risques du travailleur*, qui est une question capitale, est trop souvent passée sous silence; et par conséquent elle est mal connue.

On insiste constamment, — et quelquefois avec exagération, — sur la modicité des salaires *apparents* des travailleurs. Ce qu'il faudrait savoir et mettre en relief et ce qui donnerait bien plus légitimement sujet à réclamations, c'est l'insuffisance *de taux des salaires réels*, c'est-à-dire de ce que les salaires représentent quant à la garantie permanente des besoins vitaux de la famille ouvrière.

Toutefois, la question des risques respectifs des divers facteurs de la production a été mise en pleine lumière par une étude absolument remarquable de M. Emile Chatelain (1).

M. Chatelain constate d'abord que deux classes de personnes se procurent ensemble des *revenus* en unissant leurs efforts, dans l'œuvre économique de la production, et qu'elles sont exposées, quant à l'obtention de ces revenus, à *des risques :* les ouvriers et les entrepreneurs.

Dans l'œuvre commune où ils sont engagés, il y a comme en toute affaire humaine, du hasard, de l'incertain. Il y a des avantages éventuels et des dangers, des gains et des pertes, des succès et des insuccès. « Succès, insuccès, cela n'a, d'ailleurs, de sens, que par rapport à un *but* que l'on se propose et que l'on espère raisonnablement atteindre.

Or, quel est, selon les enseignements de l'expérience, le but ordinaire, raisonnable et moyen des ouvriers?

Ce but est de vivre, de vivre en travaillant, de se procurer en travaillant les moyens d'une existence tolérable.

Quel est, d'autre part, et selon les enseignements de l'expérience, le but raisonnable et moyen des entrepreneurs?

(1) « Des risques de l'entrepreneur et de l'ouvrier », dans la *Revue socialiste* de septembre 1906.

C'est d'acquérir, grâce à l'emploi d'un certain capital, un revenu qui leur permette de vivre, en laissant autant que possible un excédent, un accroissement de fortune.

Quels sont les *risques* qui menacent les uns et les autres?

Il y a lieu de distinguer les *risques généraux de l'industrie*, et les risques spéciaux de l'entrepreneur et de l'ouvrier qui dépendent des premiers.

Risques généraux de l'industrie.

Les *bénéfices industriels* sont l'excédent du prix de vente des produits sur toutes les dépenses de la production. Or, il peut se présenter trois éventualités quant à la grandeur de ces bénéfices, pendant une série de campagnes annuelles successives.

Ils peuvent être très importants, et tels qu'ils permettent de fournir amplement, d'une part aux ouvriers des moyens d'existence, et, d'autre part, à l'entrepreneur un notable accroissement de sa fortune. C'est le succès, la chance heureuse, l'effet de conjonctures favorables.

Il se peut, en second lieu, que les bénéfices industriels soient strictement suffisants pour donner aux ouvriers des moyens d'existence, sans plus, un salaire ne correspondant qu'à ces besoins; et, pour fournir, d'autre part, aussi à l'entrepreneur seulement des moyens de vivre, une sorte de *salaire patronal*.

Enfin les bénéfices industriels peuvent tomber encore qu'au-dessous, être nuls ou même négatifs. — C'est alors l'insuccès, la malchance et finalement la perte de l'entreprise commune.

Risques des entrepreneurs.

Quelle est la situation de l'entrepreneur au regard de ces risques?

Dans la première éventualité, l'entrepreneur court le risque *heureux* de faire rapidement fortune, parfois une grosse fortune.

Dans la seconde, le risque de l'entrepreneur est de vivre, de vivre sans accroître sa fortune, mais en garsant sa fortune initiale. Il ne fait pas de *profits*, si l'on entend par là exclusivement *un excédent de revenu au-delà des moyens d'existence*, et comme selon les idées couramment reçues, le propre but de celui qui place sa fortune dans une industrie qu'il exploite est de s'enrichir, de faire des profits au-delà de ses moyens d'existence, dans cette deuxième hypothèse ou pourra dire, et l'entrepreneur lui-même dira, sans doute, qu'il végète, qu'il *perd* même, car, en effet il *perd* par rapport à ce qu'il espérait gagner. Du moins, en réalité, continue-t-il de vivre, de vivre d'une vie plus ou moins large, en tous les cas, bien supérieure à celle de l'ouvrier.

Enfin, dans la troisième hypothèse, le risque de l'entrepreneur est de *perdre* une partie de sa fortune, parfois même sa fortune tout entière.

Pour apprécier exactement la gravité et l'étendue de ces risques de l'entrepreneur, il faudrait une statistique faisant ressortir l'importance relative de ces diverses éventualités. Et il convient de tenir compte ici de tous les moyens qu'ont les entrepreneurs et dont ils usent, pour se garantir contre les risques les plus mauvais et y porter remède : prélèvements sur les profits exceptionnels des années prospères, réserves, assurances sur la vie, etc. — Si les statistiques détaillées manquent, on sait bien en gros que les ruines *totales* sont relativement rares ; que les ruines partielles dues à des causes diverses (accidents aux bâtiments, aux machines, etc.) sont ordinairement couvertes par des assurances ; que, tandis que les ruines se préparent, on continue à mener à peu près le même train de vie et que, en somme, passablement d'industriels font fortune et quelques-uns des fortunes considérables.

Risques des travailleurs.

Quels sont maintenant les *risques des ouvriers*? Dans la première hypothèse, ils ont chance d'obtenir des relèvements de salaire, sans d'ailleurs que ces relèvements soient jamais rigoureusement proportionnels aux bénéfices, et cela justement, au point de vue juridique, puisque la caractéristique du salariat consiste à exclure la participation aux bénéfices, parce que, par contre-partie, il exclut ou est censé exclure la participation aux pertes.

Dans la deuxième hypothèse, les ouvriers sont exposés soit à des réductions de salaire, soit à des chômages soit au renvoi (1). Or, ce risque, c'est celui de

(1) Le travail concentré et intensifié fébrilement, follement, à certains moments, n'est pas aussi dommageable au travailleur par les conditions techniques mêmes dans lesquelles il s'exécute, que par l'irrégularité qui le caractérise, par les brusques soubresauts qui affectent sa marche par les périodes de dépression et d'arrêt, alternant avec les temps d'activité et de presse exagérées.

Il y a là, pour la classe ouvrière, un véritable fléau, résultat direct de la concurrence, des caprices de la mode et de la nécessité pour le fabricant qui veut accaparer la clientèle d'arriver premier et d'inonder, avant tout autre, le marché d'un produit nouveau, séduisant par ses apparences flatteuses et par son

souffrir matériellement, de ne pouvoir plus vivre de
la vie médiocre que permet le salaire ordinaire, de
mourir de faim même dans certains cas, à moins que
l'assistance publique ou la charité privée n'interviennent.

prix exceptionnel. Le secret du succès et du profit consiste,
aujourd'hui, pour l'industriel à faire très vite et à produire
beaucoup à la fois, pour réduire ses frais généraux, quitte
ensuite à faire suivre une période de production intensive
d'une période de stagnation, pendant laquelle on fermera, ou
peu s'en faut, les ateliers.

C'est ainsi que, il y a quelque trois ans, l'industrie tulliste
connaissait, momentanément, une telle activité que les usines
surgissaient de terre et que, les ouvriers des pays de production
ne suffisant pas aux besoins de l'exportation, on était obligé
d'en faire venir du dehors; puis, à cette prospérité extraordinaire, durant laquelle certains industriels réalisèrent, en dix
mois, un chiffre de bénéfices nets égal au capital engagé dans
leur affaire, succéda brusquement un marasme complet, une
diminution de production qui nécessita le licenciement d'une
notable portion des travailleurs. — C'est ainsi, encore, que
j'ai été à même d'observer de près une vaste usine métallur-
gique où, depuis dix ans, se succèdent presque régulièrement,
au gré de commandes importantes satisfaites dans le délai
minimum d'exécution, des périodes de productivité intensive
pendant lesquelles on embauche, en surplus du personnel normal, 700, 800, 1.200 ouvriers supplémentaires, appelés parfois
de très loin, et pendant lesquelles on travaille nuit comme
jour; et puis, des saisons de calme plat, où le travail de nuit
cesse, où les grandes cheminées ne fument plus que cinq ou
quatre journées par semaine, et où chaque samedi on con-
gédie par centaines les ouvriers qu'on avait dépaysés pour les
faire venir.

Cette instabilité de la grande industrie contemporaine, ces
mortes-saisons, ces chômages prolongés, ces déracinements et
ces déménagements de familles entières qu'elle comporte, sont
une des plus grandes calamités pour les salariés de cette grande
industrie : elle neutralise l'élévation apparente des pr'x de la
journée de travail intensif, et elle ramène — tout compte fait
— à un taux moyen tout à fait insuffisant des salaires qui
seraient raisonnables et rémunérateurs s'ils étaient touchés
toute l'année, sans déplacements ni arrêts, au taux des journées
des périodes de marche forcée.

Enfin et dans la troisième hypothèse, ce sont ces mêmes risques poussés au maximum ; c'est le risque de ne pouvoir plus vivre en travaillant.

A tous ces risques, liés au sort de l'industrie elle-même à laquelle sont attachés les ouvriers, viennent se joindre les risques qui leur sont personnels : maladies, accidents, vieillesse, c'est-à-dire âge au-delà duquel l'ouvrier devient incapable de travailler.

Et il convient de ne pas oublier qu'au sort de l'ouvrier, exposé à tous ces risques, est lié le sort de sa famille dont son salaire faisait souvent les seuls moyens d'existence.

Et il faut reconnaître que ce sont là, à la lettre, des risques de chaque jour, et que c'est tout autre chose d'être exposé à s'apercevoir, en fin d'année, en faisant son inventaire, que l'on n'a pas accru beaucoup, ou pas accru du tout, ou même un peu diminué sa fortune, ou d'être exposé chaque jour et presque pour chaque lendemain, soi et sa famille, à la faim et à la misère, pour toutes sortes de causes générales ou personnelles : stagnation des affaires, chômage, maladies, accidents, etc.

Dans quelle mesure les travailleurs sont-ils garantis contre ses risques ?

Or, nous le disions tout à l'heure, une doctrine fort répandue parmi les économistes et très courante soutient que le salaire a précisément pour effet d'affranchir les ouvriers des *risques* de la production. Les deux idées de *risques* et de *salaire* sont constamment associées dans les théories destinées soit à expliquer la nature du salaire, soit à en faire l'apologie.

En quoi donc les ouvriers sont-ils garantis contre tous les risques, par le salaire ? en quoi le salaire *élimine-t-il les risques ?* Quels risques exactement élimine-t-il ?

Voici, exactement, à quoi cela se réduit :

« A travers les larges oscillations des bénéfices de l'industrie, l'ouvrier ne subit pas, chaque jour immédiatement le contre-coup de toutes les pertes partielles ou de tous les manques de gains partiels ; tant que les pertes ou manques de gain ne compromettent pas gravement la fortune de l'entrepreneur ou n'atteignent pas ses profits propres au-delà de la limite posée par son ambition, l'ouvrier peut espérer le renouvellement du contrat qui lui octroie son salaire ordinaire ; dans ces limites, en effet, l'entrepreneur n'aura pas de raison ni de fermer boutique, ni de congédier une partie de ses ouvriers, ni de leur imposer le chômage partiel ou une réduction de salaire. — *Une certaine limitation de certains risques médiocres et de faible amplitude, voilà tout ce qu'opère le régime du salaire.*

Sauf l'exception apportée par la loi récente sur la responsabilité des accidents du travail, il n'est paré par le contrat de salaire à aucun des risques qui font l'insécurité de la condition de l'ouvrier.

Il a fallu qu'une loi édictât la responsabilité du chef de l'entreprise et insérât obligatoirement cette clause dans le contrat en déclarant « nulle de plein droit » (art. 3o) toute dérogation conventionnelle, pour que le contrat de travail enfermât cette assurance. Si le contrat de travail enfermait par lui-même l'assurance contre ce risque, la loi eût été inutile. Preuve manifeste que dans le contrat que l'ouvrier passe avec l'entrepreneur il n'y a aucune des prétendues garanties contre les risques qui le menacent.

La thèse des économistes est un exemple du sophisme fréquent qui consiste à confondre ce qui est et ce qui devrait être, à dire qu'une chose *est* ce que *l'on voudrait qu'elle fût.*

La sécurité prétendue n'est pas un fait, elle est l'objet d'un vœu.

Si l'on veut que cette sécurité générale soit, il faudra que des lois insèrent obligatoirement dans le contrat les clauses à ce nécessaires, analogues à celles qu'énonce la loi de 1898 relativement à ce risque très spécial : les accidents survenus, dans certaines industries, par le fait du travail et à l'occasion du travail » (1).

Et voilà ce qu'il en est de la prétendue garantie des risques que comporterait, pour les travailleurs, le régime du salariat.

IV

Les facteurs qui concourent à l'amélioration de la situation des travailleurs.

Tels sont les faits, telle est la réalité économique par rapport au contrat de travail et aux conséquences qui en découlent.

Tel il se forme, tel il se rompt.

Tels sont les salaires qui en résultent comme rémunération du rôle que joue le travail dans l'œuvre de la production économique.

Tels sont les risques dont les travailleurs se trouvent garantis ; tels ceux par rapport auxquels ils ne sont pas couverts.

(1) CHATELAIN, *passim.*

Si la situation des salariés, aussi disproportion-
née, aussi inadéquate qu'elle soit encore avec le rôle
indispensable qu'ils tiennent dans l'œuvre de la production économique, s'est cependant incontestablement améliorée depuis quelques trente ans; si le
législateur a commencé à intervenir en leur faveur,
et afin d'atténuer les effets de l'infériorité contractuelle dont ils étaient victimes, par la force même
des choses et du fait de la liberté illimitée des conventions relatives au travail, les salariés n'en doivent
pas moins cette amélioration surtout à eux-mêmes et
à l'usage qu'ils ont su faire de deux armes singulière-
ment efficaces qui, après avoir été considérées longtemps comme prohibées, ont fini par être reconnues
comme des instruments licites de transformation économique et de lutte professionnelle, à savoir : les
coalitions en vue des cessations concertées de travail
et l'association permanente en vue de la défense des
intérêts collectifs; autrement dit : les *grèves* et les
syndicats.

Le rôle des grèves et des syndicats.

Il ne saurait évidemment être question, ici, de
présenter les grèves et les syndicats comme méritant
en tout état de cause toute approbation et toute admi-
ration même. Nous constatons, en ce moment, tout
simplement un fait incontestable, à savoir que jamais
les travailleurs ne seraient sortis de la situation absolument inhumaine et intolérable qui leur fut faite,
dans le premier tiers du xixᵉ siècle, s'ils n'avaient eu
recours, — illégalement pour commencer, légalement
ensuite, — à la grève d'abord, puis au groupement pro-

fessionnel permanent afin d'appuyer leurs revendications sur la force de l'union.

Nous ajouterons, au surplus, que si très souvent
les grèves tournent mal, c'est-à-dire n'obtiennent pas
les résultats que par elles on souhaitait obtenir ; que
si, même lorsqu'elles réussissent, les grèves (ainsi que
nous l'exposerons plus complètement ailleurs) entraînent comme conséquences, en outre de troubles et
de violences parfois très regrettables, des pertes de
salaires, des privations, des souffrances matérielles et
morales qu'il faut de longs mois pour compenser et
pour atténuer, cependant et malgré tout, il serait
difficile — comme contre-partie — de calculer exactement et de chiffrer assez haut les avantages considérables que les travailleurs ont retiré non pas tant,
directement, des grèves déclarées et soutenues que,
indirectement, de la crainte des grèves qui semblaient
se préparer et qu'on redoutait voir éclater.

Et c'est pourquoi, de même que, au point de vue
des relations entre peuples, on peut — tout en dési-
rant ardemment la paix, tout en considérant la guerre
comme un grand fléau, aussi dommageable souvent
aux vainqueurs qu'aux vaincus, — se trouver dans
l'obligation de reconnaître, dans certaines situations
internationales, l'utilité, la nécessité même pour un
État qui, précisément, veut aussi la paix et ne veut que
la paix, de se tenir prêt, néanmoins, pour la guerre,
d'avoir un armement puissant et d'entretenir une
armée permanente constamment entraînée ; de même,
sur le terrain économique et social, les hommes les
plus délibérément pacifiques, les plus ardemment
désireux de maintenir des rapports fraternels entre
tous les collaborateurs de la production, sont arrivés
à constater que sur le terrain économique il y a fata-

lement des antagonismes inéluctables en présence et que, par conséquent, il ne saurait être question — équitablement — de désarmer une des parties en cause au bénéfice de l'autre.

Aussi conclurons-nous que l'on ne peut, à l'heure actuelle, — à moins d'être non pas des loyaux partisans de la paix dans la justice, mais de mauvais et hypocrites pacifistes sociaux, — chercher à désaffectionner les travailleurs de leur arme la plus efficace : la grève, pas plus que les détourner de tenir en haleine et de perfectionner sans cesse leur organisme permanent de défense professionnelle, c'est-à-dire leurs syndicats.

Il peut être bon de chercher à persuader aux salariés d'user le moins possible, et en tout cas le plus sagement et le plus modérément possible de ces deux moyens d'action : grève et syndicat; il ne saurait, en revanche, être admissible de tenter de les leur ravir.

Il faut très hautement réprouver les grèves injustes, appeler toutes les sévérités du législateur et des magistrats contre les excès qui se produisent à propos de certaines grèves et qui les déshonorent ; il faut blâmer et combattre même les syndicats qui n'ont en vue que l'agitation stérile, les troubles incessants et la révolution sociale ; mais il serait essentiellement inéquitable de condamner le principe même de la grève, et la pratique raisonnée de l'organisation ouvrière permanente et forte.

CHAPITRE II

Le Contrat de Travail
et la Morale sociale

I. Les termes du problème. Insuffisance de la part du travail dans la direction des entreprises et dans la répartition des produits, étant donnée l'importance de son rôle dans la production économique. Le caractère de nécessité du travail par rapport au salarié, et les droits de la vie. — II. Le conflit est-il irréductible entre les postulats de la morale sociale, quant aux droits du travail, et le déterminisme des lois économiques dites naturelles et des principes juridiques prétendus fondamentaux ? — III. Ce que comporte, pour le travailleur, un contrat de travail équitable et conforme aux exigences de la vie en société.

I

Le problème de morale sociale.

Nous avons vu ce qu'était le contrat de travail dans la réalité économique.

Il convient, maintenant, de nous demander ce que devrait être, en bonne morale sociale, ce contrat qui intéresse un si grand nombre d'hommes. Et il ne s'agit évidemment pas, ici, de nous transporter comme d'un bond du domaine du réel, du pratique et du contingent dans le domaine de l'abstrait, du théorique et de l'absolu. Nous voudrions, en effet, que cette courte étude de morale sociale s'inspirât, non d'une philosophie d'abstraction, de pur idéal, de rêve, — aussi séduisant que puisse être le rêve, — mais bien d'une philosophie du réel, du concret, qui sortît toute seule de l'observation directe et profonde des faits et des exigences de la vie, et qui eût pour but éminemment pratique de nous faire connaître pourquoi et comment il convient de faire triompher ces légitimes exigences de la vie des obstacles brutaux et de la force aveugle des choses contre lesquels elles se heurtent.

Or, si nous étudions avec cette préoccupation le contrat de travail, nous constatons immédiatement que la situation que ce contrat fait généralement au travailleur n'est proportionnée ni, d'une part, à l'importance du rôle que tient le travail dans la production économique, ni, d'autre part, aux besoins irréductibles et primordiaux auxquels doit pourvoir ce travail, par rapport à la plupart de ceux qui s'y livrent.

Convenance, en justice, d'une participation plus large du travail aux résultats de la production économique.

Et d'abord, la situation faite au travailleur par le contrat de travail au point de vue tant de sa considération que, aussi, de sa rémunération n'est pas en rapport avec le rôle logiquement et effectivement prépondérant du travail humain (travail intellectuel, d'invention et direction technique; — et travail physique) dans le processus de la production économique (1).

(1) « Le régime du salariat est caractérisé par deux traits : d'une part, *l'appropriation* des moyens de production par des

Le capital, cet autre facteur de la production fort important, sans doute, de plus en plus important même dans la grande industrie compliquée, mécanisée, concentrée, et cependant et malgré tout facteur inerte, sans valeur s'il n'est pas mis en œuvre par l'intelligence et par les bras de l'homme, le capital tend, de plus en plus, à se réserver l'exercice exclusif

hommes qui ne les font pas fructifier par leur travail personnel ; d'autre part, la *direction* de l'entreprise confiée à ceux qui participent à l'entreprise par leur capital sans y mêler leur travail. Le salariat, c'est premièrement *l'autorité* attachée à la propriété des moyens de production, et secondement cette *propriété* attribuée à d'autres qu'aux travailleurs. Il aboutit donc à remettre le commandement et la responsabilité de l'entreprise à de simples bailleurs de fonds. C'est le capital qui règne et le travail qui est sujet.

Il est, dès lors, absolument inexact de définir le patron : celui qui exerce effectivement le commandement sur la masse des travailleurs manuels. Toute entreprise doit être dirigée, sous quelque régime que ce soit. Le patron, ce n'est point l'ingénieur qui règle les conditions du travail ou le gérant qui achète les matières premières ou les machines, embauche les ouvriers, cherche enfin des débouchés aux produits. L'ingénieur ou le gérant sont des salariés comme les autres, des ouvriers comme les autres. Car s'il exercent une autorité dans l'usine, ils ne tiennent cette autorité que de la délégation d'autrui. L'autorité réside dans le propriétaire, en tant que propriétaire; c'est lui qui commande et qui dirige par l'intermédiaire des mandataires qu'il choisit, qu'il rémunère et qu'il révoque ; c'est lui le patron. Le patron, dans la grande industrie, c'est l'actionnaire et lui seul.

Sans doute, les deux qualités de propriétaire et de directeur effectif ou de gérant peuvent être réunies dans la même personne. Il n'en reste pas moins qu'elles doivent être soigneusement distinguées au point de vue d'une saine analyse économique. Au reste, le développement de la grande industrie aboutit à les dissocier toujours davantage et à les partager de plus en plus entre des personnes différentes, dont l'une n'est que le mandataire salarié de l'autre, son « patron ». C'est même précisément cette dissociation croissante qui donne toute son acuité au problème du salariat. » (G. Renard, *Sillon* du 10 juillet 1908.)

et incontrôlé de l'autorité directrice des entreprises et à se tailler une part démesurée dans la répartition des produits.

L'idéal théorique serait que ce facteur brut, improductif à lui tout seul, ne valut à ceux qui le procurent, *sans y adjoindre de travail personnel*, qu'une part judicieusement mesurée dans l'autorité directrice et qu'une rémunération modeste, qu'un intérêt fixe ou tout au moins limité de leur apport tout matériel.

Les risques étendus de perte et de détérioration que court le capital (quelle qu'en soit la nature : numéraire, meuble ou immeuble) lorsqu'il est engagé dans certaines entreprises, et la complexité technique de plus en plus grande de ces entreprises légitimement — en fait, — comme contre-partie, l'attribution d'un droit de direction plus |privatif et l'allocation d'une part plus large dans la répartition des produits, aux cas de réussite, à ceux qui assument les aléas.

Encore est-il de justice essentielle que les droits du travail sous ses diverses formes, du travail seul véritable *agent* de toute production, ne soient pas outrageusement sacrifiés.

Le caractère de nécessité du travail, par rapport au salarié.

Et puis, le contrat de travail revêt un caractère tout spécial par rapport à ceux pour lesquels, par millions chaque jour, il se présente comme l'unique moyen de vivre.

En effet, que recherchent et que s'efforcent, en somme, d'obtenir par le contrat de travail les parties en présence, et plus spécialement les travailleurs ?

Et ce que nous prétendons dégager ici et mettre en

lumière c'est, non pas ce que ces parties paraissent chercher, mais ce qu'elles veulent réellement obtenir, ce qu'elles *doivent vouloir*, nécessairement, obtenir par le contrat qu'elles passent.

Or, et au premier coup d'œil, il semble à plusieurs que ce que cherchent exclusivement les parties, dans le contrat de travail, c'est les unes à gagner le plus possible par leur travail, et les autres à payer le moins possible ce travail. Et comme, dans la vie courante quotidienne, le contrat de travail revêt, en fait, ainsi que nous le notions au chapitre précédent, toutes les apparences d'une vente de travail, assimilable à une vente de denrée quelconque, il paraît assez rationnel d'en induire que ce qui actionne le mécanisme de cette vente c'est, comme pour toutes les autres ventes, chez les deux parties l'unique et respective préoccupation du gain ou du bénéfice le plus élevé possible.

Mais, à y regarder de plus près, on constate que cette préoccupation de gain ou de bénéfice est ici, dans la plupart des cas, plus étroitement conditionnée que dans n'importe quel autre contrat par des nécessités primordiales qui ne donnent place à aucune marge, ni à aucune fantaisie et ne laissent pas subsister intacte la liberté contractuelle des parties.

« Quel est, dans le contrat de travail, — nous dit M. Chatelain, au passage que nous citions précédemment, — quel est, selon les enseignements de l'expérience, le but ordinaire, raisonnable et moyen des ouvriers ?

— De vivre, de vivre en travaillant, de se procurer en travaillant le moyen d'une existence tolérable. »

Les constatations du positiviste se trouvent ici pleinement d'accord avec les conclusions du catholique social. Et c'est ainsi que — parmi tant d'autres — les

études nombreuses, claires, décisives du P. Antoine
sur cette même question, ont toutes pour but de faire
apparaître en un puissant relief que, aujourd'hui plus
que jamais, et dans presque tous les cas, le problème
du travail pose, avant tout, pour l'ouvrier prolétaire,
une *question d'existence immédiate*, de subsistance
individuelle et familiale, et que c'est là un fait qui s'impose à cet ouvrier, bon gré, mal gré.

Et c'est là aussi, très exactement, le sens profond du
passage suivant, si connu et si lumineux, de l'Encyclique « Rerum Novarum » :

« Le salaire, ainsi raisonne-t-on, une fois librement
consenti de part et d'autre, le patron en le payant
remplit tous ses engagements et n'est plus tenu à rien.
Alors seulement la justice se trouverait lésée, si lui
refusait de tout solder, ou l'ouvrier d'achever tout
son travail et de satisfaire à ses engagements; auxquels cas, à l'exclusion de tout autre, le pouvoir public aurait à intervenir pour protéger le droit de
chacun.

« Pareil raisonnement ne trouvera pas de juge équitable qui consente à y adhérer sans réserve, car il n'em-
brasse pas tous les côtés de la question; il en omet
un fort sérieux : *Travailler, c'est exercer son activité
dans le but de se procurer ce qui est requis pour les
divers besoins de la vie elle-même.* C'est pourquoi le
travail a reçu de la nature comme une double em-
preinte : il est *personnel*, parce que la force active est
inhérente à la personne et qu'elle est la propriété de
celui qui l'exerce et qui l'a reçue pour son utilité ; il
est *nécessaire*, parce que l'homme a besoin du fruit
de son travail pour conserver son existence, et qu'il
doit la conserver pour obéir aux ordres irréfragables
de la nature. Or, si l'on ne regarde le travail que par

le côté où il est personnel, nul doute qu'il ne soit au pouvoir de l'ouvrier de restreindre à son gré le taux du salaire, la même volonté que donne le travail pouvant se contenter d'une faible rémunération ou même n'en exiger aucune.

« Mais il en est tout autrement si, au caractère de *personnalité*, on joint celui de *nécessité*, dont la pensée peut bien faire abstraction, mais qui n'en est pas séparable en réalité. Et, en effet, conserver l'existence est un devoir imposé à tous les hommes et auquel ils ne peuvent se soustraire sans crime. De ce devoir découle nécessairement le droit de se procurer les choses nécessaires à la subsistance et que le pauvre ne peut se procurer que moyennant le salaire de son travail. Que le patron et l'ouvrier fassent donc tant de et telles conventions qu'il leur plaira ; qu'ils tombent notamment d'accord sur le chiffre du salaire : *au-dessus de leur libre volonté, il est une loi de justice naturelle plus élevée et plus ancienne, à savoir que le salaire ne doit pas être insuffisant à faire subsister l'ouvrier sobre et honnête.*

« Que si, contraint par la nécessité ou poussé par la crainte d'un mal plus grand, il accepte des conditions dures que, d'ailleurs, il ne lui était pas possible de refuser, parce qu'elles lui sont imposées par le patron ou par celui qui fait l'offre du travail, c'est là subir une violence contre laquelle la justice proteste. »

Le contrat de travail ne doit pas être en contradiction avec les légitimes exigences de la vie.

Ainsi donc sont contraires au droit naturel et sans valeur au regard de la morale sociale, aux termes mêmes de l Encyclique, les stipulations d'un contrat de travail qui n'assurerait pas à celui qui loue son travail le salaire suffisant pour le faire subsister, c'est-à-dire — sans qu'il puisse y avoir doute sur ce point, — suffisant pour assurer sa subsistance familiale du jour même et du lendemain, en d'autres termes : *sa vie, sa vie familiale, jours de labeur et jours d'inactivité forcée compris.*

Et par conséquent, en bonne morale sociale, et avant toute autre particularité et en dépit de toutes apparences contraires, le contrat de travail se présente essentiellement, spécifiquement et nécessairement comme un contrat dans lequel, en contre-partie de l'apport de sa capacité de travail, le salarié doit trouver au moins l'assurance de sa subsistance d'aujourd'hui et de demain.

II

Comment ce postulat de justice sociale ne se heurte ni aux lois économiques, ni aux principes juridiques essentiels.

Mais, dira-t-on sans doute, tout cela semble, en effet, très beau et très conforme au bon ordre social et par conséquent très souhaitable. Malheureusement, l'inconvénient est que ces desiderata de haute morale humaine viennent se heurter de front et se briser irremédiablement contre le granit inentamable de la loi économique de l'offre et de la demande, comme aussi contre le principe juridique qui domine toutes les relations contractuelles, à savoir : « Les conventions librement consenties font la loi des parties. »

Eh bien, il est tout à fait inexact que nos *deside-*

rata moraux, que le postulat de justice sociale que nous venons d'exposer trouvent, dans la fameuse loi économique et le brocard juridique bien connu, deux obstacles insurmontables.

En effet, et tout d'abord, la fameuse loi, dite naturelle, de la détermination des prix par le jeu de l'offre et de la demande n'est, en somme, qu'une *résultante* d'éléments multiples et infiniment complexes. Et nombreuses sont les forces, internes ou externes, qui peuvent influer sur les éléments composants de cette résultante et en modifier la directrice.

Nous n'avons dit, à aucun moment, qu'un travail donné dut être payé plus que sa valeur.

Nous disons, tout bonnement, que la valeur du travail humain, comme toute valeur, est un composé d'éléments variés et variables. Or, un des facteurs importants de la valeur d'une chose est, incontestablement, le prix de revient de cette chose. *Et le prix de revient minimum du travail se confond précisément et nécessairement*, — de nécessité individuelle et sociale, — *avec les exigences d'entretien du travailleur*.

Nous ajoutons, par ailleurs, qu'il faut entendre ce terme : entretien du travailleur dans un sens à la fois large et familial.

Et, de tout ce qui précède, nous concluons qu'il est légitime de faire appel à toutes les influences : équité spontanée des employeurs, sens de la responsabilité chez les consommateurs, énergie individuelle et collective des travailleurs et au besoin même contrainte légale, pour que, dans la détermination de la valeur courante du travail humain, il ne soit pas fait abstraction de l'élément essentiel de cette valeur que doit être le prix de revient du travail.

Ainsi, pour obtenir que les conditions du contrat de travail ne soient pas en contradiction avec les exigences de la vie, il n'est pas du tout question d'empêcher que, quant à leur détermination, ces conditions soient soumises à l'influence de la loi de l'offre et de la demande, mais il s'agit de faire en sorte que, par le jeu même de cette loi, les postulats essentiels de la justice se trouvent nécessairement et comme automatiquement respectés.

Et pour ce qui est du grand principe juridique que les codes aiment à mettre en évidence, et que nous rappelions tout à l'heure, il est bien certain que les conventions ne sauraient faire la loi des parties qu'à la condition que une loi plus générale et plus haute ne s'impose pas, au préalable, au respect de ces parties. Et il est, précisément, du devoir du législateur d'ériger en précepte de droit positif toute règle d'utilité sociale évidente devant laquelle la pression de la conscience collective et l'effort spontané des mœurs publiques ne suffiraient pas à faire incliner les volontés individuelles récalcitrantes.

III

Ce que comporte un contrat de travail équitable et conforme aux exigences de la vie.

Ainsi donc, et nous le pouvons répéter après avoir écarté les obstacles, ne doit être considéré comme absolument équitable, en bonne morale sociale, que le contrat de travail qui, par ses conditions de conclusion et d'exécution et par les taux de rémuneration qu'il stipule, respecte la dignité du travail humain, de son rôle irremplaçable dans le processus de la production économique, et pourvoit aux exigences de la vie morale, physique, familiale, civique, sociale et religieuse du travailleur, lequel n'a que le salaire du travail de ses bras pour y faire face.

Le contrat de travail-type doit, en conséquence, assurer au travailleur :

1° Des conditions de travail largement humaines au point de vue de la salubrité physique, de la préservation morale, des poses nécessaires (interruptions en cours de journée, repos hebdomadaire), de la limitation de la durée journalière du travail à un certain maximum d'heures, même pour les adultes.

2° Un salaire suffisant à l'entretien d'une famille moyenne.

3° La garantie, sous une forme ou sous une autre, des divers risques qui menacent le travailleur et, — se rattachant à un titre quelconque à son travail : accidents, maladies, chômage, invalidité, — doivent avoir pour résultat, en ce qui le concerne, l'*inactivité involontaire*.

Comment ces conditions du contrat de travail-type ne peuvent être réalisées que progressivement.

Il est bien évident que les stipulations courantes des contrats de travail sont loin de donner satisfaction à toutes ces exigences de la morale sociale. — Il est non moins évident que l'on aurait fort à attendre si l'on comptait obtenir de la seule bonne volonté des entrepreneurs l'adaptation spontanée et progressive du contrat de travail à toutes ces exigences.

La loi, la loi positive et précise est déjà fort opportunément intervenue pour déterminer certains progrès. Nous citerons seulement, parmi les textes les plus récents, ceux relatifs à l'hygiène des ateliers (12 juin 1893 et 11 juillet 1903), à la garantie du risque-accidents (9 avril 1898 et lois complémentaires), à la limitation de la journée de travail (30 mars 1900), au repos dominical (16 juillet 1906), aux retraites ouvrières (5 avril 1910) (1).

Il reste encore, dans la même direction, un vaste champ d'activité au législateur.

Pour hâter les progrès réalisables soit par la libre adhésion des entrepreneurs, soit par la contrainte légale, on doit compter beaucoup sur les développements de l'organisation professionnelle et sur l'action syndicale ouvrière énergique.

Pour faire tomber l'argument sérieux et grave tiré, contre l'augmentation des obligations mises à la charge des entreprises, de l'âpreté de la concurrence internationale, on ne saurait trop activer la multiplication des traités diplomatiques de nation à nation — ainsi qu'il s'en conclut très fréquemment, depuis quelques années, par rapport aux mesures protectrices du travail, — comme aussi des ententes générales internationales dont les protocoles signés à Berne, le 26 septembre 1906 (et réglant la question des poisons industriels et celle du travail de nuit des femmes) peuvent être considérés comme le si heureux point de départ.

Il est à peine besoin d'ajouter que, en dressant précédemment la liste des stipulations que devrait contenir un contrat de travail véritablement équitable, nous n'avions pas la prétention d'indiquer que toutes ces stipulations pourraient et devraient passer, du jour au lendemain, sans transition et sans gradation dans la pratique.

(1) Voir Raoul JAY, *La réglementation légale des travailleurs.*

L'ouvrier ne saurait le plus souvent être considéré comme répréhensible, en l'état actuel des choses, qui souscrirait à un contrat de travail lequel ne lui assurerait pas tous ces avantages : plutôt vivre chichement que pas du tout.

De même, aussi, le patron qui ne réaliserait pas immédiatement et à lui tout seul, sans se préoccuper des voisins, le contrat de travail-type ne saurait être déclaré coupable moralement.

Il est, en effet, indubitable que si un entrepreneur introduisait, à lui tout seul, la journée de huit heures dans ses ateliers ou, ne s'en rapportant pas à l'estimation commune et au taux courant de la région pour les salaires par lui payés à ses ouvriers, portait brusquement ces salaires, — sans s'occuper de ce que font voisins et concurrents, — au *quantum* qu'il considérerait devoir atteindre pour correspondre à toutes les exigences de la plus parfaite équité, cet entrepreneur, ce patron dépasserait, ce faisant, son devoir actuel, en risquant de se mettre vraisemblablement dans la nécessité prochaine de fermer ses ateliers après faillite.

Nous n'avions donc nullement la prétention de formuler plus haut des règles de devoir individuel précis et immédiat, mais uniquement d'établir les bases générales et essentielles, les assises fondamentales d'un contrat de travail vraiment équitable et dont les dispositions répondraient non pas tant aux intentions apparentes, ou même formellement exprimées des parties, qu'à leur vouloir profond, qu'aux nécessités qui s'imposent à elles en vertu des exigences constatées de la vie, exigences conformes à l'ordre providentiel suivant lequel le travail doit procurer l'entretien du travailleur et de sa famille.

CHAPITRE III

Nature juridique
du Contrat de Travail

I. Qu'est-ce, juridiquement, que le contrat de travail ? Le contrat de travail n'est ni un louage d'ouvrage, ni une vente de travail; ni une société ordinaire. — II. Les conventions relatives au travail constituent tout un groupe de contrats *sui generis* : contrat d'entreprise; contrat de commande ; contrat de collaboration ; contrat de service.

Quelle est la nature juridique du contrat de travail ?

Nous allons nous efforcer, maintenant, de préciser la nature juridique du contrat dont nous avons dit, précédemment, ce qu'il est dans la réalité économique actuelle et ce qu'il devrait être, au point de vue de la morale sociale.

Qu'est-ce, juridiquement, que le contrat de travail ?

Le code civil et le louage d'ouvrage.

Il y a une quinzaine d'années, on s'accordait encore à peu près unanimement pour proclamer que le contrat de travail était un *louage d'ouvrage*, c'est-à-dire un contrat réglementé par les articles 1708 et suivants du Code civil.

En effet, si nous nous reportons au Code civil, livre III, titre VIII, nous lisons à l'article 1708 :

« Il y a deux contrats de louage : celui des choses et celui d'ouvrage. »

L'article 1709 poursuit : « Le louage de choses est un contrat par lequel l'une des parties s'oblige à faire jouir l'autre d'une chose pendant un certain temps et moyennant un certain prix que celle-ci s'oblige de lui payer. »

Et l'article 1710 ajoute : « Le louage d'ouvrage est un contrat par lequel l'une des parties s'engage à faire quelque chose pour l'autre, moyennant un certain prix convenu entre elles. »

En somme, cet article 1710 nous fournit deux choses :

1° Une définition de contrat ;

2° Un nom de contrat : *le contrat de louage d'ouvrage.*

La définition, à savoir : « un contrat par lequel l'une des parties s'engage à faire quelque chose pour l'autre moyennant un certain prix convenu », la définition pourrait, à la rigueur, à l'extrême rigueur, s'ajuster à peu près à ce que représente, de l'extérieur, comme opération et à ce que poursuit comme but apparent le contrat de travail.

Mais à y regarder de plus près, on trouve définition comme nom infiniment vague, et cette impression se confirme et se fortifie quand, se reportant à l'article 1779, on constate que, d'après le code, le contrat de louage d'ouvrage et d'industrie se subdiviserait en trois espèces principales de contrat et engloberait les relations : 1° de maître à domestique ; 2° de patron à ouvrier, et 3° de public à voiturier et à entrepreneur, c'est-à-dire — cela saute aux yeux — des relations éminemment dissemblables.

Il apparaît, d'ailleurs, très nettement, — sitôt qu'on veut aller au fond des choses, — qu'en traçant cet ensemble de règles, le code n'a eu aucunement en vue la réglementation du contrat de travail proprement dit, c'est-à-dire du contrat de travail industriel et commercial, lequel jusqu'à la veille de la Révolution avait toujours été essentiellement matière de réglementation corporative.

Le contrat de travail proprement dit n'est donc pas au Code civil.

Et avant de l'y mettre, en l'y rangeant sous l'étiquette du louage, la question se pose de savoir s'il ne serait pas bien préférable de transformer de fond en comble tout ce compartiment du code dont les dispositions se présentent comme si insuffisantes, si inexactes et si inadéquates avec les relations juridiques qu'elles sont sensées réglementer.

Pour répondre à cette question, nous allons voir d'abord s'il est admissible de qualifier louage le contrat de travail. Et lorsque nous aurons conclu que le contrat de travail ne saurait être considéré comme un louage d'ouvrage, ni — d'ailleurs — non plus comme une vente de travail ou une société ordinaire, nous nous efforcerons de déterminer ce qu'il est, exactement.

I

Qu'est-ce, logiquement et historiquement, que le louage ?

Qu'est-ce donc que le louage ?

Louer vient du latin *locare,* dont le sens propre et premier est *placer, mettre en un lieu (locus).*

Les jurisconsultes romains se sont emparés de ce

mot, et, par une métaphore justifiée, ils l'ont appliqué au contrat par lequel un propriétaire *met, place entre les mains* d'une autre personne une chose qui lui appartient et dont il garde la propriété, mais dont il permet à cette personne d'user comme si elle en était propriétaire, à la charge de lui payer une redevance, un *loyer* évalué d'après l'utilité présumée qu'elle retirera de cette chose.

C'est ce sens dérivé que notre langue française a adopté comme sens propre et premier du verbe *louer*. *Louer*, en français, n'a pas le sens étymologique de *locare : placer* ; mais uniquement son sens juridique : *prêter pour usage.*

Donc, toutes les fois qu'un propriétaire, sans se dessaisir de la propriété de la chose qui lui appartient, remettra cette chose à une autre personne pour qu'elle s'en serve ainsi qu'il a été dit, il la *louera* à cette personne; il sera un *loueur (locator)* et cette personne sera son *locataire (locatarius).*

Et le mot *chose*, que nous venons d'employer, a ici un sens tout à fait général. Non seulement les êtres inanimés, les outils de travail, les champs, les maisons sont des choses, mais les plantes, mais les animaux, mais l'homme lui-même et aussi son travail.

Tout cela pourra donc être *loué*, mais à cette double condition essentielle : 1° d'appartenir à un *propriétaire* qui le loue ; 2° de pouvoir être *remis réellement* entre les mains du locataire, c'est-à-dire de pouvoir être séparé du propriétaire.

Donc :

1° L'ouvrage ou *le travail*, c'est-à-dire l'application des diverses facultés humaines à une œuvre de pro-? duction, — *peut-il être loué au sens strict du mot*

Evidemment non.

Le travail a bien un propriétaire, à savoir le travailleur; mais il ne peut pas être séparé de ce propriétaire même et remis entre les mains d'un locataire.

L'expression : *louage d'ouvrage* est donc métaphorique ; elle ne désigne pas un louage proprement dit.

2° L'ouvrier, du moins, peut-il être loué au sens strict du mot ?

Non, encore ; à moins qu'il n'appartienne à un propriétaire, c'est-à-dire à moins qu'il ne soit esclave.

L'expression : *louage des domestiques et ouvriers*, que le code emploie aussi (Liv. III, tit. VIII, ch. 3, s. 1.), est donc également métaphorique; elle ne désigne pas, elle ne peut désigner un louage proprement dit, puisque dans notre société chrétienne actuelle il n'y a plus d'esclaves.

Le rapporteur du Tribunat dans la discussion préparatoire à la rédaction du Code civil, Mouricault, le reconnaissait expressément. Ce contrat, disait-il, « n'est compris dans le louage *proprement dit* que dans un sens *très étendu* » (1); et un auteur, non suspect de tendances novatrices, exprimait naguère la même pensée, en disant : « Le louage de choses n'a, avec le louage d'ouvrage, d'autre point de contact qu'une *similitude de nom* » (2).

Nous pouvons donc conclure que bien que les relations naissant du travail et les engagements réciproques pris par le demandeur et l'apporteur de travail aient, au dire de plusieurs (et ce n'est pas notre avis), reçu du Code civil le nom générique de « louage

(1) Fenet (*Recueil des travaux préparatoires du Code civil*, t. XIV, p. 217, a. 4, *in fine*).

(2) G. Théry, rapport au Congrès d'Angers, *Revue cath. des Institutions et du Droit*, 1885.

d'ouvrage », le contrat de travail n'est pas, en réalité, et ne saurait être un contrat de louage.

Le terme : « louage d'ouvrage » est un emprunt au droit romain.

Comment le Code civil aurait-il donc été amené à donner ce nom aux engagements se rapportant au travail ?

Serait-ce un emprunt à notre ancienne législation française ?

Aucunement.

Avant la Révolution de 1789, nos lois écrites ne faisaient aucune mention du contrat de travail.

M. Hubert-Valleroux constate (1) que la réglementation des engagements relatifs au travail était, dans notre ancien droit, presque exclusivement *coutumière*, et — en tout cas — uniquement *corporative*.

Le terme de « louage » appliqué au contrat de travail ne se rencontre ni dans nos lois anciennes, ni dans nos coutumes. C'est aux jurisconsultes, et notamment à Pothier, que le Code civil a emprunté ce terme, et les jurisconsultes l'avaient, eux-mêmes, emprunté au droit romain.

La théorie du louage de travail était rationnelle et exacte en droit romain

C'est, d'ailleurs, très logiquement que les jurisconsultes romains furent amenés à appeler le contrat de travail un louage ou, comme ils disaient, une « location-conduction ».

____

(1) Hubert-Valleroux, *le Contrat de travail*, p. 9; Paris, 1895.

Nous le constatons, plus haut : si le travailleur était esclave, rien ne l'empêcherait d'être loué par son maître, dans le sens strict du mot.

C'est ce qui se produisait à Rome, dans l'antiquité. On y rencontrait bien des travailleurs libres ; Pline l'Ancien parle de corporations d'artisans établis du temps de Numa pour fusionner Sabins et Romains (1) ; mais ces travailleurs libres étaient peu nombreux parce qu'ils étaient méprisés.

« Le métier d'ouvrier est vil, disait Cicéron ; un atelier est un séjour indigne d'un homme libre ; le salaire est une preuve de servitude (2). »

C'étaient donc des esclaves qui travaillaient à Rome ; et ils travaillaient non seulement dans la maison de leurs maîtres, mais aussi, au profit de ces mêmes maîtres, dans des ateliers et chez des maîtres à qui leurs maîtres les louaient (3).

Et quand un esclave recevait la liberté, cette liberté — le plus souvent — ne s'étendait pas au travail. L'ancien maître, en affranchissant l'esclave, se réservait la propriété de ses *operæ officiales* ou *fabriles*, c'est-à-dire de tout son travail, aussi bien dans les offices domestiques que dans n'importe quel métier. *En tant que travailleur l'affranchi restait esclave*, et son ancien maître qui l'avait loué esclave, continuait à le louer affranchi (4).

Ainsi donc, dans la plupart des cas, le contrat de travail était, à Rome, un louage proprement dit.

Pourquoi, dès lors, la loi aurait-elle créé une caté-

---

(1) *Histor. natur.*, I, 34, 1. ; 35, 46.
(2) *De officiis*, I, 42.
(3) *Digeste*, I, 33, tit. 7, n° 2, § 8 ; n° 19, § 1.
(4) *Étude historique sur la condition privée des affranchis*, par H. Lemonnier, l. 3, ch. 1, § 7.

gorie à part pour le contrat passé par les travailleurs libres, si décriés ? Elle l'assimila au contact passé par les maîtres des esclaves ou des affranchis; on louait ceux-ci : *elle considéra les hommes libres comme se louant eux-mêmes.*

Telle est l'origine de la métaphore qui a fait regarder comme un louage le contrat de travail des ouvriers libres.

Ce n'est pas que cette métaphore ne créât bien des difficultés aux jurisconsultes. Pour n'en citer qu'une seule, on ne sut jamais bien du temps des Romains, et on n'a jamais bien su depuis, qui était le loueur et qui était le locataire dans cette sorte de louage.

« Il se présente une plus singulière difficulté, a écrit M. Laurent, le jurisconsulte belge, en commentant l'article 1710 du Code civil. On n'est pas d'accord sur les noms qu'il faut donner aux parties contractantes. Les interprètes auraient bien fait de suivre l'exemple du Code; il n'emploie pas les termes de locateur, ou bailleur et de preneur, ou locataire ; comme il y a diverses espèces de louages d'ouvrage, il désigne les parties par les noms qu'on leur donne dans la vie réelle (domestiques, ouvriers, maîtres, voituriers, entrepreneurs, etc.) (1). »

Très bien; |mais c'est là esquiver et non pas résoudre la difficulté.

En droit chrétien, le contrat de travail
ne peut-être considéré comme un louage.

La conclusion qui s'impose est qu'il faut renoncer à la théorie du louage.

(1) *Principes de droit civil français*, t. XXV, n° 485. — Bruxelles, 1877.

Il le faut, parce que cette théorie est fondée sur une métaphore, au lieu d'être fondée sur la réalité des choses, sur la nature même du contrat conclu par l'ouvrier libre.

Il le faut parce que cette métaphore du louage n'éveille que des souvenirs de servitude, parce qu'elle n'est plus justifiée dans l'état présent de notre société où elle constitue un anachronisme choquant (1).

Le contrat de travail n'est ni une vente de travail, ni une société.

Le contrat de travail n'est pas un louage.

Mais, alors, qu'est-il donc ?

Serait-il une vente, *une vente de travail ?* Ceci encore est impossible.

Bien que, dans la réalité économique actuelle (2), le contrat de travail revête toutes les apparences extérieures d'une vente de travail, assimilable à une vente de denrée, ce contrat ne peut juridiquement être considéré comme une vente de travail.

Il ne s'agit pas, en effet, de savoir exclusivement ce que paraissent vouloir les parties : les parties peuvent

(1) J'ai été heureux de constater la concordance complète et presque littérale, pour certains passages, de la thèse historique enseignée à mes étudiants en doctorat de 1906, et exposée — dès 1897 — en un rapport du R. P. Polsat, auquel il m'avait été donné de collaborer discrètement (Conf. *Études de N.-D. de Haut-Mont*, 1897, p. 233 et suivantes), avec l'étude si intéressante et si fortement documentée « sur l'expression *locare operas* et le travail, comme objet de contrat à Rome », publiée par M. A. Deschamps, dans les *Mélanges Girardin*, 1907, p. 157 et suivantes.

(2) Cf. Bureau, *Le Contrat de travail et les Syndicats professionnels.*

paraître vouloir, et vouloir même réellement des choses absurdes. Il faut se demander ce que les parties sont en état et en droit de vouloir.

Or, ainsi que nous le disions tout à l'heure pour le louage, le travail n'est pas une chose qui se puisse séparer du travailleur ; le travail ne peut donc pas plus être vendu à part, que loué à part.

Et le travailleur, peut-il être vendu, peut-il se vendre, au moins temporairement ? Evidemment non. — Le travailleur ne peut se vendre dans notre société où le christianisme est arrivé à faire comprendre qu'un homme n'est plus un homme qui n'est pas libre.

Le contrat de travail serait-il donc *une société?* C'est ce qui soutient, en une très intéressante étude, mon collègue et ami M. E. Duthoit (1).

Au premier abord, cela ne paraît pas impossible. Et en y regardant de plus près, cela prend même beaucoup des apparences de la réalité.

M. Chatelain, dans un des chapitres les plus serrés de son importante dissertation sur « la Nature du contrat entre ouvrier et entrepreneur » (2), s'efforce de démontrer que rien dans la manière dont se comporte pratiquement le contrat de travail ne contredit à la définition de l'article 1832 du Code civil, lequel dispose :

« La société est un contrat par lequel deux ou plusieurs personnes conviennent de mettre quelque chose en commun, dans la vue de partager le bénéfice qui pourra en résulter. »

(1) *Le Contrat de Salariat,* deux leçons faites à la Semaine Sociale d'Amiens; librairie Vitte, Paris et Lyon, 1907.
(2) P. 16; chez Alcan, Paris, 1902.

Et M. Chatelain n'a pas de peine, ensuite, à réfuter les six raisons plus ou moins précises et décisives par lesquelles M. Paul Leroy-Baulieu voudrait établir, — en économiste plus qu'en juriste, — que le contrat de travail n'est pas une société.

Et cependant, et si l'on veut observer très exactement les réalités, on arrive à cette constatation qu'il ne saurait y avoir société dans tous les cas où il y a contrat de travail, et que dans les cas même où l'on pourrait admettre qu'il y a société, il ne s'agirait jamais que d'une société toute spéciale, dont les conditions de fonctionnement se trouveraient comme nécessairement dictées par la nature même des choses et contrairement aux règles qui régissent, couramment, les sociétés *normales*.

Les conventions relatives au travail constituent tout un groupe de contrats sui generis.

Le contrat de travail n'est donc ni un louage, ni une vente, ni une société; — mais bien un contrat spécial, un contrat *sui generis*, ou plus exactement même *une famille de contrats spéciaux* assimilables, sans doute, à d'autres contrats voisins, mais ayant droit à leurs règles particulières.

Et, si l'on voulait mettre les textes d'accord avec les réalités positives et avec les nécessités sociales et juridiques, on serait amené à ouvrir, au Livre III du Code civil, un titre VIII bis intitulé : *Des conventions relatives au travail*; et sous cette rubrique on traiterait de quatre espèces distinctes de sous-contrats que nous allons nous efforcer de caractériser, maintenant, aussi précisément que possible.

II

Les conventions relatives au travail :
Le contrat d'entreprise.

Le contrat d'entreprise figure au Code civil sous la rubrique : « Des devis et marchés », rubrique sous laquelle le contrat passé par les entrepreneurs et artisans et la clientèle est confondu avec celui qui lie, vis-à-vis de leurs employeurs habituels, les travailleurs à domicile, et plus généralement même tous les ouvriers travaillant aux pièces, à la tâche, par opposition avec les ouvriers travaillant au temps.

Dans les projets récents, notamment au projet de la Commission du travail (1), on oppose le contrat d'entreprise, sous le nom de « contrat d'industrie », au contrat de travail, et on le définit : « le contrat passé par les personnes qui offrent leur travail non à un ou à plusieurs employeurs déterminés, mais au public. »

En réalité ce contrat est celui par lequel une personne promet à une autre de lui livrer, dans un certain délai, un objet déterminé, exécuté d'après des données précises, et en fournissant à la fois la matière et le travail.

Il s'agit, en somme, très exactement d'une promesse de livraison d'un objet complet, d'un objet fini, mais non encore fait : maison à construire, vêtement à confectionner, mets à préparer (par le restaurateur), objet d'art à exécuter, etc...

(1) Voir rapport Chambon, annexe au procès-verbal de la séance du 27 décembre 1907, n° 1409. — Voir aussi, plus loin : chapitre 5; *Projets de réforme du contrat de travail.*

Ce qui fait donc, l'objet précis du contrat, c'est moins le travail, que *le résultat du travail* : l'ouvrage terminé et parfaitement conforme au modèle proposé; ce contrat est, ainsi, tout à fait assimilable à une *vente de chose future*.

Il pourrait être défini de la façon suivante :

« Le contrat d'entreprise est une convention par laquelle l'entrepreneur s'engage vis-à-vis de la clientèle, à exécuter ou à faire exécuter quelque chose moyennant un prix convenu, et en fournissant la matière en même temps que le travail ».

Le contrat d'entreprise intervient entre entrepreneur et public, entre artisan et clientèle; il est donc tout à fait distinct des autres conventions relatives au travail qui, elles, nous allons le voir, mettent en présence d'une manière habituelle des employeurs professionnels avec leurs salariés.

Le contrat de commande.

Il est une espèce de convention relative au travail qui se rapproche à beaucoup d'égards, au moins à première apparence, du contrat d'entreprise et que le Code civil a confondu avec ce dernier contrat, à la section « Des devis et marchés » : c'est le contrat de tous les travailleurs à la tâche.

Par ce contrat, nous voyons encore une des parties s'engager à livrer, dans un certain délai, un objet complet, un ouvrage terminé.

Seulement, l'autre partie, celle qui a commandé le travail, est — ici — un employeur habituel au lieu d'un client occasionnel ; et, de plus, cette partie, au lieu de fournir seulement le modèle, le plan de l'ouvrage à accomplir, fournit aussi — généralement —

la matière ; et cela étant, elle tient à ce que l'ouvrage soit accompli *personnellement* par l'ouvrier qui en a reçu la commande.

Que va donc faire ici le travailleur ?

Il va travailler, c'est-à-dire qu'il va appliquer ses facultés, physiques et intellectuelles, en vue d'une transformation des matières qui lui auront été remises.

Ce travailleur ne créé rien, dans la matière que lui a remis le fabricant ; mais il la transforme.

Parfois, le travailleur transforme la substance même des choses ; c'est le cas de l'ouvrier agricole ou de l'ouvrier d'une fabrique de produits chimiques qui, par le mouvement qu'ils impriment, mettent les forces de la nature dans les conditions requises pour produire leur action latente et spontanée.

Le plus souvent, l'ouvrier ne réalise qu'une transformation accidentelle. C'est ainsi que le tisserand transforme la matière qui lui a été confiée. Du mouvement qu'il lui imprime, résulte en elle une forme particulière, une *disposition*, la disposition en forme de tissu ; et cette disposition constitue une perfection nouvelle, une *plus-value* produite par ce travail.

Quelle est, au juste, la contre-partie du salaire que touchera le tisserand ? Est-ce le travail, le travail plus ou moins assidu, attentif et intensif de l'ouvrier, ou la *plus-value* produite par ce travail ?

Sans aucun doute, c'est la plus-value.

L'ouvrier ne vend pas l'objet complet puisque la matière de l'objet ne lui appartient pas. Mais il vend la plus-value qu'il a incorporée à cette matière.

Cette plus-value est un perfectionnement matériel ; et si elle n'est pas séparable de l'objet à laquelle elle a été incorporée, elle est — du moins — estimable en argent : *elle vaut tant*, et peut être vendue avec l'objet même pour sa valeur.

Evidemment, dans l'estimation de cette plus-value entre nécessairement, comme base de calcul, le prix de revient de cette plus-value ; et parmi les éléments de ce prix de revient figurera (ainsi que nous le disions, au chapitre 2, à propos de la valeur du travail) le coût de la vie du travailleur lui-même ; mais, au total, c'est cette plus-value qui se paie, quelque soient les éléments qui, en définitive, la constituent.

Le contrat qui intervient ici entre l'employeur et l'ouvrier est donc encore une sorte de *vente*, non une vente d'objet complet, comme dans le contrat d'entreprise, et pas davantage une vente de travail ou du travailleur lui-même ; mais bien une vente *de la plus-value réalisée* par le travail.

Et c'était l'opinion de la majorité des jurisconsultes romains, par rapport au contrat d'entreprise.

Voici leur hypothèse.

Vous commandez un vêtement à votre tailleur, en lui laissant le soin de fournir le drap. — Contrat d'entreprise. — Quiconque admet la théorie du louage d'ouvrage devrait conclure logiquement que vous passez deux contrats : l'un par lequel vous achetez le drap ; l'autre par lequel vous prenez à bail le tailleur ou sa faculté de travail. Et c'était l'opinion du jurisconsulte Cassius.

Mais les autres jurisconsultes maintinrent qu'il n'y a là qu'un seul contrat, une *vente-achat*, par laquelle le tailleur vend à la fois et son drap et la façon, c'est-à-dire la plus-value qu'il lui a donnée (1).

(1) Gaius, Com. III, n° 147. — *Justinien, Institutes*, liv. III, tit. 24, § 4.

Or ceci admis, n'est-il pas logique de dire que si vous fournissez le drap au tailleur, celui-ci ne vendra plus que la façon ou la plus-value par lui incorporée à l'étoffe ; et que, par conséquent, dans ce cas encore, il y a vente, vente de plus-value ? Cela paraît évident, et bien que les jurisconsultes romains, suivis par le Code civil, aient considéré que, dans ce cas, il y a louage, le sentiment général, en dehors des jurisconsultes, a bien toujours été qu'il y a vente : « Le tailleur, dit-on, vend sa façon. »

On peut convenir, toutefois, que en ce qui concerne exclusivement la plus-value, la plus-value nue, il y a là une vente d'un caractère très spécial parce que, bien que cette plus-value soit distincte de la matière, elle n'en est pas pratiquement séparable ; de telle sorte que celui qui a fourni la matière ne peut pas reprendre cette matière seule et restituer la plus-value à l'ouvrier ; il ne peut que lui en payer le prix.

Il paraît donc normal et légitime de donner à cette vente de plus-value qui constitue, en somme, un contrat *sui generis*, un nom spécial, et c'est pourquoi nous proposons celui de « contrat de commande », parce que ce qui caractérise ce contrat, c'est que le travail y est exécuté d'après les données préalables très précises de l'employeur.

Et nous définirons ce contrat de commande : « la convention par laquelle un travailleur s'oblige vis-à-vis d'un employeur à exécuter un certain travail moyennant un salaire calculé, soit à raison de la durée du travail, soit à proportion de la qualité ou de la quantité de l'ouvrage accompli, soit d'après toutes autres bases arrêtées entre les parties. »

Le contrat de collaboration, ou contrat de travail proprement dit.

Nous voici, maintenant, en présence d'une troisième espèce de convention relative au travail, dont le Code civil ne s'est jamais occupé, à savoir : le contrat de travail proprement dit, le contrat des salariés au temps de l'industrie, du commerce, de l'agriculture, des arts libéraux.

Ce contrat paraît, tout d'abord, totalement différent des précédents. Ici, en effet, on ne voit ni commande, ni livraison d'un ouvrage complet; on voit en revanche, des travailleurs employant leur activité plus ou moins spécialisée à une œuvre de production à laquelle contribuent, également, toute une série de collaborateurs très divers, sous les formes les plus variées : apport de capitaux, apport de direction d'ensemble, apport de connaissances techniques, apport d'efforts musculaires, etc...

Nul mieux que M. Chatelain n'a dépeint cette situation à la fois économique et juridique, de fait et de droit (1).

« Un établissement industriel est une chose complexe qui a son unité. C'est un *groupe d'hommes*; et son fonctionnement est une combinaison d'actes, d'efforts, de travail fourni par ces hommes, tendant à un but commun : *la production d'objets d'une nature déterminée. Union, concert* des activités de tout genre, intelligence, science, force, habileté technique, telle est l'entreprise industrielle; *coordination* et *subordination* des actes simultanés et successifs de

(1) *De la nature du contrat entre ouvrier et entrepreneur*, par Émile Chatelain; Paris, Alcan, 1902; *passim*.

tous afin de leur donner le meilleur résultat (le maximum de rendement), *discipline* tendant à maintenir cette coordination et cette subordination nécessaires au succès de l'œuvre commune; tel est l'aspect qu'offre à l'observateur une industrie.

Qu'on emploie les mots qu'on voudra pour la description de ces phénomènes, qu'on parle de *collaboration*, de *coopération*, qu'on dise travail *collectif*, *communauté* d'efforts, il semble bien que le mot propre offert par la langue ordinaire soit, quand il s'agit d'hommes ainsi unis, et d'actions humaines ainsi concertées, SOCIÉTÉ... *Des hommes sont associés là.* »

Et pour expliquer juridiquement la renonciation du travailleur-associé à toute part de propriété sur le produit fabriqué, c'est-à-dire le trait proprement caractéristique du contrat de travail industriel, sous le régime capitaliste contemporain, M. Chatelain « suppose, par hypothèse, que patron et ouvrier ont opéré sans convention préalable, l'un procurant les instruments de travail, l'autre le travail, et que de cette collaboration de fait est sorti un produit. Il y aurait, — évidemment, en ce cas, — produit commun, propriété indivise, et, par conséquent, en cas de vente, bénéfice commun à partager. Mais comment déterminer les parts ?

Pour éviter cette difficulté et d'autres encore qui naissent de ce que l'ouvrier vit au jour le jour et ne peut pas attendre le résultat, lointain peut-être, de la production, le patron et l'ouvrier font, avant que ne commence leur collaboration, une convention qui règle à forfait la part de l'ouvrier et remet au patron la disposition exclusive du produit futur (1). »

(1) E. Dutholt ; *Le Contrat de salariat*, p. 16.

« Les ouvriers, dit M. Chatelain, acceptent une part en argent fixe, périodique, avancée par le patron ; ils cèdent en retour au patron la *propriété du produit* en nature, que seul il se charge de réaliser et qu'il consent à réaliser, au mieux des intérêts communs, mais à ses risques. »

Donc, le contrat de travail proprement dit, le contrat de collaboration est, lui aussi, une sorte de vente, une *vente entre associés*, à la suite d'un partage d'actif social éventuel et aléatoire. — Alors que le contrat d'entreprise est assimilable à une vente d'un produit complet, mais futur ; et le contrat de commande à une vente de plus-value résultant de la transformation d'une matière ; — le contrat de collaboration est assimilable, lui, à une vente de quote-part de propriété indivise d'un actif social en voie de réalisation.

Ces trois premières espèces de conventions relatives au travail sont donc assimilables à des ventes, à des ventes de choses matérielles, qui peuvent être mises dans le commerce (1).

« Ainsi, des concepts juridiques simples et satisfaisants s'adaptent à la réalité complexe des faits économiques et aux relations réelles des personnes en cause. » Ainsi, encore, les exigences de la conscience

---

(1) « M. Bureau répète avec insistance que la chose vendue par l'ouvrier est « le travail ». Le travail, voilà la *marchandise* dont le salaire est le prix. Soit. Il reste à expliquer (et la *vente*, ainsi entendue, ne l'explique pas toute seule et par elle-même) comment, achetant du *travail*, l'entrepreneur devient propriétaire d'un « *produit* » ; et à l'inverse, comment l'entrepreneur devenant propriétaire d'un *produit* et acquérant cette propriété par voie d'*achat*, le vendeur n'était pas propriétaire du « *produit* » et n'a vendu que du *travail*. » Chatelain, p. 56. Conf. Bureau, *le Contrat de travail et les syndicats professionnels*, p. 112, note.

contemporaine reçoivent un commencement de satisfaction. « Si le « travail est le [principal] fondement de la propriété », et si un certain lot de « produits » est l'œuvre commune d'ouvriers travaillant avec le concours, sous la direction d'un entrepreneur, à l'aide des instruments et sur les matières premières fournies par lui, ne faut-il pas dire que les fruits de ce travail en commun, que ce *produit*, est la propriété commune de tous ceux qui ont contribué à le créer ? » C'est un des avantages les plus considérables et les plus féconds en conséquence de cette interprétation juridique, qu'elle sauvegarde le droit de propriété du travailleur sur les produits de son travail, alors même que « les difficultés pratiques, les embarras, l'inutilité du partage en nature (dans l'intérêt bien entendu de ce travailleur), amènent les parties à s'entendre au sujet de l'exercice de leur droit (1) » de propriété indivise, c'est-à-dire à procéder au partage anticipé que constitue précisément le contrat de travail avec clause de rémunération forfaitaire de certains collaborateurs.

Elle sauvegarde si bien ce droit que si, par la clause de salaire, le travailleur est censé avoir renoncé à sa part éventuelle de propriété dans le produit, avoir vendu d'avance cette part de propriété moyennant un prix forfaitaire, à échéances échelonnées : le salaire, du moins cette vente ne saurait être valable que si elle s'est faite régulièrement, que si elle n'a été entachée d'aucun vice rédhibitoire.

Et alors, s'il arrivait à être prouvé que cette vente a été opérée dans des conditions vicieuses, sans consentement libre, sur la pression du besoin ou de la menace, à des conditions dérisoires, usuraires, on

____

(1) Chatelain, page 28.

pourrait étudier les moyens de faire déclarer nul le contrat et d'étendre, notamment, au contrat de collaboration avec clause de salaire le bénéfice de la *rescision pour cause de lésion* qui peut être déjà invoqué, on le sait, en cas de vente immobilière. Et le jour où cette extension de la rescision pour cause de lésion au contrat du travail à stipulation usuraire serait réalisée, le travailleur qui verrait son contrat déclaré nul recouvrerait, en vertu de notre interprétation juridique, son droit de propriété indivis sur le produit commun, c'est-à-dire sur les produits de l'entreprise qui lui serviraient ainsi de gage et de garantie jusqu'à indemnisation suffisante de sa participation dans l'œuvre commune de production.

Mais ceci n'est pas tout.

Et de ce que nous prétendons que le contrat de travail proprement dit, ou contrat de collaboration est, avant tout et essentiellement, une sorte de société, avec conventions spéciales quant au partage de l'actif social et vente forfaitaire de leurs droits indivis sur cet actif par certains associés à d'autres, il n'en résulte aucunement que les stipulations accessoires qui accompagnent le plus généralement en fait, explicitement ou implicitement la conclusion de ce contrat, et qui contribuent à en accentuer l'originalité, ne puissent conserver toute leur valeur.

Ces stipulations sont les suivantes.

Les employeurs prétendent, le plus souvent, comme à une prérogative absolue et intangible au droit de direction complet et sans partage de l'entreprise. Et si cette prétention peut paraître, dans certains cas, discutable, dans les cas les plus fréquents elle est entièrement légitimée, au moins dans l'état actuel des choses, et elle s'appuie sur une nécessité pratique indiscutable, étant donnée l'organisation contemporaine et techniquement si complexe de l'industrie et du commerce.

Rien n'empêche, nous le répétons, que pareille condition soit mise à l'enrôlement d'un travailleur dans l'entreprise. Et il en résulte que l'ouvrier qui aura adhéré à une entreprise en acceptant cette condition, devra s'incliner absolument et avec une entière docilité devant cette autorité directrice à laquelle il se sera soumis volontairement, par le fait même de son entrée à l'atelier.

En revanche, et comme contre-partie de cette prérogative patronale, le salarié industriel et commercial peut, en principe, prétendre à ne rendre absolument que les services techniques et spécialisés pour lesquels il a engagé sa collaboration, et à limiter sa subordination vis-à-vis de l'autorité directrice à la correcte exécution de ces services spécialisés.

Quoiqu'il en soit, et « de ce que patron et ouvrier sont en état de société (de société avec conditions spéciales de partage), il n'en résulte nullement, on le voit, que cette société exclue la subordination professionnelle de l'employé à l'employeur au cours de l'exécution du contrat, que l'initiative technique et commerciale du patron en soit gênée, qu'il ait à soumettre sa comptabilité et ses actes au contrôle de ses ouvriers. Il n'en résulte pas davantage que l'ouvrier et le patron partageront le bénéfice de fin d'année, ou les pertes, comme le feraient deux associés [ordinaires]; encore moins que, par suite de ce lien social (dans ce cas bien onéreux et peu pratique pour lui), l'ouvrier subira des retards de paiement et assumera des risques qu'il est tout à fait hors d'état de supporter.

Les deux modalités spéciales du salariat, à savoir la subordination professionnelle du salarié au chef d'entreprise dans l'exécution du contrat, d'une part, la rémunération [forfaitaire] du salarié par versements réguliers, rapprochés, antérieurs à la liquidation des opérations en cours, indépendants des risques ordinaires de l'entreprise, d'autre part, subsistent pleinement comme des nécessités de fait » (1).

En revanche, on constate combien plus respectueuse que la théorie du louage de services de la dignité du travailleur, comme aussi de ses droits matériels, se manifeste cette théorie du contrat de collaboration, lequel devrait, d'après tout ce qui précède, être défini de la façon suivante :

« Le contrat de collaboration, ou contrat de travail proprement dit, est une convention par laquelle une personne s'engage à collaborer à une entreprise de production donnée (2) par une prestation de travail intellectuel ou physique, et renonce vis-à-vis des autres parties contractantes à sa part dans la propriété du produit commun éventuel moyennant une rémunération périodique et forfaitaire, ou salaire, calculée soit à proportion de la durée, soit à proportion de l'intensité du travail fourni, soit d'après toutes autres bases arrêtées entre les parties. »

Le contrat de service.

Reste une dernière modalité de convention relative au travail, celle qui met en rapport les serviteurs,

---

(1) E. Duthoit, *le Contrat de salariat*, p. 18.
(2) On pourrait ajouter, si l'on tenait à plus de précision : « quelle qu'en soit la nature, industrielle, commerciale, agricole, scientifique, artistique... »

gens de maison, domestiques attachés à la personne ou à l'exploitation avec leurs maîtres.

Les différences apparaissent aussitôt considérables entre ce genre de contrat et ceux que nous venons d'étudier, notamment le contrat de travail de l'ouvrier industriel, commercial ou agricole.

Et ces différences sont telles que, par rapport au contrat qui lie serviteurs à maîtres, le maintien de l'expression : *louage de services* paraîtrait beaucoup moins choquant, beaucoup moins en contradiction avec la réalité des choses que pour les autres contrats de travail. Ici, rien qui ressemble à une vente de produit ou à une société de production. Lorsque, en effet, l'on envisage la situation et l'utilisation de ces serviteurs ou domestiques, on ne peut pas dire d'eux (à part, peut-être, de certains domestiques de ferme) qu'ils collaborent à la création d'un produit et qu'ils acquièrent des droits à la copropriété de ce produit. La plupart du temps même ces serviteurs ou domestiques n'ont point engagé leur habileté technique en vue d'un travail très précis et très nettement délimité (bien que la tendance, par rapport aux engagements des serviteurs et gens de maison, soit dans le sens de la spécialisation). Le plus grand nombre d'entre eux se mettent, en somme, *au service*, au service général et sans spécification de leurs maîtres.

Les termes usuels qui caractérisent ces engagements impliquent eux-mêmes cette subordination plus complète, l'abdication d'autonomie à laquelle ont souscrit ces travailleurs.

L'expression : domestique attaché à la personne indique déjà bien cette dépendance de tous les instants ; et pour ce qui est du terme : serviteur, il rappelle par son étimologie : *servus*, celui que — à la guerre — il avait paru plus intéressant, plus pratique de *conserver*, de ne pas tuer, pour en faire un instrument de travail lucratif et d'obéissance passive.

Sans doute, tout l'effort du christianisme a tendu à transformer cette situation exagérément ravalée des serviteurs et à les faire considérer comme des membres de la famille élargie, comme constituant la société hérile, prolongement immédiat de la société familiale basée sur les liens du sang. Néanmoins, au point de vue proprement juridique, au point de vue du droit contractuel, il est évident que ces engagements des serviteurs et domestiques demeurent à bien des égards assimilables à un louage de choses et constituent comme un engagement momentané pour utilisation de leurs personnes, de leurs capacités techniques ou de leur activité générale.

Le contrat de service peut, en conséquence, être défini « une convention par laquelle un domestique ou serviteur s'engage à fournir des services d'une manière générale, ou certains services plus particulièrement spécifiés soit à la personne du maître, soit à sa maison, soit à sa propriété, moyennant le salaire convenu. »

Contrat de Vente.	*Conventions relatives au travail.*			
Il y a **Contrat de vente :**	**Contrat** **d'entreprise :**	**Contrat** **de commande :**	**Contrat de collaboration** **ou contrat de travail** **proprement dit :**	**Contrat** **de service :**
Lorsque la partie qui reçoit la chose vendue n'en a fourni ni la matière, ni le modèle, ni les plans, etc...	Lorsque la partie qui reçoit la chose n'en a pas fourni la matière, mais en a fourni le plan, le modèle, le devis.	Lorsque la partie qui reçoit la chose en a fourni non seulement le plan, le modèle, mais encore généralement la matière.	Lorsque le travailleur est associé à une production qui doit être le résultat de la collaboration de plusieurs apporteurs : apporteurs-travail, apporteurs-capital, apporteurs-direction technique, etc...	Lorsque le travailleur engage ses services nus, son activité, ses soins, vis-à-vis d'un maître.
	CONTRAT PASSÉ ENTRE PUBLIC, CLIENTÈLE ET ENTREPRENEUR.		CONTRATS PASSÉS ENTRE EMPLOYEURS ET SALARIÉS.	
Vente de maison anciennement bâtie, de denrées, d'objet manufacturé, de vêtement tout fait, etc...	*(partie de l'ancien marché d'ouvrage).* Contrat de l'architecte, du voiturier, de l'entrepreneur, de maçonnerie ou de serrurerie, du tailleur à façon, du cordonnier sur mesure, etc... Ce contrat est assimilable à une *vente d'objet complet*, mais à faire. La *chose promise*, ici, est une *chose finie*, un objet complet. En somme, la partie qui doit recevoir l'objet, se désintéresse de savoir qui, exactement à fait l'objet, qui y a travaillé, pouvant ne prendre livraison de l'objet fini que s'il est bien conforme aux conventions, au plan, modèle.	*(partie de l'ancien marché d'ouvrage).* Contrat du travailleur à domicile, ou de l'ouvrier d'atelier, mais à la tâche, aux pièces. Ce contrat est assimilable à une *vente de plus-value* incorporée dans l'objet. Ce qui est promis, ici, c'est également une chose, mais une chose transformée, une *plus-value incorporée* dans une matière confiée. La partie qui doit recevoir la chose ne se désintéresse pas du travailleur qui exécutera l'ouvrage parce qu'elle a intérêt à ce que la matière par elle fournie ne soit pas gâchée.	*Contrat ignoré au code.* Contrat du travailleur industriel ou commercial, de l'ouvrier et de l'employé, à l'usine, à l'atelier, au chantier, au magasin, au bureau. Ce contrat est assimilable à *une société* avec partage anticipé et vente forfaitaire par certains associés de leur part dans les résultats éventuels de la société. — Ce qui est promis, ici. c'est une *collaboration* en vue d'une production spéciale, collaboration nécessairement génératrice de droits sur le produit.	*(ancien louage de services)* Contrat des serviteurs attachés à la personne, des gens de maison, des domestiques de ferme, etc... Ce contrat est assimilable à un *louage*, parce qu'il constitue comme un engagement momentané pour utilisation de la personne du serviteur, de ses capacités techniques ou de son activité générale. — Ce qui est promis ici, ce sont les *services nus*, l'activité générale ou spéciale, pendant un certain temps.

ADDITION AU CHAPITRE III

—

Le Contrat de Travail
et le Code civil

———

Le 11 janvier 1908, dans la discussion générale du projet de la Commission du travail de la Chambre des députés sur le *Contrat de travail*, en séance de l'Association pour la protection légale des travailleurs, je m'exprimais ainsi qu'il suit :

M. Boissard (1). — « Voici, en quelques mots, ce que je voulais dire :

« L'année dernière, nous nous sommes trouvés en présence d'un projet complet sur le contrat de travail, qui constituait un tout homogène et que nous avons discuté longuement.

« Ce projet, la Commission du travail a jugé bon de le remplacer par quelques articles qu'il s'agirait d'introduire dans le Code civil.

« Cette méthode de la Commission du travail peut-être appréciée soit au point de vue de la tactique parlementaire, soit au point de vue doctrinal.

« En ce qui concerne la tactique parlementaire, je suis incompétent.

(1) *Le Contrat de travail et le Code civil* (publication de l'Association pour la protection légale des travailleurs, cinquième série, n° 3 ; chez Alcan), p. 93 et suiv.

« Pour ce qui est de l'intérêt doctrinal, il me semble dangereux, à l'heure actuelle, de chercher à introduire des textes nouveaux, concernant le contrat de travail, dans le Code civil.

« En effet, de deux choses l'une :

« Ou bien on tentera d'y introduire des idées nouvelles, et ces idées nouvelles sont, pour partie, encore trop jeunes, pas assez mûres pour qu'on cherche à les incorporer dans un monument aussi vénérable que le Code civil.

« Ou bien on se bornera à introduire au Code, sous des formules un peu renouvelées, des idées anciennes, trop anciennes.

« Cela je le considérerais comme tout à fait fâcheux. Ce que j'estime impossible, c'est que l'on continue à river l'idée de contrat de travail à l'idée de louage (1).

« La doctrine gagne tous les jours du terrain, d'après laquelle le contrat de travail doit être considéré comme un contrat *sui generis*, assimilable à beaucoup d'autres contrats, mais distinct de ces contrats.

Assimilable, dans certains cas, — je le veux bien, — au louage : dans le cas, par exemple, du serviteur qui loue ses services *nus*, si l'on peut ainsi parler ; qui vient s'engager, vis-à-vis du maître, à lui prester ses soins, à lui procurer son assistance, son activité dans les différentes circonstances de la vie domestique quotidienne.

____

(1) Je considérerais également comme très fâcheux que l'on promulgât un CODE DU TRAVAIL où, sous l'intitulé nouveau : *Du contrat de travail*, on insérerait purement et simplement les antiques dispositions sur le *Louage de services* et le *Louage d'ouvrage* (Conf. le projet de Code du travail : liv. I, titre II, art. 19 et suiv.).

« Mais le contrat de travail est assimilable aussi, dans nombre d'autres cas, à la vente : ainsi en est-il dans le cas du travailleur à domicile qui s'engage à fournir et son travail et la matière.

« Il est assimilable encore, et cela dans des cas très fréquents, à la société, à une société en vue d'une production commune... Le contrat de travail industriel courant est, en effet, un contrat dans lequel un travailleur manuel vient apporter son activité physique, pour collaborer avec d'autres ouvriers manuels, avec des capitalistes, avec un directeur, un entrepreneur, des ingénieurs qui apportent les uns l'outillage, d'autres leur intelligence, d'autres de l'argent, en vue de la réalisation du produit à fabriquer.

« Il en résulte que le contrat de travail industriel pose la très grosse question de la co-propriété du produit réalisé. Car on fera difficilement admettre à la généralité de la conscience contemporaine que cette question de co-propriété ne se pose pas, aujourd'hui, à l'occasion de ce contrat de travail industriel ; que le produit qui a été réalisé par la collaboration du travail manuel, du capital, de la direction technique (collaborations également indispensables, les unes et les autres, pour la réalisation de ce produit), ne soit pas un objet de co-propriété, un objet commun.

« Il ne faut pas croire, d'ailleurs, que cette théorie de la co-propriété de l'objet fabriqué soit exclusive du régime du salariat : pas du tout ! Le salaire peut être considéré comme la part forfaitaire attribuée à quelques-uns des collaborateurs dans un partage conventionnel anticipé des résultats de la production commune.

« Ces idées, et bien d'autres encore qui se sont fait jour à propos du contrat de travail, sont certainement trop nouvelles pour être insérées — sous une forme quelconque — dans le Code civil. J'estime qu'il serait prématuré et fâcheux de les formuler dans des textes juridiques trop rigides. Il faut laisser aux faits économiques et à la vie sociale le temps de les consacrer petit à petit.

« Mais ce que je prétends, en revanche, c'est qu'il serait absolument impossible, aujourd'hui, d'insérer au Code civil des textes sur le contrat de travail qui feraient totalement abstraction de ces postulats de la conscience contemporaine ».

A ces considérations, M. Millerand, président de l'Association pour la protection légale des travailleurs (président aussi de la Commission du travail de la Chambre), répondit en faisant valoir que : 1° il attachait peu d'importance aux transformations de langage et que, « en inscrivant, comme le proposait le projet de la Commission du travail, sous le titre de *louage d'ouvrage*, le contrat de travail, on ne faisait quoique ce soit qui, en fait, portât atteinte à la situation des travailleurs ou, en droit, introduisît une idée fausse et contraire à nos principes dans le langage juridique »; et que 2° la tactique adoptée par la Commission du travail, était la seule qui, parlementairement, pût obtenir un résultat, pût aboutir à un vote législatif. Je répliquai dans les termes suivants :

M. BOISSARD. — « Je demande à ajouter deux mots seulement.

« Au point de vue de la tactique parlementaire, je considère que l'on n'obtiendra pas plus d'une façon que de l'autre de la Chambre actuelle (1).

(1) Sur ce point, les événements ne m'ont, malheureusement, que trop donné raison. La neuvième législature, qui aura eu

« Je constate, d'ailleurs, que M. Millerand reconnaît que, si on votait tel quel le projet de la Commission, on introduirait l'incohérence dans le Code civil.

« En agissant ainsi, il me semble que l'on paierait d'un sacrifice très grave un bénéfice très mince, un avantage très problématique.

« Le sacrifice très grave consisterait à laisser introduire au Code civil le contrat de travail sous la rubrique du louage, alors que, à l'heure actuelle, on peut soutenir et on soutient avec raison, je crois, que le contrat de travail n'est pas du tout réglementé par les articles qui concernent le louage de services.

« On introduirait, ainsi, le contrat de travail tout entier sous la rubrique du louage d'ouvrage, et on riverait pour très longtemps l'idée de contrat de travail à l'idée de louage.

« J'ai dit qu'on ferait cela pour un avantage très mince, car nous verrons, quand nous discuterons les articles un par un, qu'en somme ils proposent des modifications très modestes à l'état de choses actuel, à part la reproduction de l'article 2 du projet Doumergue (1).

« D'ailleurs, la plupart de ces dispositions fragmentaires pourraient très bien être insérées au Code civil sans inconvénient et sans compromettre le principe, à condition qu'on n'y introduise pas une définition du contrat de travail en telle place que ce contrat se trouvât lié définitivement à l'idée juridique de louage.

« J'ajouterai que, si l'on s'obstine dans la volonté

l'honneur de mettre à l'étude la réforme du contrat de travail, s'est terminée néanmoins sans que la discussion du rapport de la Commission du travail sur cette question ait pu être inscrite à l'ordre du jour de la Chambre.

(1) Voir chapitre 5 : *Projets de réforme du contrat de travail.*

d'introduire au Code civil quelques dispositions relatives au contrat de travail et à sa définition même, on pourrait apporter au projet de la Commission de travail une très petite modification qui en atténuerait considérablement les inconvénients.

« Pourquoi, au lieu d'introduire le contrat du travail au Code comme une variété du louage, ne rangerait-on pas les dispositions le concernant sous une rubrique spéciale et appropriée, ainsi que le proposait M. Perreau dans son rapport ? »

A la suite de cet échange d'observations, M. Millerand m'ayant prié de traduire en un contre-projet mes propositions, je déposai ce contre-projet en mon nom et au nom de mon ami H. Lorin. Et ce sont, en somme, ses dispositions essentielles que l'Association pour la protection légale des travailleurs adopta, dans la séance du 30 janvier 1908. M. Groussier paraît s'être inspiré largement de ce contre-projet, dans l'élaboration de « l'amendement au projet de loi sur le contrat de travail » qu'il a déposé à la séance du 12 mars 1908, amendement qui contient, en outre, des dispositions très intéressantes et originales et auquel, à mon tour, j'ai emprunté l'idée et le cadre du tableau qui termine le chapitre 4 (1).

(1) C'est au cours de la discussion du contre-projet Boissard-Lorin que M. Groussier fut amené à indiquer qu'il en avait préparé un lui-même, par lequel « il allait moins loin que M. Boissard ».

En lisant, au procès-verbal, ces paroles de M. Groussier (je n'avais pu assister à cette séance), j'éprouvai tout autre chose qu'un sentiment de vanité flattée. Rien, en effet, ne saurait être véritablement coupable comme la moindre préoccupation de surenchère, même purement scientifique et désintéressée, en des questions où l'enjeu est si gros, et où les intérêts touchés, qui sont ceux mêmes de la vie nationale profonde, méritent de si

Voici quelles modifications devraient être apportées aux dispositions du Code civil, pour que ces dispositions fussent mises en harmonie avec les doctrines exposées dans la 2ᵉ partie du chapitre IV.

TITRE VIII.

Du contrat de louage.

CHAPITRE PREMIER.

Dispositions générales.

1708. — Le louage est un contrat par lequel l'une des parties s'oblige à faire jouir l'autre d'une chose pendant un certain temps, et moyennant un certain prix que celle-ci s'oblige de lui payer.

On peut louer toutes sortes de biens, meubles et immeubles.

1709. — On appelle *Bail à loyer*, le louage des maisons et celui des meubles;

Bail à ferme, celui des héritages ruraux;

Bail à cheptel, celui des animaux dont le profit se partage entre le propriétaire et celui à qui il les confie.

1710. — Les baux des biens nationaux, des biens des communes et des établissements publics sont soumis à des règlements particuliers.

---

scrupuleux, j'allais dire de religieux égards. En revanche, il me parut intéressant de voir confirmer, une fois de plus, qu'un catholique social uniquement préoccupé de se montrer cohérent avec les principes fonciers de sa doctrine pouvait apparaître comme bien plus intransigeant dans ses exigences réformatrices qu'un socialiste parlementaire, même aussi peu enclin que M. Groussier aux concessions et aux habiletés de couloirs.

1711 à 1807. — (Suivraient tous les articles, depuis la rubrique « section première » jusqu'à l'article 1778 inclus, numérotés de 1711 à 1775, et sans autre modification que la substitution aux termes : « section première, section II, section III, » des termes : « Chapitre II, chapitre III, chapitre IV ». A la suite de l'article 1775 (ancien 1778) prendrait place le *Chapitre* IV ancien du titre VIII, sans modification autre que celle de son intitulé, changé en : « Chapitre V », les articles étant numérotés de 1776 à 1807).

TITRE VIII bis.

Des conventions relatives au travail.

CHAPITRE PREMIER.

Dispositions générales.

1808. — Il y a quatre sortes de conventions individuelles relatives au travail :

Le contrat d'entreprise;
Le contrat de commande ;
Le contrat de collaboration;
Et le contrat de service.

Préalablement à la formation des contrats individuels relatifs au travail, et dans le but de déterminer certaines conditions auxquelles ils devront satisfaire, des conventions collectives de travail peuvent être conclues entre un employeur, ou un syndicat ou groupement d'employeurs, et un syndicat ou groupement d'employés ou entre leurs représentants respectifs.

CHAPITRE II.

Du contrat d'entreprise.

1809. · – Le contrat d'entreprise est une convention par laquelle l'entrepreneur s'engage vis-à-vis de la clientèle à exécuter ou à faire exécuter quelque chose moyennant un prix convenu, et en fournissant généralement la matière en même temps que le travail.

Les entreprises de transports et de constructions d'édifices comportent des règles particulières.

SECTION PREMIÈRE.

Dispositions spéciales aux transports.

1810-1814.(Anciens articles 1782-1786.— Des voituriers par terre et par eau).

SECTION II.

Dispositions spéciales à la construction des édifices.

1815-1827. Anciens articles 1787-1799. — Des devis et marchés (avec les modifications de forme nécessaires pour les harmoniser avec ce qui précède et ce qui suit).

CHAPITRE III.

Du contrat de commande.

1828. — Le contrat de commande est une convention par laquelle un travailleur s'oblige vis-à-vis d'un employeur à exécuter un certain travail moyennant

un salaire calculé soit à raison de la durée du travail
soit à proportion de la qualité ou de la quantité de
l'ouvrage accompli, soit d'après toutes autres bases
arrêtées entre les parties.

Le fait que la matière est fournie en même temps
que le travail n'empêche pas la convention d'être un
contrat de commande, pourvu que la matière puisse
être considérée comme l'accessoire du travail.

CHAPITRE IV.

Du contrat de collaboration.

1829. — Le contrat de collaboration, ou contrat de
travail proprement dit, est une convention par laquelle
une personne s'engage à collaborer à une entreprise
de production donnée par une prestation de travail,
intellectuel ou physique, et renonce vis-à-vis des
autres parties contractantes à sa part dans la propriété
du produit commun éventuel moyennant une rémunération périodique et forfaitaire, ou salaire, calculée
soit à proportion de la durée, soit à proportion de
l'intensité du travail fourni, soit d'après toutes autres
bases arrêtées entre les parties.

CHAPITRE V.

Du contrat de service.

1830. — Le contrat de service est une convention
par laquelle un domestique ou serviteur s'engage à
fournir ses services d'une manière générale, ou certains services plus particulièrement spécifiés, soit à la
personne du maître, soit à sa maison ou à sa propriété,
moyennant le salaire convenu.

CHAPITRE VI.

Dispositions communes aux contrats de commande, de collaboration et de service.

1831 (Ancien 1780 modifié). — On ne peut engager son travail ou ses services qu'à temps ou pour une entreprise déterminée.

Les contrats de collaboration et de service faits sans détermination de durée peuvent toujours cesser par la volonté d'une des parties contractantes.

Néanmoins, la résiliation du contrat par la volonté d'un seul des contractants peut donner lieu à des dommages-intérêts.

La charge de la preuve des justes motifs de résiliation incombe à celle des parties qui a rompu le contrat.

Pour la fixation de l'indemnité à allouer le cas échéant, il est tenu compte des usages, de la nature des services engagés, du temps écoulé, des retenues opérées et des versements effectués en vue d'une pension de retraite et, en général, de toutes les circonstances qui peuvent justifier l'existence et déterminer l'étendue du préjudice causé.

Les parties ne peuvent renoncer à l'avance au droit éventuel de demander des dommages-intérêts en vertu des dispositions ci-dessus.

Les contestations auxquelles pourra donner lieu l'application des paragraphes précédents, lorsqu'elles seront portées devant les tribunaux civils et devant les cours d'appel, seront instruites comme affaires sommaires et jugées d'urgence.

Toutes les autres dispositions spéciales aux contrats de commande, de collaboration et de service sont contenues au Code du travail.

CHAPITRE IV

—

Les Ambiances
du Contrat de Travail

———

I. - Les Parties au Contrat :
Employeurs et Salariés.

———

I. Qu'est-ce qu'un employeur ? Qu'est-ce qu'un salarié ? — II. Comment l'opposition de situation entre employeurs et salariés constitue la caractéristique même du régime du salariat. — III. Rareté de plus en plus grande des rapports directs entre les chefs d'entreprise et leurs employés. Inconvénients qui en résultent. — IV. Substitution progressive des collectivités aux individualités pour la détermination des conditions générales du travail.

I

*Les parties en présence lors de la conclusion
du contrat de travail* (1).

Les négociations préliminaires à la conclusion du contrat de travail mettent en présence deux catégories distinctes et antagonistes de parties : les employeurs et les employés ; les salariants et les salariés.

(1) Contrat de commande et contrat de collaboration.

Les termes : *employeur* et *salariant* peuvent être considérés comme synonymes. — Salariant n'est, d'ailleurs, guère usité dans la langue courante. Aussi lui préférerons-nous : employeur.

De même *employé* et *salarié* sont deux expressions qui peuvent être utilisées indifféremment l'une à la place de l'autre ; cependant salarié constitue une désignation plus précise et plus générale à la fois.

En effet, la qualification d'employé est réservé plus particulièrement, en pratique, à certaines catégories de salariés : les salariés du commerce, les travailleurs du bureau ou du magasin.

Qu'est-ce qu'un employeur? Qu'est-ce qu'un salarié?

Qu'est-ce au juste que l'employeur? Qu'est-ce au juste que le salarié?

Il est, parfois, difficile de les distinguer l'un de l'autre, d'un premier coup d'œil superficiel. Il est des employeurs, comme aussi des salariés, de tous les degrés, de toutes les espèces, de toutes les surfaces.

Tel salarié est un très gros seigneur et, par contre, un très mince travailleur : tel le directeur général, à traitement fixe, — honoraire plus qu'actif, — de quelque grande Compagnie.

A l'inverse, tel employeur est, quelquefois, un bien pauvre hère, en même temps qu'un travailleur acharné. Ainsi en est-il du petit artisan qui travaille avec un aide, un compagnon; qui travaille, souvent, beaucoup plus activement que ce compagnon, tout en étant beaucoup moins assuré de tirer une rémunération suffisante de son travail.

Mais, s'il est — dans certaines circonstances — difficile de discerner *à l'écorce*, par l'extérieur l'employeur du salarié, en revanche il est très aisé de mettre en relief ce qui les distingue foncièrement l'un de l'autre.

L'employeur, quels que soient son importance et son relief individuel ; quel que soit aussi son apport personnel dans l'entreprise, — apport-capital, apport-intelligence, apport-travail, — l'employeur est celui qui, dans une entreprise donnée, seul ou concurremment avec quelques autres, s'est réservé *la propriété* même de cette entreprise, c'est-à-dire d'une part, les prérogatives d'organisation et de direction, et d'autre part, les profits éventuels de l'affaire.

Le salarié est celui qui, dans une entreprise donnée, — et quelle que soit également sa situation, modeste ou lucrative, très étroitement subordonnée ou, au contraire, relativement indépendante, — reçoit en contre-partie de son apport-travail, — intellectuel ou physique, — une rémunération forfaitaire, périodique et soustraite, au moins partiellement, aux aléas de l'affaire.

Il faut mettre à part de ces deux catégories très nettement caractérisées et très spécialement importantes de collaborateurs de presque toute entreprise économique *les obligataires*, c'est-à-dire les apporteurs d'argent, de capital-numéraire auxquels il n'est attribué qu'une rémunérative fixe de leur apport.

Ces obligataires, en effet, ne sont pas de véritables collaborateurs de l'entreprise ; ils ne sont, à proprement parler, que des *préteurs*, des fournisseurs de numéraire, ne différant des autres fournisseurs de l'entreprise (fournisseurs d'instruments, de matières premières ou autres marchandises) qu'en ce qu'ils ne sont remboursés de leur fourniture qu'à longue échéance, et qu'ils courent, par conséquent, plus de risques de perte que les fournisseurs payés comptant ou payés à court terme.

Est donc employeur, aux termes de notre définition et de notre criterium de distinction : l'artisan qui fait travailler un ou plusieurs ouvriers, qu'il travaille avec eux, ou qu'il installe seulement et surveille les chantiers de travail; l'usinier, l'entrepreneur qui dirige personnellement ou par délégués, l'installation industrielle qui leur appartient; le grand commerçant qui commande des marchandises à des travailleurs à domicile; l'associé en nom collectif d'une grande affaire, ou encore l'actionnaire d'une société anonyme, industrielle ou commerciale : cet actionnaire, en effet, détient une portion de l'autorité dont il peut bien déléguer l'exercice, mais en conservant du moins son droit de contrôle; et c'est lui, aussi, qui recueille les résultats, bons ou mauvais, de l'entreprise. Remarquons, en passant, que cette qualité d'employeur qui appartient incontestablement à l'actionnaire de société anonyme, et qui a comme conséquences des bénéfices et aussi des responsabilités pécuniaires, entraîne également des responsabilités morales trop souvent oubliées et négligées. — Et ce que nous disons du simple actionnaire est vrai, *à fortiori*, des administrateurs de ces sociétés.

De l'autre bord, est salarié : le simple manœuvre ou l'ouvrier d'art, travaillant à la journée ou à la tâche, pour un patron; l'employé de bureau, le comptable, le contre-maître, l'ingénieur, s'ils touchent simplement une rémunération de leur travail indépendante des résultats, heureux ou malheureux, de l'entreprise. Est salarié, aussi, le directeur même de l'usine ou du chantier s'il n'est pas, en même temps, actionnaire prépondérant, ou associé intéressé aux bénéfices comme aux pertes de l'entreprise.

Une des grandes habiletés du capitalisme contemporain a consisté, précisément, à mettre en antagonisme d'intérêts les salariés de diverses catégories, en chargeant les uns de diriger et de surveiller les autres, et en faisant dépendre leur propre avancement et le développement de leur situation personnelle du zèle et de la sévérité déployés dans l'exercice de cette surveillance.

Donc, et pour le répéter une fois de plus, ce qui constitue essentiellement l'employeur c'est ce fait que, collaborateur d'une entreprise économique donnée, il s'est réservé, à lui tout seul ou concurremment avec quelques autres, la direction exclusive et les bénéfices éventuels de ladite entreprise, en désintéressant les autres collaborateurs par des rémunérations forfaitaires.

Ce qui constitue essentiellement le salarié, c'est que, collaborateur d'une entreprise économique donnée, il a accepté d'être désintéressé de sa collaboration moyennant une rémunération forfaitaire, et sans être associé ni à la direction, ni aux résultats de l'affaire.

II

L'opposition de situation entre employeurs et salariés, caractéristiques du régime du salariat.

Cette opposition de situation des employeurs et des salariés constitue la caractéristique même du régime de partage inégal, du *régime capitaliste* ou régime du salariat : cette opposition n'existe, en effet, que dans le régime de partage inégal.

Dans le régime de *communisme familial*, il n'y a ni employeurs ni employés : il n'y a que des participants à une vie communautaire où tous grouillent au petit bonheur, dans une paix et une harmonie plus ou moins complètes.

Il n'y a — non plus — ni employeurs ni employés dans la *coopération de production*, laquelle ne comporte que des associés ayant tous part à l'autorité, à la direction de l'affaire,—effectivement ou par délégués, — comme aussi aux résultats de l'affaire, bons ou mauvais, au prorata d'un coefficient déterminé suivant certaines données conventionnelles.

Et ceci — par parenthèse — permet de toucher du doigt l'ambiguité et l'illogisme de la pratique vague et protéiforme que certains prônent sous le nom de *participation aux bénéfices*.

La participation aux bénéfices serait, théoriquement, un régime de répartition où, tout en maintenant des employeurs et des salariés, on associerait du moins les salariés aux résultats *heureux* de l'affaire.

Or, il est bien apparent que si les salariés, dans ce système, sont admis — réellement et mathématiquement — au partage, dans une certaine proportion, des résultats heureux de l'affaire, on ne saurait longtemps leur refuser de *contrôler*, et de contrôler très minutieusement si leur part a été bien calculée. Et le contrôle une fois admis, comment pourrait-on ne pas reconnaître aux salariés-intéressés, le droit de remontrance, s'ils estiment que l'affaire a été mal menée et que, à cause de cela, leur part de bénéfices a été moindre qu'elle n'eût du être? Et, enfin, comment pourrait-on faire obstacle à ce que, de ce droit de remontrance, les salariés associés aux bénéfices prétendissent bientôt passer à un droit d'ingérence dans la direction de l'affaire, à une participation non plus seulement aux bénéfices, mais à l'autorité et à l'initiative créatrice de ces bénéfices ?

La participation aux bénéfices est donc inséparable, en fait comme en bonne logique, de la participation à la direction et à l'autorité. La participation aux bénéfices *complète* se confond, ainsi, avec la coopération de production. Et si une certaine participation aux bénéfices étroitement limitée exclut les salariés de tout droit de contrôle, pour n'avoir pas à leur refuser, par la suite, le droit de remontrance et d'ingérance dans la direction de l'affaire, cette participation ne constitue plus qu'un mode de *libéralité patronale*, arbitraire comme tous les procédés de même nature, qu'il faudrait, certes, se garder de condamner, d'une manière générale et absolue, mais qui n'est pas meilleur, et qui serait même plutôt moins bon et plus dangereux que d'autres pratiques de libéralité patronale, parce que plus compliqué et moins sincère, en tant qu'il revêt les apparences fallacieuses d'une tentative de transformation du salariat (1).

Il ne doit y avoir, enfin, ni employeurs, ni salariés dans le régime encore inédit et intéressant dont l'expérience va être tentée dans les bureaux et ateliers du quotidien sillonniste : *La Démocratie.*

L'organisme de propagande politique et sociale qui doit assumer la charge de la confection et du lancement de ce journal, ne sera constitué ni sur le type

______

(1) Voir Annexe VIII : Critique du participationnisme.

communiste, ni sur le type coopératiste, ni sur le type capitaliste.

Il ne sera pas constitué sur le type communiste parce que chacun de ceux qui s'intéresseront à cette œuvre et y collaboreront — excepté les apporteurs de numéraire, les simples *souscripteurs*, — conserveront la propriété personnelle de leur mise, tout en renonçant à en tirer rémunération : le ou les propriétaires des immeubles en demeureront propriétaires personnels et individuels; le ou les propriétaires des machines et de l'outillage en conserveront la propriété ; ceux qui apporteront leur travail ne se lieront par aucun contrat : ils pourront se retirer quand bon leur semblera.

Il n'y aura pas régime coopératiste ou capitaliste, parce qu'il n'y aura ni bénéfices répartis, ni dividendes distribués, ni intérêts payés, ni salaires alloués. Tous ceux qui collaboreront à cette œuvre, — depuis le rédacteur en chef jusqu'au graisseur de machines, — s'y donneront dans la proportion où ils le pourront et le voudront, mais sans avoir droit à aucune répartition et sans toucher aucune rémunération. Seulement, et comme il faudra bien qu'on vive, tous les collaborateurs toucheront des *indemnités de vie*, indemnités proportionnelles à leurs besoins, et calculées d'après une certaine tarification de ces besoins.

Il serait difficile de pronostiquer quel pourra être le succès économique de ce régime social qui ressemblera à une sorte d'association mystique, basée sur le dévoument inconditionné à un idéal commun. Ce qui est certain c'est que, bien qu'il doive y avoir là une exploitation industrielle et commerciale, cette exploitation ne constituera ni une expérience communiste, ni une tentative coopératiste, ni une entreprise capitaliste; et ce ne sera pas une entreprise capitaliste parce qu'il n'y aura ni employeurs, ni salariés (1).

Voilà donc bien nettement précisé ce que sont les employeurs, d'une part, et les salariés, de l'autre, c'est-à-dire les parties entre lesquelles, en régime capitaliste, se concluent, s'exécutent, se modifient et prennent fin les contrats de travail.

III

Rareté croissante des rapports directs entre les chefs d'entreprise et leurs employés.

Un des plus grands vices du régime économique contemporain de la grande industrie et du commerce mondialisé, consiste en ce qu'il devient de moins en moins fréquent que employeurs et salariés aient à faire directement et puissent traiter personnellement les uns avec les autres.

Cela se produit encore dans les métiers et le petit commerce, où petits et moyens artisans et commerçants embauchent eux-mêmes leurs compagnons et commis et vivent et travaillent, généralement avec eux. Mais, dans les autres types de la production industrielle et de l'organisation commerciale, les rapports directs sont de moins en moins fréquents entre les véritables employeurs, c'est-à-dire ceux qui dé-

(1) Ce qui précède était écrit depuis plus d'un an, et à la composition, lorsque a paru — dans la revue *Le Sillon*, du 10 janvier 1910, — un article de Marc Sangnier sur *La Démocratie et son organisation*, article qui confirme très exactement et presque littéralement tout ce que je disais de cette organisation éventuelle.

tiennent la direction effective des affaires et qui en touchent les bénéfices, — et les divers salariés des entreprises.

Ainsi, entre les grandes maisons de commerce, à firme collective, qui opèrent d'immenses commandes de marchandises et les travailleurs en ateliers ou à domicile qui exécutent ces commandes, s'interposent toute une série d'intermédiaires, de sous-entrepreneurs ou commissionnaires lesquels prélèvent leur bénéfice sur les prix qui, dans l'établissement du coût de production des marchandises par les grands magasins, avaient été attribués au travail.

Ainsi, encore, entre les diverses catégories d'ouvriers des grandes entreprises industrielles et les véritables chefs et bénéficiaires de ces entreprises aucun contact ne peut se produire. L'ouvrier n'a à faire qu'à la hiérarchie des divers représentants des patrons : contremaîtres, ingénieurs, chefs-d'atelier, directeurs, très souvent simples salariés comme lui, mais dont les intérêts — ainsi que nous l'indiquions précédemment — ont été désolidarisés des siens. Cette hiérarchie de délégués des employeurs constitue donc une cascade d'excellents organes de transmission des ordres et des directions qui doivent être répercutés — de haut en bas — jusqu'au dernier agent d'exécution ; mais, en revanche, ces intermédiaires sont de très défectueux organes de transmission — de bas en haut — des réclamations et des désirs des salariés auprès de leurs employeurs, car il n'est pas favorable aux intérêts propres de ces intermédiaires de se faire les interprètes de trop fréquentes réclamations. — Or, les salariés n'ont à faire qu'à ces intermédiaires et, à toute demande ou à toute plainte, ceux-ci peuvent toujours arguer de leur incompétence pour les solutionner, puisqu'ils ne sont pas les véritables chefs (1).

Inconvénients qui en résultent.

On ne saurait apprécier exactement le nombre de dénis de justice qui sont imputables à ce partage très regrettable de la responsabilité et de l'exécution, surtout lorsque le véritable employeur est une société anonyme. C'est grâce à ce régime que se perpétuent des pratiques que n'oseraient maintenir ni les directeurs s'ils en devaient prendre la responsabilité nominale et effective, ni les actionnaires s'ils ne pouvaient être toujours censés les ignorer. Et c'est là tout le secret de certaines réponses des représentants du patronat dans le genre de celle-ci, qui m'était signalée récemment.

Le président d'un syndicat catholique d'employés que tout le monde s'accorde à considérer comme le modèle des syndicats sages et pondérés, me racontait qu'il était allé entretenir dernièrement, avec une délégation, le directeur d'une grande Société de Crédit (directeur notoirement connu pour ses senti-

---

(1) ... « Songez aux innombrables industries où l'ouvrier travaille à la machine, est condamné à exécuter toujours la même partie d'un tout qui ne sera jamais son œuvre, qu'il ne connaîtra même pas. Ajoutez l'anonymat, suite du développement des grands ateliers. Autrefois, le patron connaissait ses ouvriers, les appelait par leurs noms, s'intéressait à leurs petites affaires, ce qui le contraignait à plus d'humanité. Comment voulez-vous qu'il s'intéresse à cinq cents, à mille, à deux mille individus qu'il confond, qu'il brouille, qu'il ignore ? Oui, je crois que les conditions des ouvriers se sont plutôt alourdies de quelque tristesse. » Henry Bordeaux, compte-rendu de *La Barricade*, de Paul Bourget, dans la *Revue Hebdomadaire*, du 22 janvier 1910.

ments humains et religieux) des traitements de début payés par son institution à ses employés. Et la délégation avait fait valoir que, étant donnés le coût de la vie à Paris et les obligations spéciales auxquelles était tenu le personnel d'un grand établissement de crédit, il paraissait bien que le traitement annuel minimum d'un jeune homme au courant de son travail, dont l'apprentissage était fait et qui revenait de son service militaire, ne devait pas être fixé au-dessous de 1,800 francs. Et ce directeur de répondre à la délégation : « Toutes vos observations sont fondées et tous vos calculs rigoureusement exacts. Mais ils ne sauraient avoir aucune prise sur moi. En effet, je suis tout bonnement un employé, moi aussi, *un préposé* : je suis payé par ma Société pour lui procurer du travail au meilleur compte possible, et pour permettre — par ma gestion économique — les distributions les plus élevées possibles de dividendes aux actionnaires. Cela étant, et du moment que je puis trouver des employés, retour du service militaire, à 1,500 francs par an, il est bien possible que cela ne leur permette pas de vivre, mais, du moins, et tant que je trouverai des employés à 1,500 francs, je n'en embaucherai pas à 1,800 francs. »

IV

Substitution progressive des collectivités aux individualités pour la détermination des conditions générales du travail.

De cette quasi-impossibilité pour les ouvriers, dans les cas les plus fréquents, d'obtenir audience de leurs véritables patrons et d'entrer en rapports directs avec eux, comme aussi de la nécessité imposée par la concurrence industrielle intensive d'une certaine unification des conditions d'exécution et de rémunération du travail, et d'autres faits économiques encore, est résultée l'urgence, pour les salariés et pour les employeurs, de se grouper en *collectivités* fortes et agissantes, destinées à défendre les intérêts et à faire régler simultanément les situations de leurs membres et de réaliser, par la puissance de l'union et du grand nombre, ce à quoi des démarches isolées n'eussent pu aboutir.

Ces collectivités se sont constituées, d'abord, de manière plus ou moins tulmutuaire, à titre passager et avec des visées exclusivement belliq·euses, c'est-à-dire en vue d'aboutir plus ou moins immédiatement et directement à des grèves ou à des lock-outs. — Puis, l'utilité de groupements permanents servant d'organes réguliers aux revendications de leurs membres et poursuivant méthodiquement l'amélioration de la condition de ces membres ayant fini par se bien dégager, ces collectivités tendirent à s'organiser solidement et normalement, et aux coalitions momentanées succédèrent, ou plutôt se superposèrent les syndicats professionnels (1).

(1) A la suite de ce paragraphe aurait — tout naturellement — pris place une étude sur l'organisation de ces collectivités, c'est-à-dire *sur le fait et le droit syndical*. Mais, j'ai supprimé intentionnellement cette étude, quitte à en faire plus tard l'objet d'un travail d'ensemble sur « l'Organisation du travail ». — En attendant, je renvoie le lecteur au remarquable ouvrage de mon collègue et ami E. Duthoit : *Vers l'organisation professionnelle* (chez Lecoffre) ; voir aussi : *les Orientations syndicales*, par V. Diligent (chez Bloud). — Ainsi que le fait très bien observer M. Béchaux, dans *le Correspondant* du 10 mai 1910 (p. 597), « le Syndicat moderne s'adapte à trois systèmes économiques et juridiques : *la liberté du travail* ; *l'organisation du travail* ; *la*

Ce sont, aujourd'hui, ces collectivités qui — soit officiellement et de manière apparente, soit dans la coulisse, — jouent le rôle important, le rôle décisif dans la détermination des conditions d'exécution et de rémunération du travail ; et c'est un des faits économiques et sociaux les plus caractéristiques de l'heure présente que, aux ententes directes et personnelles entre employeurs et salariés, mettant en présence uniquement des individualités, tendent à se substituer, ou tout au moins à servir de prologues, les négociations entre collectivités organisées de capitalistes, d'une part, et de prolétaires, de l'autre, pour aboutir à la promulgation de réglements professionnels généraux dont les dispositions impératives s'imposeront, ensuite, aux tractations particulières.

transformation du travail. » C'est très délibérément que les catholiques sociaux se rattachent à la deuxième de ces conceptions : le syndicat agent d'organisation professionnelle et sociale.

II. - Sur le pied de guerre :
Les grèves et leur régularisation.

———

I. Les grèves : ce qu'elles sont, ce qu'elles coûtent et ce qu'elles valent. La loi économique et la loi sociale des grèves. L'évolution historique du mouvement gréviste. — II. Les grèves et la législation. Les grèves et la jurisprudence. Nature juridique de la grève. La grève ne constitue ni toujours une rupture, ni toujours une simple suspension du contrat de travail. La grève est un phénomène de vie collective. La grève est un fait de guerre. — III. Analogies de la guerre et de la grève. Conséquences que cela comporte. La guerre se prévient plutôt qu'elle ne se réglemente. — IV. Les modes de prévention de la grève : la forte organisation réciproque des parties; l'arbitrage; la conciliation préventive : son organisation et ses résultats en Angleterre; la loi du 27 décembre 1892 et ses lacunes; la proposition Millerand sur la régularisation de la grève; la loi canadienne et le recours à l'opinion publique.

I

Coalitions, grèves, look-outs.

On associe généralement, pour les étudier ensemble, les coalitions, les grèves et les lock-outs. Evidemment, des liens très étroits relient entre eux ces divers phénomènes, ces divers incidents de la vie économique. Et, cependant, ils ne sont pas nécessairement soudés les uns aux autres.

La grève et le lock-out sont des résultats. La coalition peut-être un des préliminaires de ces résultats; mais il peut y en avoir d'autres, et qui en tiennent la place.

La grève (nous ne parlerons pas spécialement ici du

lock-out, ou grève patronale), la grève n'est pas un phénomène économique simple ; la grève comporte essentiellement la réunion de deux éléments : 1° *la cessation collective de travail*, dans certaines conditions ; et 2° *le concert*, l'entente qui organise et discipline cette cessation de travail.

La grève est donc une cessation collective de travail, cessation non fortuite, mais concertée, organisée en vue d'obtenir un certain résultat.

Or, ce concert nécessaire pour obtenir la cessation collective et simultanée du travail peut être, — et il est le plus souvent (au moins dans l'état encore à peu près inorganique de l'industrie) — le résultat d'une coalition, c'est-à-dire d'un groupement subit et éphémère des intéressés.

Mais, lorsque les divers facteurs de la production économique se trouvent déjà préalablement organisés, préalablement groupés dans des associations permanentes qui leur permettent de se rencontrer périodiquement, de discuter de leurs intérêts, de se mettre d'accord sur les revendications à poursuivre, les manifestations à faire, les démarches à tenter, les moyens à prendre pour aboutir, il se peut que les cessations de travail résultent alors très normalement, très ordonnément et même très calmement de décisions mûrement réfléchies et préparées, et prises — à un moment précis — par ces groupements : associations corporatives ou syndicats professionnels.

Alors, la grève ne résulte plus d'une coalition, c'est-à-dire d'une entente purement momentanée et plus ou moins cahotique des salariés, mais bien du jeu normal et du fonctionnement même de groupements permanents qui en prennent l'initiative et en assument la direction et la responsabilité.

Les grèves sont-elles plus ou moins fréquentes suivant qu'elles sont la conséquence d'ententes purement momentanées ou le résultat des délibérations d'organes permanents ? Nous reviendrons plus loin sur cette question.

Où en sommes-nous, exactement, à l'heure actuelle quant à l'évolution du mouvement gréviste ? Les grèves sont-elles en augmentation, en recrudescence; ou au contraire en baisse, en diminution ?

Cela varie, suivant les pays.

D'une manière générale, il semble que les conflits du travail aient diminué de violence et augmenté en nombre, ces dernières années. L'année 1906 paraît avoir été à cet égard comme un point culminant.

Ce qui est indiscutable, c'est que les grèves constituent une réalité menaçante et angoissante dont le sociologue ne saurait pas plus se désintéresser que l'homme d'Etat.

Les grèves constituent un phénomène très actuel.

En France, les grèves ont passé d'une moyenne de 300 dans les années qui ont suivi 1890, et de 700 aux alentours   de   1900, à 1026   en   1904, et à 1309   en   1906.

Une légère détente s'est manifestée, en 1907, quant au *nombre* des grèves tombé à 1275, détente plus accentuée encore quant à l'*importance* de ces mêmes grèves.

En effet, les 1309 grèves de 1906 avaient intéressé 19.637 établissements, englobant 438.466 ouvriers grévistes et entraînant près de 9 millions 1/2 de journées de chômage, soit dans les 43 *millions de perte de salaires.*

Tandis que les 1275 grèves de 1907 n'ont intéressé que 8.365 établissements, englobé seulement 197.961 grévistes et entraîné dans les 3 millions 1/2 de journées de chômage, soit dans les 16 *millions de perte de salaires*.

Cette détente s'est nettement accentuée en 1908, où l'on compte seulement 1073 grèves avec 99.042 grévistes ayant perdu dans les 8 millions de salaires.

Est-ce là, d'ailleurs, quelque chose d'exceptionnel ? Sommes-nous, en France, dans une situation tout à fait anormale, témoignant d'une désagrégation sociale beaucoup plus avancée que celle de nos voisins et antagonistes sur l'échiquier mondial ?

Absolument pas.

Les grèves constituent un phénomène très général.

La multiplication des conflits sociaux, la progression du nombre et de l'importance des cessations collectives de travail se constatent identiques, avec seulement des accentuations un peu plus ou un peu moins prononcées, en Autriche, en Italie, en Danemark, en Suède, aux Etats-Unis.

En Allemagne, même, la progression gréviste a été beaucoup plus rapide que chez nous, dans les vingt dernières années.

Les grèves ont, en effet, passé des alentours de 150 par an, dans les années qui ont suivi 1890,

à près de 600,	en	1897,
1462,	en	1900,
2323,	en	1905,
et 3328, — chiffre formidable, — en		1906 (1).

(1) Le nombre des grèves est tombé, en Allemagne, à 2.266, en 1907, et à 1.347, en 1908. Il est remonté à 1.419, en 1909.

En revanche, le mouvement est à peu près stationnaire en Belgique, depuis quelques années ; et il est en recul marqué en Angleterre.

En Angleterre, en 1907, les conflits ouvriers se sont élevés au nombre de 601 (chiffre d'ailleurs plus élevé que les années immédiatement précédentes où il était de moins de 500) ; et ces conflits n'ont entraîné le chômage que de 147.500 *ouvriers perdant un peu plus de deux millions* de journées de travail, soit dans les 10 *millions* de perte de salaires (1).

Or, en 1893-1894, le nombre des grèves et lock-outs avait été, en Angleterre, de 926, englobant près de 600.000 *ouvriers*, et entraînant 30 MILLIONS ET DEMI de journées de chômage, soit dans les 140 MILLIONS de perte de salaires.

Si l'on analyse d'un peu près ces chiffres si différents, et si on les intègre dans le cadre où ils veulent être observés, c'est-à-dire dans la suite de l'évolution économique de chacun des divers peuples auxquels ils s'appliquent, on constate que le mouvement des grèves décrit, dans tous les pays, une courbe à peu près identique dans ses traits essentiels.

Cela n'a pas de quoi surprendre, si l'on considère que les coalitions et les grèves sont les produits directs de l'inorganisation industrielle moderne, de la production en grands ateliers avec liberté économique poussée jusqu'à la licence, concurrence sans frein, division excessive du travail et étroite subordination de ce travail humain au machinisme, etc...

---

(1) En 1908, les grèves anglaises n'ont été qu'au nombre de 399 ; mais elles ont réduit au chômage 295.507 ouvriers et entraîné une perte de 10.632.638 journées de travail. Elles ont donc été moins nombreuses mais beaucoup plus importantes qu'en 1907.

Evidemment, il y a eu des cessations concertées de travail avant l'établissement du régime économique contemporain.

Il n'en est pas moins certain que la grève avec son caractère actuel, endémique et comme régulier, s'est acclimatée comme la conséquence naturelle et forcée des excès de la liberté économique et de l'anarchie professionnelle voulue, légalement maintenue, qui a succédé brusquement à l'ancienne organisation corporative et à la réglementation minutieuse de la production et des rapports entre producteurs qui résultait de cette organisation.

Les grèves constituent un phénomène bienfaisant par certains de ses résultats.

Les grèves qui se présentent ainsi comme un phénomène normal et tout à fait généralisé, doivent encore être considérées comme un phénomène bienfaisant par certains de ses résultats.

Et, en effet, si ce sont le plus souvent les conséquences douloureuses, fâcheuses, déplorables des grèves qui frappent tout d'abord ; si l'on ne peut nier, — (et nous en chiffrons quelques-unes un peu plus haut) — toutes les pertes matérielles qu'entraînent les grèves pour les travailleurs eux-mêmes, pour les industriels, pour le pays tout entier (1) ; si l'on ne peut,

(1) Nous venons de signaler, que les grèves de 1906 avaient entraîné, en France, pour les ouvriers une perte de salaires d'environ 43 millions; et que de celles de 1894 était résulté, en Angleterre, la perte de près de 140 millions de salaires.

La grève des houillères du Nord et du Pas-de-Calais, en 1893, a causé, dans l'espace de 42 jours, une diminution de production de 1.200.000 tonnes de charbon environ, représentant une valeur de 14 millions pour les compagnies minières et de près

non plus, faire abstraction de tous les désordres moraux, de tous les crimes sociaux qu'elles occasionnent, du fait des foules qu'elles mettent en mouvement et des rancunes accumulées qui y explosent ; il faut reconnaître, — par contre, — que les grèves ont fourni le moyen le plus efficace d'amélioration de la situation des travailleurs.

Jamais ceux-ci n'auraient obtenu ni du contrat, ni de la loi, les transformations de leur condition qu'a vues se réaliser, par étapes, le xixᵉ siècle, s'ils n'avaient eu l'usage de cette arme redoutable que constitue la cessation brusque et collective de travail. — Et si, directement, les grèves ont obtenu beaucoup (bien que toutes ne réussissent pas, au moins en apparence), qui dira ce que les ouvriers doivent à la seule crainte des grèves possibles, et quelles concessions, de forme spontanée, cette seule crainte a, en réalité, arrachées aux employeurs ? (1).

de 7 millions de salaires pour les ouvriers. Il en est résulté quantité de ruines de petits commerçants chez lesquels les ouvriers avaient des dettes et un renchérissement général du charbon sur le marché, pendant plusieurs mois.

Les grèves successives des dockers de Marseille ont aussi entraîné des pertes et des ruines presque irréparables. Elles ont sérieusement compromis non seulement le développement, mais le simple maintien de la situation commerciale de notre grand port méditerranéen. Quantité de commerçants ont été ruinés. Il est résulté de ces grèves des pertes énormes pour les sociétés de navigation, les compagnies de chemin de fer, etc. ; et pour certaines industries, entre autres les industries agricoles, et les importateurs de fruits et légumes d'Algérie et de Tunisie.

(1) Les statistiques indiquent que 25 °/₀ des grèves réussissent totalement ; 35 °/₀ aboutissent à des transactions, c'est-à-dire à des réussites partielles ; 40 °/₀ échouent complètement. Mais, il importe de signaler que ces chiffres ne constituent, au moins pour partie, que des *apparences*, et non des réalités. En effet, beaucoup de grèves sont déclarées dans un but très différent du but avoué. Les ouvriers, par exemple, demanderont une augmentation de salaire, alors que toute leur ambition consiste

Et puis, les grèves ont incontestablement aussi servi à faire l'éducation du prolétariat. Elles ont développé chez ses membres le sens de la solidarité, l'esprit de discipline et de sacrifice ; elles leur ont enseigné et fait pratiquer l'effacement héroïque de l'in-

à être assurés de n'avoir pas à consentir une diminution de ce salaire, et à obtenir — en somme — la consolidation des salaires antérieurs.

De même les pertes de salaires causées par le chômage des journées de grève ne doivent pas être appréciées absolument et isolément.

C'est ainsi que, de calculs très précis établis par l'Office du Travail, il résulte que sur 579 grèves ayant eu pour but, en 1906, une augmentation de salaire, et ayant entraîné une perte momentanée de 22 millions de salaires, en chiffres ronds, 6 millions seulement auraient été définitivement perdus, dans 213 grèves ayant abouti à un échec total.

En revanche, à la suite de 136 grèves ayant obtenu une réussite complète, le bénéfice net des ouvriers avait dépassé 2 millions, au bout d'un an. Et, enfin, dans 230 cas où il y avait eu transaction, les résultats — pertes et gains — s'étaient balancés au bout d'un an (soit 300 jours de travail) et, par conséquent, au bout de cette année les ouvriers avaient commencé de jouir, comme bénéfice net, des améliorations partielles obtenues par eux.

Les grèves, d'ailleurs, sont loin d'avoir toujours pour but des modifications dans le salaire. Si les deux tiers environ, des grèves ont pour motif des questions de salaire, un autre tiers a pour point de départ des demandes de réduction de durée du travail, de renvoi d'ouvriers ou de contremaîtres, de réintégration d'ouvriers congédiés, de modifications dans les conditions du travail, etc...

Et, dans cet ordre de considérations, il est quantité de grèves qui réussissent, et de grèves qui, parfois, durent très peu, *souvent moins d'une journée.*

En effet, et ainsi que nous l'indiquions précédemment, — au paragraphe : *Employeurs et salariés* — dans la grande industrie contemporaine, et du fait de la distance exagérée qui sépare le véritable employeur, le vrai patron des travailleurs, il est à peu près impossible à ce vrai patron, au chef, au responsable d'être mis au courant des petits et même des gros abus qui ont cours dans ses ateliers autrement que par une déclaration de grève.

térêt particulier devant l'intérêt collectif. Si les grèves ont leurs bandits, elles ont aussi leurs martyrs.

Et c'est pourquoi il est étrange que tous ceux qui voient dans la guerre entre peuples un puissant adjuvant d'exaltation des sentiments élevés et désintéressés, que tous ceux qui magnifient, avec raison, les admirables dévouements que suscitent l'idée de patrie et le sens des besoins de la défense du territoire national, ne s'inclinent pas avec un égal respect et une égale sympathie devant les prodiges d'abnégation que savent inspirer la solidarité professionnelle et la conscience de l'interdépendance prolétarienne.

Les lois des grèves : la loi économique des grèves.

A quelles lois obéit l'évolution des mouvements grévistes ?

Les grèves, quant à leur évolution, semblent obéir à deux lois, l'une d'ordre économique, l'autre de valeur sociale, et dont la combinaison peut permettre de déduire assez probablement de cette évolution et l'orientation et le rythme.

M. Rist a mis récemment en pleine lumière, dans ses articles très remarqués de la *Revue d'économie politique*, la loi économique des grèves (1).

Par cette étude, M. Rist démontre que, en période normale, c'est-à-dire lorsque la grève — dans l'état actuel d'inorganisation sociale — est devenue non plus un phénomène exceptionnel et révolutionnaire, mais comme une institution régulière, légale et presque nécessaire de la vie économique courante, la courbe des grèves se présente comme décrivant une

(1) *La progression des grèves en France et sa valeur symptomatique*, 1907.

ligne sensiblement parallèle à la courbe des exportations, — c'est-à-dire de l'indice le plus sûr, le plus approximativement exact de l'activité et de la prospérité économiques des peuples, — et comme s'infléchissant, au contraire, en sens diamétralement inverse de la courbe des chômages.

Autrement dit : les grèves augmentent en nombre (sinon en durée ou en intensité) en temps de prospérité économique et de demande abondante de travail ; elles diminuent dès qu'une période de stagnation ou de crise jette de nombreux chômeurs sur le marché de travail, chômeurs qui cherchent à s'employer et s'offrent à des prix abaissés, rendant ainsi impossible le succès de toute nouvelle exigence des travailleurs.

Et, comme le remarque très justement M. Pic, il en sera fatalement ainsi tant que, par suite du manque de souplesse de notre organisation sociale, la grève restera le moyen le plus efficace pour les travailleurs de s'adapter aux circonstances économiques et d'obtenir dans l'augmentation des bénéfices industriels et de la prospérité économique la part de profit à laquelle ils peuvent légitimement prétendre.

Quoiqu'il en soit, cette loi économique des grèves, rigoureusement exacte dans les pays où la classe ouvrière se trouve être éduquée par une expérience déjà un peu prolongée et par des écoles faites à ses dépens, a reçu — depuis que M. Rist l'a eu formulée — une éclatante confirmation par les faits.

En effet, tandis que paraissaient les articles de M. Rist, les statistiques de 1906 n'étaient pas encore connues.

Or, 1906 a été, pour tous les grands Etats industriels, une année de prospérité et d'activité écono-

mique absolument exceptionnelles; et précisément,
— et ainsi que l'établissent les chiffres que nous produisions précédemment — cette même année 1906 a vu se produire un accroissement considérable, extraordinaire du nombre des grèves, même en Angleterre.

Mais, dès les débuts de 1907, la crise économico-financière des États-Unis venait arrêter brusquement cet essor mondial de l'activité productrice et commerciale, et cette crise avait bientôt son contre-coup très dommageable dans le monde entier, provoquant une dépression industrielle générale. — Or, les statistiques nous font connaître que le mouvement gréviste a subi non seulement un arrêt brusque, mais un recul prononcé au cours de 1907, dans presque tous les grands pays industriels, recul qui s'est continué en 1908.

Ainsi donc, la loi économique établie par M. Rist en ce qui concerne les grèves, dans l'état actuel d'éducation et d'information des masses ouvrières, peut être considérée comme exacte et pratiquement vérifiée.

Mais, si l'on reporte son regard un peu plus loin en arrière et si l'on envisage l'histoire évolutive des grèves dans son développement séculaire soit pour un pays donné, soit pour l'ensemble des grands États industriels, on voit se dégager de la succession des faits une autre loi, d'ordre non plus économique mais social, et qui pourrait être formulée de la façon suivante.

La loi sociale des grèves. Développement historique
du mouvement gréviste.

Les grèves surgissent, se multiplient et s'intensifient lorsque certains intérêts ou certains droits collectifs des travailleurs dans leur ensemble, ou de telle ou telle catégorie spéciale de travailleurs se trouvant méconnus et contrecarrés, il apparaît qu'un organisme professionnel approprié, à même de faire valoir et de défendre ces intérêts ou ces droits serait nécessaire et que cet organisme professionnel fait précisément défaut, ou qu'il est encore inadéquat, inadapté au rôle qu'il devrait normalement tenir.

C'est donc faute d'un organisme professionnel approprié, assez fort, assez généralement reconnu et respecté, et capable de prendre en mains les intérêts et les droits collectifs des travailleurs que ceux-ci se sont vus et se voient entraînés à recourir aux coalitions et à la grève.

Voici, en effet, comment — historiquement, se présente à l'observatenr social le développement du mouvement gréviste.

Dans tous les pays, ainsi que nous le constations plus haut, les coalitions ouvrières et les grèves généralisées sont apparues comme le contre-coup des excès de la libre concurrence économique et de l'inorganisation professionnelle dont les travailleurs eurent, avant tous autres, à payer les frais.

Et alors, et dans un premier stade de l'évolution où coalitions et grèves sont généralement prohibées et réprimées de manière plus ou moins brutale et draconienne par la législation, ces coalitions et ces grèves se manifestent d'abord, et par la force même des choses, comme nettement illégales, révolutionnaires, et — très généralement aussi — avec un caractère accentué de violence et de sauvage énergie.

Puis, petit à petit, la législation et les pratiques administratives s'humanisent; elles se relâchent de leur sévérité vis-à-vis des groupements ouvriers et des cessations concertées du travail. Et après avoir reconnu la légitimité des ententes momentanées entre travailleurs d'une même partie, pourvu qu'elles n'aient pas recours à des procédés blâmables, ces législations poussent plus loin la tolérance et elles vont jusqu'à autoriser plus ou moins largement les associations professionnelles permanentes.

A ce moment, le plus souvent, et en coïncidence avec le développement rapide des groupements professionnels permanents devenus ainsi licites, se produit une forte recrudescence des conflits relatifs au travail et des cessations concertées de travail : ces groupements professionnels, en effet, dans la première effervescence de leur activité non encore éduquée, éprouvent la tentation de faire l'essai de leur jeune force et de fournir la preuve de leur empire sur la masse des travailleurs. — Ils éprouvent aussi le besoin de s'imposer à la reconnaissance des employeurs et de se faire admettre explicitement par eux comme les organes attitrés des intérêts collectifs et des revendications de classe des ouvriers. C'est la période de croissance et de transition.

Mais, peu à peu, ces groupements professionnels s'apaisent par le sentiment même de leur force accrue et reconnue; ils se disciplinent et s'enracinent, ils se constituent un avoir corporatif; ils prennent plus nettement conscience des intérêts complexes de leurs commettants et des tactiques les mieux appropriées pour bien servir ces intérêts.

En face d'eux, et par réaction contre les excès auxquels ils se sont laissés d'abord entraîner, se sont constitués aussi, fortement, des groupements antagonistes d'employeurs, des associations de résistance du capital. Et alors, entre ces deux forces succède, petit à petit, à la guerre perpétuelle et aux conflits violents, l'ère des négociations diplomatiques et des traités, des recours à la conciliation, parfois même à l'arbitrage : c'est l'organisation qui se substitue à l'anarchie, la paix qui met fin à la guerre. Les conflits sont beaucoup plus rares ; — en revanche, lorsqu'ils éclatent, et comme ils ont été mûrement réfléchis et préparés, ils sont de durée et d'importance généralement plus grandes.

C'est la troisième étape de l'évolution historique des grèves.

L'Angleterre nous offre un spécimen d'évolution à peu près achevée et parvenue à cette troisième étape, par le fait même que la transformation du régime industriel a été opérée beaucoup plus tôt chez elle que chez les autres peuples.

Nous n'en sommes, en France, comme à peu près dans tous les autres pays industriels, qu'au deuxième stade de l'évolution, mais il semble bien que nous soyons sur le point d'entrer dans le troisième.

II

La répression légale des grèves au cours de l'histoire.

C'est au nom de l'intérêt général et du maintien du bon ordre public que les monarchies d'avant 1789 interdisaient aux ouvriers l'usage de l'instrument le plus efficace de réduction de la passivité patronale, à savoir : le refus collectif de travail.

Et les sanctions ne manquaient pas de vigueur moyenâgeuse : « Sitôt, écrit Philippe de Beaumanoir, sitôt que toute coalition vient à la connaissance du souverain ou d'autres seigneurs, ils doivent mettre la main sur toutes les personnes qui ont consenti cette alliance et les tenir en longue et étroite prison. »

En Angleterre, au xv° et xvi° siècles, les diverses lois proclament la coalition une « felony » et, moyen radical pour empêcher les ouvriers récalcitrants de s'entendre, on leur fait couper les oreilles.

Et un vieux chroniqueur rapporte que, vers l'an 1400, 2000 tisserands furent bannis de Cologne, le même jour, pour avoir pris part à une cabale. Trente-trois seulement furent admis à demeurer dans la ville, où ils furent pendus le lendemain.

La Révolution, semble-t-il, eût dû modifier cet état de choses : il n'en fut rien.

En effet, alors que la proclamation de la liberté absolue du travail donnait à chacun, individuelle-ment, le droit de travailler quand et comme il lui con-venait, comme aussi de cesser de travailler dans les mêmes conditions, pourvu qu'il respectât les conven-tions passées et les usages, l'entente, la simple en-tente en vue de cesser collectivement le travail était considérée comme un délit.

Et ce serait une erreur de voir dans les prohibitions rééditées à cette époque, ainsi que paraît le faire M. P. Pic (1), un effet de la crainte d'une reconstitution, sous couleur de coalitions momentanées, des corpo-rations à monopole qui venaient d'être abolies ; car si la célèbre loi Chapelier, des 14-17 juin 1791, inter-dit, en son article premier, par une symétrie de pure façade, aux entrepreneurs comme aux compagnons les groupements fonctionnant avec une certaine con-tinuité, elle défend, en revanche, aux seuls ouvriers,

____

(1) *Les lois ouvrières*, 3° édition, p. 196.

par son article 3, le concert en vue de refus de travail; et elle ne fait aucune mention des ententes patronales tendant à refuser simultanément de donner du travail.

D'ailleurs, quelques années après, la Convention devait se montrer plus nette encore et plus cynique; et, par la loi du 23 nivôse an II, elle disposait :

« La coalition entre les ouvriers... pour provoquer la cessation du travail sera regardée comme une atteinte à la tranquillité qui doit régner dans les ateliers. (Quels hommes d'ordre et de paix sociale que ces conventionnels !)

Chaque ouvrier pourra individuellement former sa demande, mais il ne pourra, en aucun cas, cesser le travail, sinon pour cause de maladie ou infirmité dûment constatée. »

Il faut arriver au Consulat pour trouver, dans la loi du 22 germinal an XI (art. 6, 7 et 8), le rétablissement de l'égalité apparente de traitement entre les coalitions patronales et ouvrières : égalité dans la prohibition, et quant à la prohibition seulement; car, quant aux peines applicables les coalitions ouvrières demeuraient plus sévèrement punissables.

C'est cette distinction que devait maintenir le Code pénal de 1810, dans ses articles 414 et 415 bien connus.

C'est donc bien une législation d'inégalité, une législation de classe que maintinrent, en cette matière, des conflits relatifs au travail, les Assemblées révolutionnaires et les jurisconsultes napoléoniens. Toute la différence avec l'ancien régime, tout le changement par rapport au passé consistèrent en ce que ce ne fut plus au nom de l'ordre public, mais au nom de la liberté individuelle qu'on prolongea la servitude ouvrière collective.

Illogisme et injustice de ces législations répressives.

Nous ne critiquerons pas cette législation en invoquant contre elle cet argument par trop individualiste à savoir que : il est inadmissible qu'il ne soit pas permis ou défendu de faire à plusieurs ce qu'il est permis ou défendu de faire isolément.

En effet, et l'on ne saurait le proclamer trop haut, il y a une très grande différence entre une action ou une inaction individuelles, et une action ou une inaction collectives.

De ce qu'il est permis, sans conteste, à quiconque de faire, à titre isolé, toutes les petites promenades en ville qui lui conviennent, il n'en découle pas nécessairement qu'il doive être permis de s'entendre à dix mille pour faire le même trajet, à la même heure et de compagnie, de manière à troubler toute la circulation d'une cité par cette innocente fantaisie (1).

Et d'ailleurs, si ce qui est permis à un seul n'est pas nécessairement permis à plusieurs simultanément, ce qui est défendu à l'isolé n'est pas, non plus, nécessai-

---

(1) Il faut être victime de l'aberration individualiste et souffrir d'une cécité totale quant à l'aperception du *plan collectif* pour chercher à établir une assimilation (en vue d'obtenir l'identité de traitement juridique) entre le fait par 6000 ouvriers d'exécuter plusieurs fois tous les jours, aux mêmes heures, le trajet de chez eux à l'usine par les mêmes voies, pour se rendre à leur travail (ce qui d'ailleurs peut nécessiter l'adoption de mesures d'ordre spéciales par l'autorité compétente) et le fait par ces mêmes ouvriers de faire ensemble, après entente, ce même trajet, en cortège. — Dans le premier cas, on se trouve en présence d'actions simultanées, sans doute, mais qui demeurent strictement individuelles ; dans le second, on se heurte à une action collective, à *une manifestation*, c'est-à-dire à l'opposition d'une force collective à une autre force ou autorité sociale : gouvernement, administration, patronat...

rement défendu au groupe : ainsi, il est interdit aux
individus sous des sanctions sévères de se faire justice à eux-mêmes, et cela n'est pas et ne saurait pas
être défendu à l'ensemble des citoyens constitués en
nation.

Comme on l'a dit, avec une spirituelle ironie :
« Violer la loi tout seul, c'est un délit ; à mille, c'est
une émeute ; à cent mille, une révolution qui, — si
elle est victorieuse, — devient une apothéose. »

Ce qui rendait, dans notre régime économique
contemporain, la transformation de toute grève en
délit absolument intolérable et paradoxale, c'est qu'il
est manifestement inadmissible d'interdire à toute
une catégorie d'hommes l'usage du procédé le plus et
même le seul efficace pour obtenir justice et se procurer le pain quotidien.

Or, la grève se présentait tout particulièrement au
cours du siècle dernier comme une nécessité absolue pour les travailleurs, notamment en vertu de la
double considération suivante :

a) Dans la grande industrie, telle qu'elle était alors
en train de se constituer et de tout envahir, le patron,
souvent représenté par une collectivité anonyme, est
trop distant, trop invisible, pour pouvoir être saisi
de telle ou telle revendication éminemment légitime
et à laquelle il donnerait dans des cas très fréquents,
sitôt connue, immédiate satisfaction.

b) Etant donnée la liberté illimitée de la concurrence, toute modification individuelle de la situation
des travailleurs est devenue impossible. Une amélioration de la condition ouvrière ne peut être réalisée
que par tous à la fois, dans la même partie, ou par
personne, sans quoi l'industriel qui accepterait d'in-

troduire cette amélioration à titre isolé, dans ses ateliers, se mettrait en état d'infériorité immédiate par rapport à ses concurrents moins généreux.

Dans de pareilles conditions, l'interdiction des grèves par voie de répression pénale ne pouvait être qu'illusoire, autant qu'injuste. Aussi bien, de se savoir illégales les grèves ne furent ni moins fréquentes, ni moins farouches, pendant tout le cours des deux premiers tiers du xixe siècle.

Et cependant, la rigueur judiciaire ne se laissait pas fléchir. De 1848 à 1864, à une époque où l'opinion publique commençait déjà à ne plus tolérer cette assimilation de la cessation de travail concertée, même pacifique, avec un délit de droit commun, 1144 coalitions ouvrières furent poursuivies contre 6,812 prévenus, et punies de peines sévères.

Mais lorsque, en 1862, et malgré les éloquentes plaidoiries de Berryer, les ouvriers typographes parisiens eurent été envoyés en prison pour avoir cessé collectivement le travail, très calmement du reste, après un très correct et régulier préavis, et parce que les maîtres-imprimeurs avaient déchiré brusquement et sans explications un contrat collectif que eux, ouvriers, ils observaient avec un scrupuleux respect, depuis vingt ans, la mesure fut comble et il apparut bien nettement qu'on ne pouvait plus continuer ainsi.

Aussi, la loi du 25 mai 1864 modifiant les articles 414 à 416 du Code pénal vint-elle, quelques mois après, supprimer le délit de cessation concertée du travail. Elle lui substitua le délit d'atteinte violente à la liberté du travail, ce qui est tout différent et ce qui se défend, en justice et en droit.

Il avait ainsi fallu au prolétariat deux tiers de siècle d'efforts persévérants et de luttes héroïques pour obtenir cette première satisfaction. D'ailleurs, la bourgeoisie qui se l'était laissée arracher avait su s'arranger pour la donner plus apparente que réelle.

La loi du 25 mai 1864 a-t-elle consacré un droit de grève ?

Qu'est-il résulté, en effet, de cette loi du 25 mai 1864 sous l'empire de laquelle nous sommes aujourd'hui encore, sauf en ce qui concerne l'article 416 du Code pénal, supprimé depuis, par la loi de 1884 ?

Y a-t-il, désormais, à proprement parler, *un droit de grève ?* et en quoi ce droit consiste-t-il ?

La caractéristique du droit de grève, est, en somme et toujours, qu'il n'existe pas.

Et, en effet, la loi de 1864 a eu un caractère éminemment et exclusivement *négatif.* La loi de 1864, en modifiant le Code pénal a supprimé un délit : le délit de simple entente en vue de susprendre le travail ; mais elle n'a rien fait de plus.

La grève, la cessation collective de travail a cessé d'être par elle-même un délit ; est-elle devenue un droit, et dans quelles conditions ? Aucun texte positif n'est venu le dire.

Il eût été cependant infiniment utile de fixer, de manière précise, les caractères et les contours de ce droit nouveau, droit qui déborde les cadres des réglementations privées et qui, par la pluralité de ceux que — nécessairement — il intéresse, a des retentissements profonds sur l'ordre public.

Or, du jour où la grève fut sortie du « carcere duro » du droit pénal, tout l'effort des jurisconsultes tendit à l'emprisonner de force et à la maintenir étroitement embastillée dans les compartiments étriqués du droit civil.

On ne sut ou on ne voulut pas voir que la grève constitue un *fait collectif*, différent — par conséquent, et par essence même, — des faits individuels. Et l'on dit : « En somme, les ouvriers, en se mettant en grève, font à vingt, à cent, à mille, ce que chacun d'eux eût pu faire à titre isolé : il n'y a donc qu'à appliquer à leur acte simultané les règles qu'on eût appliquées à leurs actes isolés. Chacun d'eux devra observer pour cette cessation simultanée de travail les règles auxquelles il eût dû se conformer pour une cessation individuelle; et nul ne devra se voir contraint à l'une pas plus qu'à l'autre. »

Et ceci posé, on s'efforça gravement de tirer toutes les conséquences logiques de cette prémisse. Et c'est ainsi que, assimilant complètement la cessation collective de travail avec les cessations individuelles, les uns voulurent y voir, toujours, une rupture complète du contrat de travail, les autres, toujours, une simple suspension de ce contrat.

Comment la jurisprudence a interprété la loi de 1864.

Depuis longtemps, la jurisprudence de la Cour de cassation fonde son appréciation des conséquences juridiques civiles de la grève sur ce critérium initial, à savoir que : la grève constitue, dans tous les cas, une rupture du contrat de travail.

En cessant le travail, dit la Cour, les ouvriers manifestent qu'ils veulent rompre leur contrat. Et à supposer même que cette intention, chez eux, ne soit pas évidente; bien mieux : s'il était prouvé que leur volonté fût contraire, par le fait seul qu'ils ont cessé de travailler, ils ont cessé d'exécuter leur contrat ; et, par conséquent, fût-ce contrairement à leur vouloir, n'exécutant plus leur contrat, ils l'ont rompu.

Et de cela il résulte que toutes les conséquences d'une rupture de leur contrat se produisent, tant vis-à-vis d'eux-mêmes que vis-à-vis de leurs employeurs.

Vis-à-vis d'eux-mêmes, toutes poursuites en dommages-intérêts pour absence de préavis ou pour rupture abusive deviennent possibles.

Vis-à-vis des employeurs, tout droit de remplacement immédiat des ouvriers défaillants s'ouvre à leur profit *ipso facto*, sans délai ni mise en demeure préalables.

Comment cette jurisprudence est critiquable. Nature juridique du droit de grève.

Cette jurisprudence ne s'inspire ni de l'exactitude juridique, ni du sens réaliste habituels à la Cour de cassation.

Et, en effet, à supposer que l'assimilation de la cessation collective avec la cessation individuelle de travail fût admissible et non contraire à la nature même des choses, il resterait tout à fait inexact de poser ce principe que toute cessation individuelle et momentanée de travail entraîne, d'elle-même, rupture définitive du contrat de travail.

Il est des interruptions individuelles passagères de travail qui, dans les professions où le congé sans préavis n'est pas devenu l'usage courant, ne sauraient entraîner à elles seules et automatiquement, pour ainsi dire, rupture du contrat de travail, parce que ni elles n'impliquent de la part de la partie défaillante la volonté de rompre son contrat, ni elles n'autorisent à relever au grief de cette partie une inexécution fautive, ou tout au moins suffisamment grave des obligations par elle assumées.

Telles interruptions individuelles de travail seront,
ainsi, par tous admises comme *excusables* : de cette
catégorie, la *bombe* exceptionnelle à laquelle le travailleur le plus régulier aura pu se laisser accidentellement entraîner, ou encore l'accès passager de mauvaise humeur, suivi de quelques heures d'école buissonnière. De pareils écarts pourront donner lieu à
réprimande, ou même à une sanction plus sévère ; ils
pourront servir de motif à un congé signifié régulièrement; ils ne pourront, en revanche, être légitimement considérés comme entraînant rupture immédiate et *ipso facto* du contrat.

Remarquons, en passant, qu'à certaines de ces interruptions individuelles de travail excusables pourrait être très bien assimilé tel mouvement collectif de
nervosité ou d'indiscipline qui aurait provoqué la suspension simultanée et passagère du travail de tout un
atelier.

Mais il est d'autres interruptions individuelles de
travail qui peuvent être non seulement excusées, mais
légitimées et qui rendraient abusive la rupture du
contrat par l'employeur, même précédée d'un correct
préavis.

Ainsi en serait-il de l'interruption de travail résultant soit d'un cas de force majeure, soit d'une exigence des convenances familiales ou du devoir civique, soit encore de la volonté, de la part du travailleur, d'obtenir de l'autre partie au contrat un respect
plus scrupuleux et une exécution plus loyale des obligations qu'elle avait assumées, de son côté.

Et ici, encore, n'y a-t-il pas des interruptions collectives de travail qui pourraient être assimilées à ces interruptions individuelles ?

Ne peut-on pas considérer que la grève constitue bien souvent, pour plusieurs de ceux qui y sont nécessairement et parfois malgré eux englobés, un cas de force majeure ? que la solidarité ouvrière à des exigences aussi impératives et aussi respectables que les convenances sociales ? et n'y a-t-il pas des grèves qui ont pour but unique de contraindre les employeurs à respecter les promesses faites et les engagements pris par eux ?

Aussi bien, tout cela est-il, en fin de compte, sans intérêt aucun et sans aucune importance, car ce qu'il faut dire net et clair et ce qu'il importe de répéter à satiété, c'est qu'il n'y a aucune similitude à établir entre les cessations individuelles et les cessations coltives de travail.

Il n'y a aucune assimilation à établir entre les cessations individuelles et les cessations collectives de travail. La grève ne vaut pas toujours rupture du contrat de travail.

L'ouvrier qui, individuellement, veut résilier son contrat ne fait pas grève. « Il s'en va, tout simplement, comme l'a dit très bien M. Gide (1), en donnant ou non ses huit jours, gentiment ou en faisant claquer la porte, — mais il s'en va pour s'embaucher ailleurs. Le gréviste, au contraire, est essentiellement celui qui ne veut pas s'en aller, qui se cramponne à l'usine, qui serait peut-être disposé à en expulser le patron, mais non à se laisser expulser lui-même. » Il

(1) *Le Droit de Grève*, Alcan, 1909, p. 7.

sort, mais c'est pour contraindre à ce qu'on le fasse rentrer au plus tôt. Le traiter toujours comme quelqu'un qui veut rompre son contrat serait donc manifestement *inexact et inéquitable*.

Ainsi que nous venons à peine de le faire remarquer, nombreuses sont les grèves qui ont pour but d'obtenir des employeurs l'exacte observation des obligations par eux contractuellement assumés : telle la grève souvent citée des cochers de la Compagnie Générale des Omnibus de Paris; ou encore d'obtenir que le contrat de travail soit appliqué plus correctement du fait, par exemple, du renvoi de contremaîtres arbitraires, tyranniques ou inconvenants.

Dans tous ces cas, la grève n'a aucunement pour but la modification du contrat, mais seulement sa meilleure, plus loyale et plus intégrale exécution.

Mais, dans le cas même ou certaines modifications plus ou moins importantes au contrat sont poursuivies, il résulte souvent de l'attitude des grévistes que leur intention bien nette est de ne pas rompre les relations avec leurs employeurs, mais tout au contraire de maintenir la continuité de ces relations et de préparer la reprise la plus rapide possible du travail.

Sitôt la grève proclamée, le comité de la grève cherche à entrer en pourparlers avec les patrons et, si les circonstances le comportent, les grévistes s'occupent de déléguer certains d'entre eux, organisés par équipes, pour assurer la possibilité d'une reprise prochaine du travail, pour entretenir les feux, garder les puits, prévenir l'inondation de la mine, etc., etc. « Et lorsque — ce qui a lieu le plus souvent, — les mployeurs consentent à ce qu'il en soit ainsi, ils 1ontrent bien, par là, que, pour eux aussi, la grève n'implique pas de la part des grévistes rupture volontaire du contrat de travail (1). »

Dans toutes ces hypothèses, et ce sont de beaucoup les plus fréquentes, si l'on cherche à interpréter avec impartialité l'intention des grévistes et aussi la volonté des employeurs, c'est dans le sens du maintien des contrats et du désir, chez les deux parties, d'en voir reprendre au plus tôt l'exécution momentanément suspendue que l'on sera amené à conclure.

La grève n'est pas une simple suspension du contrat de travail.

Mais s'il est ainsi manifeste que, contrairement à ce qui se passe en cas d'interruption individuelle de travail, la cessation collective de travail ne signifie presque jamais intention de rupture de ce contrat, et ne peut, par conséquent, être considérée comme l'entraînant dans tous les cas et contrairement à la volonté la plus habituelle des parties, la grève devra-t-elle, à l'inverse, être toujours considérée comme une simple SUSPENSION du contrat de travail ?

(1) *Le Droit de Grève*, Perreau, p. 120. — Vis-à-vis de tous ceux qui tiennent résolument pour l'assimilation — quant aux règles juridiques applicables — de la grève, cessation collective de travail, avec les cessations individuelles de travail, il n'en demeure pas moins que le contrat de travail, ou contrat de louage de services fait sans détermination de durée, ne saurait être rompu par la volonté d'une seule des parties contractantes que si la volonté de rompre de cette partie est manifeste et indubitable. Cette *volonté de rompre* est la condition absolue, *sine qua non*, de la rupture du contrat. Or, tous les raisonnements les plus subtils ne sauraient empêcher que, dans la plupart des cas, les grévistes aient bien au contraire la ferme volonté de ne pas rompre leur contrat.—|Voir, dans le sens opposé, la très intéressante étude de mon collègue et ami M. Pierre Bayart : *Caractère juridique de la grève*; |dans la *Revue critique de législation et de jurisprudence*, 1909.

Cette autre solution est aussi fausse et inadmissible que la précédente.

Elle ne tient pas compte *des grèves de brimade* qui, n'ayant en vue aucune amélioration raisonnable des conditions du travail, ont uniquement pour objectif de tourmenter et d'affoler le patron.

Cette théorie aurait donc pour résultat d'interdire contre toute équité dans ces hypothèses qui elles aussi se présentent dans la pratique, il faut bien le reconnaître, le remplacement immédiat par le patron de ces grévistes de parti pris.

M. Perreau a très judicieusement démontré, dans une conférence à l'Ecole des Hautes Etudes sociales (1), que l'adoption de l'une ou de l'autre de ces théories aboutit, d'ailleurs, pratiquement à peu près aux mêmes résultats juridiques. Du fait que la grève brusquement proclamée serait considérée comme une simple suspension du contrat de travail, on arriverait en somme seulement à ce résultat un peu paradoxal à savoir que : cela rendrait désormais impossible toute cessation collective de travail courtoise et régulière.

En effet, par assimilation avec les situations individuelles, la cessation collective de travail avec préavis et observation régulière du délai de prévenance vaudrait, sans conteste, rupture du contrat, alors que la cessation brusque et inopinée, la grève par surprise ne vaudrait que simple suspension : l'option des ouvriers pour les procédés sommaires et incorrects recevrait, de ce fait, un encouragement véritablement inutile.

(1) *Loc. cit.*

La grève est un phénomène de vie collective :
La grève est un fait de guerre.

En réalité, on ne saurait assez y insister, la grève ne peut être caractérisée exactement ni appréciée sainement par voie d'assimilation avec les cessations individuelles de travail.

Pour être dans le vrai à cet égard, il ne suffit même pas d'adopter la formule trop vague que proposaient, en 1905, au Conseil supérieur du travail MM. Fontaine et Raoul Jay, à savoir : « que la grève ne saurait être considérée ni toujours comme une rupture du contrat du travail, ni toujours comme une suspension de ce contrat ; que c'est une question d'espèce délicate, qu'il faut tenir compte et des circonstances et de la volonté des parties. »

Il faut aller plus loin et proclamer que la grève doit être envisagée en elle-même, comme un phénomène d'activité collective à propos duquel aucun élément de solution ne saurait être utilement cherché dans le Code civil, lequel ne se rapporte qu'aux relations individuelles des hommes les uns avec les autres.

Comme le fait très judicieusement observer M. Ambroise Colin, dans une note au Dalloz, sous l'arrêt de la Cour de cassation du 15 mai 1907 (D. 1907, I, 369), il ne faut pas confondre les règles de droit applicables aux relations individualistes et celles qui sont applicables aux rapports naissant de la vie collective : il y a là deux ordres d'idées qui se développent dans deux plans absolument différents.

« La grève, donc, ainsi que le dit M. Fournière (1),

(1) *Revue Socialiste*, avril 1907, p. 237.

se présente dans les faits comme une *tentative collective de revision du contrat de travail*. Elle peut, par conséquent, dans certains cas le suspendre ; mais en aucun cas (ou presque aucun) le rompre. »

La grève, encore, peut être définie, ainsi que le fait M. Gide (2), un moyen de contrainte exercé par l'une des parties sur l'autre partie pour la forcer à modifier les conditions du contrat de travail ; mais, — ajouterons-nous, — pour la forcer à modifier ce contrat *sans le rompre*.

De toutes façons, la grève est — avant toute autre chose — une manifestation de vie collective, un épisode de la lutte économique, *un fait de guerre* ; elle se trouve ainsi conditionnée par les facteurs composants, multiples et complexes, de l'antagonisme de classe et par le besoin humain le plus impérieux, le plus irrémissible : celui de vivre en travaillant. Elle ne saurait donc être appréciée et réglementée que par un droit à elle spécial.

Les juges qui ont eu à déduire les conséquences juridiques *civiles* qui peuvent découler de la grève eussent dû, en l'absence de ce droit spécial, se refuser à appliquer, par voie d'assimilation, les règles d'un droit purement individualiste. Ils eussent dû, à défaut d'une norme légale appropriée, créer un droit prétorien basé sur la réalité et sur l'équité.

Et de même que, par rapport à certains faits corrélatifs à la grève (mises à l'index, en interdit, et autres), et qui peuvent entraîner des responsabilités civiles, après avoir été longtemps passibles de répressions pénales, les juges — en l'absence de textes formels et explicites — ont décidé que ces responsabilités se-

______

(2) *Loc. cit.*, p. 10.

raient ou non encourues suivant que ces faits pourraient être considérés comme plus ou moins commandés par l'intérêt professionnel collectif ; de même ces juges auraient-ils dû savoir faire, par rapport aux conséquences juridiques civiles directes de la grève, *un droit d'espèces* adapté aux nécessités complexes auxquelles il doit correspondre.

Seulement, et comme pour obtenir un résultat pratique il eût fallu que les sentences des juges, en ces matières, pussent aboutir tantôt à des reprises de travail en masse par les ouvriers grévistes, tantôt à l'acquiescement des patrons à certaines revendications de leurs ouvriers reconnues légitimes, les magistrats français ne se sont, sans doute, sentis ni qualifiés, ni préparés, ni suffisamment armés pour pareille besogne. Et, peut-être, n'ont-ils pas eu tout à fait tort.

Quoiqu'il en soit, la grève après avoir été longtemps considérée comme *matière de droit pénal*, s'est vue, — ensuite, — contre tout bon sens et contrairement à la réalité vivante, traiter, durant quarante-cinq ans, comme *matière de droit civil.*

En fait, elle est éminemment *matière* DE DROIT PUBLIC, *de droit collectif et social.*

Et ce n'est qu'en la considérant franchement comme telle qu'on pourra utilement élaborer, en vue de l'avenir, la charte légale qui la fera passer de l'état chaotique et anarchique à l'état organisé.

III

Analogies de la guerre et de la grève.

La grève est le conflit aigu éclatant entre deux forces, en état de lutte latente et constante.

Les deux forces qui entrent ainsi en conflit ne sont

pas des individus isolés ou juxtaposés ; ce sont des groupements organiques naturels, des sociétés nécessaires, à savoir : les deux éléments constitutifs de toute profession économique, éléments antagonistes par la contrariété d'intérêts que fait naître et subsister entre eux la pratique du régime du salariat.

Du caractère de ces forces antagonistes découle la nécessité de l'inspiration sociale des règles de droit combinées en vue de rétablir l'équilibre et la paix dans les rapports de ces forces.

M. Gide a montré ingénieusement et par le menu quelle étroite similitude existe entre la grève et la guerre, et les attitudes et les actes que l'une et l'autre commandent.

Ouverture des hostilités, brusquée ou précédée de déclaration en forme ; recrutement et discipline des troupes ; fonctionnement d'états-majors investis de pleins pouvoirs ; organisation des divers services : de l'intendance, qui procède aux distributions en nature, « soupes communistes » ou autres ; évacuation des bouches inutiles, qui — par les exodes d'enfants — devient un des accompagnements habituels des grèves de grande envergure ; stratégie savante et variée ; opérations par masse, ou par efforts échelonnés et successifs, usant les résistances les unes après les autres, et battant l'ennemi en détail : tout cet appareil se rencontre dans les grèves, comme à la guerre. Mais ce sont là, pour la plupart, pratiques de guerre primitives et barbares.

Or, de même que l'on est arrivé, — péniblement il est vrai, — à échafauder un *droit de la guerre*, encore fort incomplet et, surtout, à peu près dénué de sanctions ; mais, dans tous les cas, totalement différent des règles de droit applicables aux démêlés entre par-

ticuliers ; de même, semble-t-il, on doit pouvoir aboutir à constituer peu à peu un *droit de la grève*,
fragmentaire au début, et, sans doute, partiellement
efficace seulement : dans tous les cas, tout à fait distinct des normes juridiques applicables aux conflits
individuels relatifs au travail.

Les questions qui se posent pour la grève sont exactement les mêmes que celles qui se posent pour la guerre.

La grève devra-t-elle être toujours précédée d'une mise
en demeure nettement formulée et des délais nécessaires
pour qu'il puisse être répondu à cette mise en demeure ?

Qui aura qualité de belligérant ?

Quels seront les droits de belligérants ?

Qui pourra-t-on contraindre de remplir les devoirs et
de subir les responsabilités et les charges de belligérant ?

Qui pourra-t-on considérer comme traître ?

Quels seront les droits des neutres ? etc...

Il ne saurait être question de trancher ici tous ces
difficiles problèmes.

Ce qu'il est essentiel de mettre en pleine lumière,
c'est que, pour faire à chacun d'eux la réponse appropriée, il faut — avant toutes choses — se souvenir du
cadre collectif dans lequel ils se posent.

Les solutions — et c'est ce que trop souvent on n'a
pas voulu voir — sont, en effet, absolument différentes suivant que les problèmes se posent dans le
cadre des relations individuelles, ou dans le cadre
des interdépendances sociales.

Les obligations qui découlent de la solidarité nationale et de la solidarité professionnelle.

Dans la vie courante et privée, nul évidemment ne
saurait être contraint, — si l'abstention lui paraît

préférable, — de prendre parti dans les démêlés d'un voisin ou d'un ami avec d'autres. Et de même, on ne voit pas comment tel ouvrier pourrait être contraint de quitter son travail uniquement parce que tel ouvrier, à titre individuel, aurait estimé devoir abandonner le sien.

En revanche, dans la société territoriale, on ne saurait permettre que le citoyen — même celui qui pourrrait invoquer à sa décharge les considérations d'intérêt privé les plus légitimes et les plus pressantes, — que ce citoyen, dis-je, prétendît se dérober aux obligations d'une guerre nationale. Toutes les législations accumulent les sanctions les plus rigoureuses en vue d'obtenir que chacun fasse passer avant les devoirs les plus chers et les plus sacrés, familiaux ou autres, les devoirs plus sacrés encore de la solidarité nationale.

D'une façon analogue, et sous le bénéfice des distinctions et réserves que commande une assimilation de ce genre, il faudra, de plus en plus admettre, à mesure que la société professionnelle sera plus organisée, que lorsque les intérêts vitaux de cette société se trouvent en jeu et lorsque les organes attitrés de cette société ont cru devoir déclarer la guerre, les droits des individus doivent s'effacer devant les exigences de l'intérêt collectif, et que ceux-là même qui sont le plus excusables de regretter, par des considérations personnelles, la décision prise, peuvent être considérés comme tenus de déférer à cette décision collective et d'en subir toutes les conséquences, si dommageables qu'elles puissent être pour eux.

L'assimilation que nous établissons ici paraîtra, d'ailleurs, beaucoup moins choquante, si l'on veut bien ne pas oublier que tous les problèmes qui paraissent si délicats, actuellement, par rapport à la *société professionnelle*, se sont posés, à un moment donné, exactement aussi angoissants par rapport à la *société territoriale*. Celle-ci, en effet, ne s'est pas constituée, de toutes pièces, avec son unité et sa cohésion actuelles, mais elle a été, elle aussi, la résultante d'une lente et difficile élaboration historique.

Aussi bien, avant la constitution définitive de l'unité nationale et la consolidation de l'esprit public qui a sacré cette unité, un féodal gascon ou bourguignon pouvait-il passer du service de son suzerain à celui d'un autre sans que son acte fût qualifié de traîtrise et soulevât aucune réprobation parmi les hommes de son temps.

Ainsi Philippe de Commines put-il quitter le service de son maître, Charles le Téméraire, pour se donner à l'adversaire acharné de ce maître, le roi Louis XI, sans causer aucun scandale. Et lui-même nous analyse complaisamment les mobiles de son acte et sans témoigner du plus léger scrupule de conscience. Vingt ans plus tard, il n'eût pas pu poser l'acte inverse sans s'exposer aux reproches de traîtrise et de félonie.

Aujourd'hui, c'est la société professionnelle qui est en voie de devenir et en mal d'organisation. Aussi les problèmes qui se posent, lorsque la grève éclate, sont-ils essentiellement conditionnés par les considérations de milieu.

Et pour juger dans quelle mesure les décisions collectives sont en droit de commander les attitudes individuelles, il faut considérer d'abord si la société professionnelle, — dans le lieu observé, — est assez fortement constituée, rend assez de services collectifs pour pouvoir prétendre à l'hégémonie du groupe et à la rigoureuse discipline de ses membres.

Si la société professionnelle est solidement organisée, si elle rend à la profession et à ceux qui l'exercent des services nombreux et appréciables, il serait vraiment étrange que les individus qui bénéficient de ces avantages prétendissent se dérober aux sacrifices qu'entraîne la solidarité de groupe et qui sont la contre-partie naturelle de ces avantages.

Il convient d'appliquer ici le brocard connu : *ubi emolumentum, ibi onus.*

Dans tous les cas, on discerne aisément combien apparaît contradictoire avec notre doctrine la fameuse autant qu'anarchique formule de Waldeck-Rousseau : « Le droit de travailler d'un ouvrier est aussi sacré que le droit de quatre-vingt-dix-neuf à faire grève ».

Et nous concluerons sur ce point :

Si dans la société professionnelle suffisamment organisée on admet l'ouvrier isolé à refuser sa participation à la grève régulièrement décidée et collectivement entamée par le groupe, on est logiquement aculé à admettre aussi le citoyen isolé à refuser sa participation personnelle à la guerre décrétée par l'autorité sociale.

Il n'y a pas de moyen terme : il faut se déclarer, dans toutes les hypothèses, pour l'anarchie ou pour le principe social de la subordination des vues et des volontés individuelles aux décisions de l'autorité de groupe.

Par ailleurs, on le sait, *la guerre se prévient plus qu'elle ne se réglemente :* il en est de même de la grève.

C'est donc les divers modes de *prévention* de la grève qu'il convient maintenant de passer rapidement en revue.

IV

Les modes de prévention de la grève : La forte organisation réciproque des parties.

Il est un premier procédé de prévention de la guerre qui ne suffit pas, à lui tout seul, pour assurer définitivement la paix, mais qui prépare le recours aux solutions pacifiques.

Ce moyen, c'est la forte organisation réciproque : c'est la *paix armée;* c'est la préparation défensive poussée si loin, actuellement, par tous les peuples, et qui fait si redoutables les risques de guerre qu'aucune des parties rivales ne se soucie d'encourir pour elle-même les pertes énormes qui, fatalement, résulteraient de la conflagration.

Ce même système peut être efficacement pratiqué pour prévenir les grèves. Du jour où les forces ouvrières puissamment organisées trouvent en face d'elles des forces patronales également enrégimentées et disciplinées, les hostilités — tout naturellement — deviennent plus rares, les conflits n'éclatent que mûrement réfléchis et soigneusement préparés.

L'Angleterre nous offre des heureux résultats de cette tactique un exemple saisissant, ainsi que nous le verrons mieux tout à l'heure.

Mais l'organisation n'est — en somme — qu'un préambule, un acheminement vers le recours aux solutions pacifiques plus définitives des conflits latents. Encore faut-il bien, en effet, que, — par un procédé ou par un autre, — les problèmes posés par ces conflits arrivent à résolution.

L'arbitrage.

Un procédé que l'on a beaucoup préconisé et que certains préconisent encore pour atteindre ce but, c'est l'*arbitrage*.

« On sait quels grands espoirs on a fondés sur lui, pour l'extinction de la guerre, et comment l'institution d'un tribunal permanent d'arbitrage à La Haye a donné à ces espoirs un commencement de réalisation. L'arbitrage a fait naître exactement les mêmes espoirs en ce qui concerne la guerre sociale et, en même temps, un nombre bien plus grand de conseils, officieux ou officiels, occasionnels ou permanents, facultatifs ou même obligatoires » (1).

Malheureusement, les résultats obtenus ont été peu considérables.

Là où l'arbitrage est demeuré facultatif, comme en Angleterre et en France, on y a recours rarement et tout à fait en désespoir de cause.

Là où il s'impose aux parties en conflit, à défaut de conciliation spontanée et rapide, comme en Nouvelle-Zélande, les changements constants de la législation sur ce point et les pénalités très rigoureuses qui viennent frapper les récalcitrants prouvent combien cette institution rencontre de résistances et provoque de mécontentements.

Et la chose s'explique aisément.

En effet, si l'arbitrage a un rôle très indiqué et très utile à remplir, dans certaines circonstances, il en est d'autres où son intervention est tout à fait inopportune et incompétente.

On comprend le recours à un tiers arbitre impar-

(1) Gide, *loc. cit.*, p. 23.

tial et désintéressé toutes les fois que le débat porte sur l'interprétation d'un contrat préalable, qui lie les parties, mais sur la portée duquel elles sont en désaccord.

Dans cette hypothèse, fréquente d'ailleurs, l'arbitre se trouvant en possession d'un texte précis ou d'éléments de décision connus, dont l'autorité même n'est pas mise en discussion et dont l'interprétation seule fait doute, l'appel à l'arbitre est tout indiqué et son rôle, bien nettement délimité, est relativement facile.

Au contraire, le recours à l'arbitre ne se conçoit plus lorsqu'il s'agit de *faire* le contrat, ou de le modifier profondément; car nul autre que les parties intéressées elles-mêmes n'est en mesure de fixer les conditions auxquelles ces parties devront se soumettre pour travailler ou pour faire travailler.

Nulle force humaine ne saurait contraindre un industriel à faire travailler à des prix qui l'entraînent à la ruine, ni déterminer des ouvriers à travailler à des salaires inférieurs à ceux qu'ils considèrent comme pouvant être obtenus, ou comme indispensables pour pouvoir vivre !

La conciliation préventive.

Si l'arbitrage, c'est-à-dire l'entremise d'un tiers, ne paraît pas un procédé toujours apte à faire trouver la solution pacificatrice et satisfaisante dont une forte organisation réciproque des parties en présence facilite la poursuite et prépare l'acceptation disciplinée, il est — par contre — une démarche qui paraît la suite indiquée et logique de cette organisation même : c'est la mise en contact des représentants autorisés des deux parties en litige, permettant la discussion courtoise, par ces représentants, de toutes les questions qui les divisent, discussion d'où jaillira l'accord, la transaction acceptable qui mettra fin au conflit : c'est *le recours à la conciliation préventive.*

Les peuples qui — spontanément et par la logique même des choses plus sûre, souvent, que celle des gens — ont utilisé ce moyen d'apaisement, en ont obtenu des résultats extraordinaires.

En Autriche et en Belgique, les conseils d'usine ; aux Etats-Unis, les comités professionnels intersyndicaux mettant en contact périodique les délégués des grandes Trade-Unions ouvrières et des puissantes associations capitalistes, ont ramené l'ordre et la paix dans beaucoup de situations troublées.

Mais, l'Angleterre offre, à cet égard, le type d'un milieu économique transformé par le fonctionnement régulier d'organismes professionnels permanents de conciliation.

L'organisation de la conciliation en Angleterre.

Ces organismes se sont, d'ailleurs, constitués d'après les modèles les plus divers, suivant les industries et suivant les régions.

Le rôle de la loi a consisté à faciliter autant que possible, et surtout à ne jamais entraver le développement de ces institutions d'initiative spontanée ; et les bureaux, tribunaux, conseils ou comités de conciliation ont, d'ailleurs, paru principalement préoccupés de fonctionner à leur guise, en dehors de toute ingérence ou intervention officielles.

Le numéro de janvier-février 1909 du « Mouvement social » contient, à la *Chronique étrangère,* une remarquable étude documentaire de M. François Sagot sur les *applications de la conciliation et de l'arbi-*

trage dans l'industrie anglaise. Cette étude rapproch
trois types de règlements de tribunaux de conciliatio
constitués (ou transformés) en 1905 :

Les tribunaux des industries du bâtiment, étendan
leur action sur le territoire tout entier de l'Angleterre
avec hiérarchie absolument complète de juridictions.
tribunal local, tribunal de district, tribunal national.

Le tribunal des mines de fer de Cumberland, organisme régional.

Enfin, *le Comité permanent de l'industrie des talons
Louis XV*. type de tribunal extrêmement spécialisé.

Tous ces tribunaux ou comités — quelles qu'en soient
les règles spéciales de fonctionnement et l'étendue de
ressort, — sont composés de représentants, en nombre
égal, des parties intéressées : employeurs et employés.

Ils s'efforcent d'aboutir à des accords directs, sans
intervention d'intermédiaires, et s'ils prévoient le recours à l'arbitrage, ce n'est qu'à titre facultatif et lorsque, des deux côtés, on a reconnu que le différend
ressortirait naturellement de la compétence d'un tiers
désintéressé.

Les résultats de la conciliation.

Quels ont été les résultats de ces institutions ?

Au cours de chacune des années 1906 et 1907, plus
de 1500 cas litigieux, chaque année, ont été soumis
aux 89 tribunaux professionnels fonctionnant en vue
de la conciliation préventive.

Ces tribunaux ont solutionné près de la moitié de
ces cas litigieux, l'autre moitié ayant fait l'objet, avant
décision des conseils, d'ententes directes ou de transactions entre les parties.

En 1907, 1.246.000 ouvriers anglais, à la connaisance du *Board of trade* (Bulletin de l'Office du Travail, janvier 1909), ont vu modifier leurs salaires, bénéficiant d'une augmentation de plus de 5 *millions* de francs par semaine (soit, en moyenne, 4 francs par semaine et par ouvrier).

Or, de ces modifications de salaires, 1 % seulement a été obtenu par suite de grève : 99 %, sans arrêt de travail, ni conflit violent.

Sur ces 99 % des cas solutionnés pacifiquement, 36 % ont été réglés par négociations directes entre les parties ; — 58 % par l'intermédiaire des *bureaux de conciliation*, directement ; — 4 1/2 %, par l'effet des *échelles mobiles*, c'est-à-dire encore, indirectement, par les bureaux de conciliation, puisque par une application automatique de règles préalablement posées par les organismes professionnels de conciliation. (Les échelles mobiles constituent en effet, un mode de rémunération de travail dont les bases de calcul sont établies à l'avance par contrats collectifs.)

En revanche, *moins* de 1/2 %, exactement 0,4 %, des cas de modification des salaires ont été tranchés par *intervention d'arbitre*.

On peut vraiment dire, en présence de ces résultats, que le problème des conflits du travail a été presque résolu, en Angleterre, par l'organisation spontanée de la conciliation préventive.

La conciliation en France.

D'où vient que, en France, des organismes analogues ne sont parvenus encore ni au même développement, ni aux mêmes effets ?

Il serait tout d'abord inexact de dire que rien de semblable ne s'est encore produit chez nous.

Il faut enregistrer, au contraire, avec satisfactio
que, dans certaines professions mieux organisées qu
les autres, tant du côté patronal que du côté ouvrier, des
conflits ont été évités par la mise en rapport de délégués
pour ce mandatés, et par la *conciliation préventive*.

Mais si, malheureusement, nous ne pouvons signaler des initiatives de ce genre que comme exceptionnelles, et si nous ne sommes à même de constater dans
aucune profession l'établissement et le fonctionnement régulier de *tribunaux permanents* de conciliation, encore y a-t-il lieu d'observer et d'ajouter que ce
genre d'institution n'a pris, en somme, une extension
considérable, en Angleterre, que depuis 35 à 40 ans,
et que l'Angleterre avait plus de 35 ans d'avance sur
les autres pays industriels, au début de son évolution
économique.

Et, cependant, nous possédons, en France, une loi sur
la conciliation et l'arbitrage dans les conflits collectifs!

D'où vient que cette loi ne reçoive pas de plus fréquentes et plus efficaces applications ?

La loi du 27 décembre 1892 : ses caractères essentiels.

Pour juger de ses résultats, il faut tout d'abord se
bien rendre compte des caractères distinctifs de la *loi
du 27 décembre* 1892.

La loi de 1892 présente quatre caractères essentiels :

1° En premier lieu, elle organise la conciliation
non pas préventive, mais *curative*, si l'on peut ainsi
parler. — Elle a pour but non de prévenir, mais d'a-
paiser les conflits économiques déjà nés, ce qui est
beaucoup plus difficile.

2° Alors et timidement, la loi ouvre la possibilité de

recours à des organisations de conciliation et au besoin d'arbitrage et, à cet égard, ses dispositions sont suffisamment souples pour permettre l'adaptation de ces institutions à tous les cas les plus divers des conflits collectifs : que ces conflits s'étendent à tous les établissements d'une industrie, dans plusieurs communes ou dans toute une région, ou qu'ils n'intéressent qu'un seul atelier, qu'une seule usine ou même une section d'usine.

3° Mais, et si l'organisation type dont elle suggère l'utilisation est une organisation très souple et très adaptable aux différents cas, ce n'est qu'une organisation *éphémère*, constituée en vue de trancher seulement un différend donné et *ne comportant l'établissement d'aucune juridiction permanente.*

Le seul élément permanent des conseils qui peuvent être constitués dans une région donnée est le *juge de paix* qui d'ailleurs, — par cela même qu'il est le seul élément permanent de ces conseils, — est appelé à jouer, dans la procédure, un rôle prépondérant.

4° Enfin, l'organisation ainsi proposée par la loi demeure essentiellement *facultative.* Si le juge de paix peut engager d'office les parties à désigner des délégués pour tâcher de se concilier, il ne peut jamais les y contraindre, il ne peut jamais — même — exiger qu'elles défèrent au moins à sa convocation.

Ses lacunes.

On voit sans peine les lacunes graves de ce système légal :

Formation *tardive* des organismes de conciliation alors que, le conflit ayant déjà éclaté, les esprits sont aigris et une partie du mal est déjà faite.

Formation *éphémère*, s'évanouissant au moment où une première expérience des tactiques à appliquer pour concilier mettrait l'organisme en état de rendre de plus grands services.

Rôle le plus *important* départi à un magistrat sans doute très honorable, mais mal préparé, et manquant d'autorité sur les parties, principalement dans les conflits les plus considérables pour lesquels un prompt apaisement serait plus souhaitable que pour tous autres.

Et cependant, et malgré ces lacunes si considérables, il serait tout à fait inexact de prétendre que la loi du 27 décembre 1892 n'a eu aucuns bons effets.

Bien au contraire, les statistiques officielles accusent que, dans les quinze années qui ont suivi sa mise en application, la proportion des recours à la conciliation a oscillé entre 20 et 30 % des cas de grèves, soit 25 % en moyenne; et que, sur les cas qui leur ont été soumis, les organismes de conciliation ayant fonctionné en conformité des dispositions de la loi ont tranché à l'amiable plus de la moitié.

Ce sont là des résultats pas du tout négligeables et qui, pour avoir été obtenus en dépit des défectuosités du système, prouvent la valeur intrinsèque de la tentative de conciliation par mise en contact direct des intéressés.

Projets de réforme.

C'est pourquoi, pour perfectionner et compléter cette loi de 1892, on propose divers ordres de réformes dont les quatre principales sont les suivantes:

1° En premier lieu, on propose de désigner pour prendre l'initiative et diriger la procédure de la tentative de conciliation un magistrat présentant une autorité juridique et une surface sociale plus considérables que le juge de paix : le président du tribunal civil par exemple, et même le premier président de la Cour d'appel, dans les conflits particulièrement importants.

2° En second lieu, il conviendrait d'insérer dans la loi une disposition rendant *obligatoire*, sous certaines sanctions pécuniaires, non pas la conciliation, mais la simple *comparution* devant le magistrat convocateur : l'acte de déférence qui consisterait à ne pas laisser sans réponse la convocation de ce magistrat et à se présenter au moins une fois devant lui, concurremment avec la partie adverse.

3° Et comme la conciliation curative, après coup, est beaucoup moins efficace, — tout le monde le reconnaît, — que la conciliation préventive, on conférerait la reconnaissance légale expresse et les prérogatives attachées à la personnalité juridique aux *conseils d'usine* qui, en l'état actuel de notre législation, n'ont évidemment rien d'irrégulier, mais qui sont absolument passés sous silence par cette législation et gagneraient à être encouragés. Certains même (et nous nous rallierions volontiers à cet avis) souhaiteraient que l'institution des conseils d'usine et d'atelier devînt *légalement obligatoire* dans toutes les entreprises industrielles ou commerciales occupant plus d'un certain nombre d'employés.

4° Enfin, on ajouterait aux prérogatives des conseils du travail créés en vertu de la loi du 17 juillet 1908 une nouvelle attribution : celle de pouvoir jouer, le cas échéant, le rôle de conseils permanents d'arbitrage ; — et l'on autoriserait le ministre du Travail à provoquer la constitution de *Conseils permanents spécialisés de conciliation* dans une branche industrielle donnée, s'il y était sollicité par des syndicats patronaux ou ouvriers de cette branche industrielle.

Le Président du *Board of Trade*, M. Winston Churchill, par une circulaire ministérielle, à la date du 1ᵉʳ septembre 1908, a pris une initiative analogue et un projet ministériel de M. Viviani, du 12 mars 1907, tend à faire instituer des comités permanents de conciliation et d'arbitrage, pour commencer, dans les exploitations minières.

Il convient maintenant de nous arrêter, pour l'examiner avec plus d'attention et dire ce qu'il y a lieu d'en retenir à notre avis, sur la célèbre proposition de M. Millerand, proposition que l'on a si injustement, lors de son apparition, qualifiée dans certains milieux de projet *sur la grève obligatoire*.

La proposition Millerand, du 12 juin 1906.

La proposition déposée par M. Millerand, le 12 juin 1906, est intitulée :

« Proposition sur le réglement amiable des différends relatifs aux conditions du travail. »

Elle n'est que la reproduction d'un projet déposé, dès novembre 1901, par M. Millerand, ministre du Commerce, et contresigné, alors, par M. Waldeck-Rousseau.

Quelle est la portée exacte de cette proposition?

Le régime qu'établissait le projet Millerand ne serait — tout d'abord — applicable qu'aux établissements industriels ou commerciaux occupant au moins cinquante ouvriers ou employés : par conséquent à la grande industrie et au grand commerce.

Pour ces établissements, le projet Millerand ne crée

qu'une seule obligation : celle de faire savoir s'il leur convient ou non d'appliquer chez eux les prescriptions de la loi nouvelle. La loi établit donc un régime, une organisation qui *s'offre* à l'acceptation des industriels et commerçants mais qui ne leur est pas imposée (sauf pour les adjudicataires de fournitures ou travaux publics, art. 6).

Si les chefs d'établissements ont déclaré adhérer au régime de la loi, voici exactement les conséquences que cela comporte :

1° Il est immédiatement institué dans leurs établissements un *Conseil permanent d'usine* ou d'atelier comprenant des délégués élus par le personnel, suivant des formalités électorales très minutieuses.

Ces délégués élus du personnel se réunissent périodiquement, et au moins une fois par mois, avec le chef d'établissement lui-même ou son représentant directement mandaté par lui à cet effet, et ils transmettent à ce représentant de la direction les réclamations présentées par le personnel. Le Conseil fonctionne ainsi tout d'abord, et régulièrement, comme *Conseil de conciliation*.

2° Si la direction n'estime pas devoir accéder aux réclamations du personnel et si celui-ci les maintient, les deux parties *doivent* désigner *des arbitres* qui trancheront le différend.

3° Au cas où le patron refuserait de constituer son ou ses arbitres, les ouvriers sont en droit de décréter la grève à la majorité. La procédure du vote de la grève est réglementée très en détail. Lorsque la grève a été votée à la majorité régulière, *elle devient obligatoire* pour tout le personnel, pendant 7 jours. Au bout de 7 jours on doit voter à nouveau.

Si, au contraire, la cessation de travail n'est pas

votée à la majorité, *tout le personnel doit continuer le travail.*

4° La grève votée régulièrement entraîne la *réunion d'office* de la section compétente du *Conseil du travail* de la circonscription, lequel rend une sentence arbitrale.

5° Les *sentences arbitrales,* qu'elles émanent des arbitres désignées par les parties, ou du Conseil du travail, revêtent le caractère obligatoire pour les deux parties : *elles valent convention entre les parties pour une durée de six mois.*

Telle est l'économie de ce régime légal qui voudrait atténuer les conflits relatifs au travail par l'*organisation interne* des grands établissements.

En quoi cette proposition est défectueuse.

A ce régime légal, tel qu'il est proposé, nous avons à adresser de très nombreuses critiques.

Et d'abord, le projet Millerand est loin de préparer une procédure applicable à tous les conflits : il ne vise à vrai dire que la *grande industrie* puisqu'il se réfère uniquement aux établissements occupant au moins 5o ouvriers; — et puis surtout il ne s'applique qu'à *une catégorie spéciale de conflits,* aux conflits intérieurs d'usine et d'atelier, à ceux qui ne mettent en présence qu'un chef d'entreprise et tout ou partie de son personnel.

Pour les conflits du travail ayant plus d'envergure et qui englobent tout un ensemble d'établissements similaires, toute une profession, il n'édicte aucune prescription nouvelle et n'apporte aucune solution.

Or, nous n'avons certes pas d'hostilité contre les organisations intérieures d'usine; nous souhaitons, au contraire, vivement la multiplication des *Conseils d'usine* : voici près de quarante ans que les catholiques sociaux en préconisent l'établissement, et ainsi que nous le disions un peu plus haut nous ne serions aucunement opposés à ce que cette institution fût rendue *obligatoire* pour tous les grands établissements industriels et commerciaux.

Mais ces *Conseils d'usine et d'atelier* ne peuvent suffire ; ils doivent être complétés par l'institution de *Conseils généraux professionnels* de conciliation, desquels ressortirait l'étude de toutes les questions qui intéressent employeurs et salariés de la profession tout entière. A ne s'occuper que des organisations intérieures d'usine ou d'atelier, à ne prévoir la mise en contact que des chefs d'entreprise et des délégués de *leur personnel*, le projet Millerand semble encourager cette prétention inadmissible des patrons, des employeurs qui, dans certains conflits généraux de la profession, déclarent ne vouloir avoir affaire qu'à LEURS OUVRIERS ; le projet Millerand paraît tendre ainsi à amoindrir le rôle du *syndicat*, du syndicat professionnel ouvrier, défenseur naturel des intérêts généraux professionnels. Et c'est bien ainsi qu'il a a été compris dans les milieux ouvriers où il s'est vu l'objet d'une réprobation à peu près générale.

Ce projet, d'ailleurs, n'a pas reçu meilleur accueil des milieux patronaux, mais surtout pour deux raisons différentes de celles que nous venons d'indiquer et qui sont les suivantes.

On a reproché, d'abord, au projet Millerand de tendre en somme, et par une voie détournée, à l'arbitrage obligatoire : l'arbitrage — je veux bien — *facultativement obligatoire*, ainsi qu'on l'a dit, puisque il n'est obligatoire que si on lui a donné une adhésion initiale. Il n'en est pas moins vrai que cette adhésion générale et initiale une fois donnée, l'arbitrage s'imposerait, deviendrait impératif dans toutes les hypothèses où la conciliation n'aurait pas abouti. Or, nous avons dit précédemment qu'il est toute une série d'hypothèses dans lesquelles l'arbitrage est tout à fait inutilisable, ne peut utilement fonctionner.

On a reproché aussi, et avec moins de raison, au projet Millerand de faire dépendre la grève et la reprise du travail du vote et de la décision de la majorité. On a prétendu que ce projet se montrait, de ce chef, tyrannique et qu'il méconnaissait les droits des minorités.

Remarquons simplement que si l'on observe les faits, si l'on considère ce qui se passe dès maintenant dans la réalité, on devra reconnaître que les cessations et les reprises collectives de travail sont déjà décidées et obtenues par des *votes de majorité*. Seulement ce sont des votes de majorité frelatés, plus ou moins irrégulièrement provoqués et truqués, et l'application du régime Millerand aurait uniquement pour résultat et pour avantage de rendre ces votes plus réguliers et plus sincères.

Par contre, il ne faut pas se faire d'illusion. Et du moment que les décisions concernant la cessation ou la reprise du travail seraient désormais prises par des majorités plus régulières et à la suite d'une procédure qui présenterait plus de garanties, il n'en résulterait nullement que ces décisions dussent être obéies avec plus de discipline par les minorités.

Il faut le reconnaître, les sanctions prévues comme applicables aux récalcitrants, dans le projet Millerand, seraient tout à fait illusoires. Et ceci nous amène tout naturellement à parler, en terminant, de l'intervention possible, dans l'avenir, à l'occasion des conflits du travail que la conciliation n'arriverait pas à solutionner immédiatement, d'un facteur nouveau qui paraît pouvoir jouer, dans bien des cas, un rôle décisif.

Le rôle de l'opinion publique.

On a beaucoup remarqué, à l'occasion de plusieurs grandes grèves récentes, l'influence considérable exercée par l'opinion publique sur le succès ou l'insuccès de ces grèves.

L'opinion publique n'usurpe pas, en cette matière : c'est très consciemment et légitimement qu'elle tend à s'immiscer et à jouer un rôle, à propos des conflits du travail.

Et, en effet, les conflits du travail n'intéressent pas seulement les employeurs et les employés.

Etant donnée l'interdépendance sociale actuelle, les conflits du travail ont les répercussions dommageables les plus étendues et parfois les plus imprévues.

La grève se présente ainsi de plus en plus comme une perturbation apportée non pas seulement au contrat de travail, mais à ce quasi-contrat social qui fait de chacun des membres de la société contemporaine le débiteur de tous. Et cela est vrai non seulement de la cessation de travail dans les grands services publics comme la police, les postes, les transports, mais, d'une manière beaucoup plus étendue, de l'interruption d'une quantité de fonctions dont, dans nos sociétés agglomérées et pratiquant une extrême division du travail, la marche régulière intéresse la collectivité tout entière.

Comme le dit M. Gide : « la grève des sous-préfets serait infiniment moins dangereuse pour la vie publique que celle des balayeurs des rues et des vidangeurs ».

L'opinion publique a donc le droit d'intervenir et d'exercer une pression pour que les conflits du travail ne se prolongent pas, par l'entêtement de l'une ou l'autre des parties à maintenir des prétentions déraisonnables.

Mais, pour que l'opinion publique puisse ainsi remplir utilement son rôle d'arbitre de la justice, il faut qu'elle soit éclairée.

Eclairer et former ainsi peu à peu l'opinion publique sur ces questions si délicates et complexes cela sera, sans doute, de plus en plus le rôle des groupements spontanés, aux inspirations larges et désintéressées, comme les *Ligues sociales d'acheteurs.*

Mais ces groupements, — quelque rapide que puisse être leur développement, — ne suffiront pas, de longtemps, à cette besogne.

Et c'est pourquoi il importe de rechercher les moyens par lesquels on peut mettre l'opinion publique à même de se former un jugement impartial et exact en ces matières.

C'est ce qu'a tenté une des lois les plus récentes qui, à l'étranger, se soit efforcée de trouver un moyen de prévenir les conflits violents relatifs au travail.

La loi canadienne du 22 mars 1907.

La loi canadienne du 22 mars 1907, que l'on appelle aussi : « Act Lemieux », du nom du ministre du Travail qui en est l'auteur, cette loi avait été précédée d'un texte de 1903 qui visait seulement les entreprises de chemins de fer.

La loi de 1907, elle, a pour but de prévenir les conflits dans la plupart des industries d'utilité publique : transports à vapeur et électriques, paquebots, télégraphes et téléphones, éclairage et distribution de forces, mines.

La loi décide que, sitôt que le ministre du Travail est avisé de l'éventualité d'un conflit dans l'une de ces industries, il provoque la constitution d'un conseil d'enquête et de conciliation composé de trois membres nommés par le ministre : l'un sur la présentation des patrons, le second sur la présentation des ouvriers, et le troisième sur la présentation des deux premiers.

Ce conseil se met immédiatement en besogne : il instruit le litige, s'efforce par tous moyens à concilier les parties en désaccord et, s'il n'y peut parvenir, remet au ministre un rapport des plus circonstanciés sur l'affaire, lequel est rendu public aussi rapidement et aussi largement que possible.

Lorsque les travaux du conseil sont terminés et si ses efforts n'ont pas été couronnés de succès et n'ont pas abouti à la conciliation, les entrepreneurs et les employés peuvent recourir légalement soit au lock-out, soit à la grève, ce qui leur était défendu sous des peines extrêmement sévères tant que le conseil de conciliation était en opération.

Au cours des trois premières années de sa mise en application, cette loi canadienne a déjà donné de très importants et de très encourageants résultats. Ce n'est pas qu'elle n'ait eu à subir aucune entorse. Et, en effet, l'organisme dont cette loi prévoit la création et le fonctionnement ne devant être constitué que lorsqu'un conflit est sur le point de surgir, il se trouve que, parfois, il est établi un peu trop tard ; et dans quelques hypothèses, déjà, et malgré les pénalités très rigoureuses inscrites dans la loi, la grève a éclaté avant que le conseil d'enquête ait pu être institué. Néanmoins, dans la plupart des cas où la loi a pu être appliquée, la pression de l'opinion publique mise au courant de toutes les particularités essentielles du litige par la publication de l'enquête est venue très vite à bout des résistances de la partie qui se refusait à la transaction raisonnable ; et le plus souvent ce bon effet de l'intervention du conseil d'enquête et de conciliation a pu se réaliser avant que les hostilités aient été effectivement entamées.

Ainsi donc, il semble vraiment que dans les conflits sociaux, comme d'ailleurs dans les conflits internationaux, l'opinion publique puisse être appelée à exercer, de jour en jour davantage, une heureuse et pacifiante influence.

Tels sont les divers procédés par lesquels, à l'heure actuelle, il semble que l'on puisse tenter de prévenir ou de solutionner rapidement les conflits relatifs au travail.

Mais le meilleur moyen d'écarter la guerre, c'est encore d'organiser très solidement la paix.

C'est de l'organisation méthodique de la paix économique que nous allons précisément traiter en étudiant, au paragraphe suivant, les modes de conclusion et d'application des conventions collectives de travail.

III. - Vers un Régime de Paix :
Les conventions collectives de travail.

—

I. Caractère spécifique des conventions collectives de travail. Le droit collectif et les contrats collectifs, en général. — II. Résultats de la pratique des conventions collectives : rétablissement de l'égalité contractuelle des parties ; limitation de la concurrence entre ouvriers et entre patrons ; mise en contact périodique et régulière des divers collaborateurs de la production économique. Les sanctions des conventions collectives. — III. Les conventions collectives à l'étranger. Les conventions collectives et la jurisprudence française. — IV. Les conventions collectives et le projet Doumergue. Comment les conventions collectives débordent inévitablement les cadres du droit commun individualiste.

I

Comment sont nées et ce que sont les conventions collectives de travail.

« Tant que la loi condamna les ouvriers à l'isolement, les conditions du contrat de salariat — nombre d'heures de travail, taux du salaire — ne pouvaient être réglées que d'homme à homme, ou plutôt elles étaient fixées par le patron, plus ou moins pressé lui-même par les exigences d'une concurrence sans frein. Pour l'ouvrier, c'était à prendre ou à laisser ; il n'y avait pas d'autre alternative que le chômage, ou l'embauchage dans des conditions toutes faites et indiscutables de durée, de sécurité et de rémunération.

Quand les coalitions avec menaces de grèves furent permises, il devint du même coup possible à une collectivité ouvrière d'entrer en pourparlers avec un patron sur les conditions futures de l'embauchage, de discuter ces conditions avec plus de force et d'autorité que n'aurait pu le faire l'ouvrier isolé, de conclure avec cet employeur un accord fixant les bases des contrats ultérieurs de salariat. Accord bien précaire à vrai dire, puisque le groupement ouvrier qui le signait ne devait pas avoir de lendemain et ne pouvait dès lors ni agir efficacement sur ses adhérents pour qu'ils observent les engagements pris, ni encore moins se pourvoir contre le patron si c'était lui qui ne respectait pas l'engagement. Les choses vont changer, quand les organisations permanentes acquièrent à leur tour le droit de se former librement : ce que déjà une coalition, un simple comité de grève pouvait faire, un syndicat le pourra *a fortiori* et avec de toutes autres garanties, puisque, doué de personnalité juridique et destiné à durer, il a en mains les moyens d'assurer l'exécution loyale de l'arrangement qu'il a signé.

La reconnaissance légale de la liberté syndicale va donc ouvrir une ère nouvelle : au régime de la monarchie absolue dans l'usine succèdera un régime de monarchie tempérée, sous lequel les pouvoirs du patron pour la fixation des conditions du travail seront limités par des traités passés avec les syndicats ouvriers. Et comme le patron, s'il veut renforcer son pouvoir, a lui-même toute liberté de former un syndicat avec ses pairs, les conditions du travail pourront être réglées par un accord de syndicat à syndicat, qui aura vraiment le caractère de charte réglementaire pour toute une profession et une région. Nous voilà bien loin de la loi Chapelier qui défendait « aux citoyens d'un même état ou profession de former des règlements sur leurs prétendus intérêts communs ! »

C'est en ces termes que mon collègue et ami E. Duthoit commence un des plus intéressants chapitres de son beau livre : « Vers l'organisation professionnelle », fruit de cinq années de collaboration aux *Semaines sociales* (1).

En quoi consistent donc, très précisément, les conventions collectives de travail auxquelles il fait allusion ?

« Dès à présent, écrit M. R. Jay (2), le développement des accords collectifs ou syndicaux, l'importance croissante des ententes formées entre les chefs d'industrie et les représentants des ouvriers de l'atelier ou de la profession ont eu pour résultat de faire apparaître des contrats d'un type nouveau, jusqu'ici inconnus. L'expression « contrats collectifs de travail » sous laquelle on les désigne ne rend pas d'ordinaire un compte exact de leur nature et de leurs effets. D'ordinaire, en effet, ces contrats n'emporteront pour aucun ouvrier l'obligation de travailler pour un patron déterminé. Le patron sera seulement obligé, s'il occupe des ouvriers, d'accorder à ces ouvriers certaines conditions de travail.

Ce qu'on appelle « contrat collectif de travail » n'est alors, en réalité, qu'une réglementation contractuelle préalable des conditions du travail. Le syndicat stipule, le plus souvent, pour tous ceux qui exercent la profession. — N'a-t-il pas reçu de la loi elle-même le droit de défendre les intérêts professionnels ? — A

(1) *Rôle du syndicat dans la détermination par voie contractuelle des conditions du travail*, p. 225 et s.

(2) Rapport à la Commission de codification des lois ouvrières, 1904, p. 2.

certains égards même, le syndicat apparaît ici le délégué et le précurseur du législateur. Comme le législateur, il prétend enfermer dans des limites précises et d'avance posées la concurrence entre ouvriers, comme la concurrence entre patrons ».

Il résulte bien nettement de cette citation, et plus clairement encore, s'il est possible, de l'observation des faits, que les accords dont il est ici question ne sont pas des contrats ordinaires. — En effet, ils n'établissent pas les conditions de détail des engagements individuels, mais ils se bornent à poser les règles générales qui devront servir de base à ces engagements individuels; ils constituent, en somme, des *règlements professionnels*, non pas légaux, mais contractuels, ayant pour but de remplacer les *anciennes réglementations* abolies. C'est M. Brants (1) qui appelle ces conventions tantôt : *règlements corporatifs*, tantôt : *contrats de tarif*; les deux expressions ont leur justesse. En réalité, il s'agit — par ces ententes — de fixer ce que Henri Lorin, dans ses études sur le salariat, appelle les *conditions limites* du contrat de travail, c'est-à-dire les *minima* au-dessous desquels les contrats individuels ne pourront pas descendre. Ces contrats individuels pourront bien stipuler des conditions meilleures au profit de tel ou tel travailleur; ils ne pourront pas, en revanche, stipuler des conditions inférieures, cela surtout pour ce que M. Brants, appelle « les *deux postes capitaux* de la vie ouvrière : salaire et horaire du travail ».

Donc, première caractéristique des conventions collectives de travail : constituer une fixation contrac-

_____

(1) *L'état légal du contrat collectif de travail*, par V. Brants, 1905.

tuelle et préalable de certaines règles générales quant au travail, règles avec lesquelles les contrats individuels de travail, conclus par les parties à ces conventions, ne pourront pas se mettre en contradiction.

Un second trait caractéristique de ces conventions collectives est de comporter des engagements multiples et juxtaposés : 1° engagements du ou des groupes qui les ont conclues, dès que ce ou ces groupes sont parvenus à une consistance suffisante (à déterminer plus précisément par le législateur) pour leur permettre de contracter des obligations collectives distinctes des obligations incombant à leurs membres, pris individuellement ; 2° engagements individuels aussi de chaque membre du ou des groupes contractants ; et ces engagements individuels des membres des groupes contractants ont ceci de spécial qu'ils lient ces membres non seulement vis-à-vis des membres du groupe avec lequel a traité celui dont ils font partie, mais encore vis-à-vis des autres membres de leur propre groupe et qu'il les lient, souvent, *malgré eux*.

D'où vient donc que ces conventions collectives relatives au travail ont un caractère si spécial, et entraînent des conséquences si exorbitantes des normes du droit courant des obligations contractuelles ?

Cela vient de ce que ces conventions sont une espèce du genre plus général : *contrats collectifs*, c'est-à-dire d'un mode de relations juridiques entre hommes qui, étant données les conditions nouvelles du milieu social, tend à prendre une très grande extension et une importance de tout premier plan.

M. Rouast, un jeune juriste lyonnais, a donné tout

récemment (1), de ces contrats collectifs, une description juridique si lumineuse, en même temps que si parfaitement conforme à ce que nous enseignons dans toutes les *Semaines Sociales* (2), que je ne résiste pas à l'opportunité de donner ici un raccourci de sa si remarquable construction.

Droit collectif ; contrats collectifs.

Quand y a-t-il collectivité et, par conséquent, droits collectifs ? « Qu'est-ce qu'une collectivité capable de passer un contrat collectif? (3) »

« Toute réunion d'hommes porte, dans la langue courante, le nom de collectivité. Mais nous ne pouvons admettre ici une conception aussi large. Les groupements d'individus ne passent ordinairement que des réunions de contrats individuels; ce sont des unions fortuites ou contractuelles dans lesquelles le droit de l'individu est tout, le droit collectif n'existe pas. Il y a agrégat, somme ou total d'individus, il n'y a pas une entité sociale qui mérite le nom de collectivité. Un auteur qui, écrivant à propos du contrat collectif de travail, a senti la nécessité d'éclaircir un peu cette notion, M. Nast (4), a prétendu qu'il fallait exclure tous les groupements inorganisés du concept de collectivité, pour en faire le synonyme de personne

(1) *Essai sur la notion juridique du contrat collectif dans le droit des obligations.* A. Rousseau, 1909.

(2) Cf. notamment la série des leçons de MM. Crétinon, Boissard, Duthoit et Deslandres, au compte-rendu de la *Semaine sociale de Bordeaux,* 1909.

(3) Rouast, p. 90 et suiv.

(4) Marcel Nast, *Les conventions collectives relatives à l'organisation du travail,* 1907, p. 159.

morale, la personnalité morale n'étant d'ailleurs pour lui qu'une propriété collective... Ceci est inexact, non seulement parce que les personnes morales passent normalement des actes individuels [actes, par exemple, concernant leur patrimoine], mais aussi parce que, à l'inverse, des actes collectifs peuvent émaner de groupes non personnalisés, sans qu'on puisse relever de différence [foncière] avec les actes des collectivités personnalisées ».

Ce n'est donc pas du côté de la personnalité morale que l'on saurait trouver « une définition de la collectivité agissante en tant que collectivité.

La personne morale peut être une forme que revêt la collectivité, elle n'en est jamais l'essence.

Le fondement de cette notion... n'est pas, non plus, dans la [simple] constatation d'un intérêt commun reliant divers individus. » Il doit être cherché dans une *nécessité solidaire*.

« A un droit, il faut opposer un droit et non un simple intérêt : au droit de l'individu, il faut opposer le droit de la collectivité. Or, ce droit, dans notre état social, ne peut encore reposer que sur une nécessité : pour faire fléchir le droit individuel de propriété, il faut exproprier « pour cause d'utilité publique »; pour faire céder le droit contractuel des particuliers, on invoquera l'utilité, ou mieux la nécessité collective...

La grande collectivité qu'on appelle une nation n'a pas autre chose à sa base qu'un état de fait [et de nécessité], le fait historique de la société civile. Tout homme venant en ce monde trouve, parmi les conditions matérielles de sa vie, la société; il n'a pas à l'accepter, il n'a qu'à la subir. S'il parvient à en sortir, c'est pour entrer dans une autre : le fait social est partout, il n'a qu'à le supporter ou à mourir (1). S'il le supporte, s'il vit, il en subit les conséquences, il est soumis aux règles que comporte cet état social.

Car c'est là qu'il faut en arriver : l'état de fait nécessaire comporte un état de droit concomitant : la condition de l'activité humaine impose des règles à cette activité, *l'existence primaire d'une solidarité collective crée le droit collectif...*

Il survient dans la vie économique des faits graves, particulièrement importants, des crises, des catastrophes, des arrêts de vie sociale, — une grève, une faillite, par exemple ; — ces faits réagissent sur les relations juridiques d'un grand nombre d'individus, qui se trouvent atteints tous ensemble et dans l'impossibilité d'y remédier individuellement. Des faits économiques de ce genre créent l'état de nécessité solidaire et, par suite, collective... Ce sera la solution de ces faits qui fera l'objet du droit collectif, c'est elle que réalisera le contrat collectif.

Nous venons ainsi d'établir le trait le plus fondamental de la notion de collectivité, son caractère nécessaire ; pour qu'elle pénètre dans le domaine du droit et puisse devenir le sujet d'un acte juridique, il faut une précision encore, *il faut que la collectivité soit organisée.....* Née pour solutionner une situation de fait, la collectivité est essentiellement agissante ; étant agissante, elle ne peut pas ne pas être organisée, car le désordre et l'anarchie ne sauraient être facteurs d'action collective.

Que sera cette organisation ?... Ce qu'il faut pour

(1) Ces collectivités basées sur la nécessité, c'est ce que, *lorsqu'elles sont permanentes,* nous appelons les *sociétés nécessaires :* famille, profession, cité...

agir efficacement au dehors; ce qu'entraîne l'existence du lien collectif. Une tête, des représentants du groupement, si les individus sont trop nombreux ou mal déterminés; une certaine cohésion entre les membres, surtout, afin que s'ils ne sont pas déterminés, ils soient au moins déterminables lorsqu'il s'agira d'exécuter les obligations individuelles nées de l'acte collectif; un mode d'expression enfin de la volonté de tous ou, plus exactement, du plus grand nombre, un vote par conséquent ». Ce qui domine tout, c'est « qu'une collectivité, pour faire figure dans la vie juridique, doit être organisée...

L'intervention de l'Etat doit se manifester pour régulariser cet organisme et le rendre efficace à l'égard des individus : les intérêts individuels divergents auraient trop tôt fait de se manifester, malgré la solidarité nécessaire. L'Etat n'a pas à créer l'organisme, ni à se substituer à lui, mais il faut qu'il fasse respecter le droit collectif que cet organisme dégagera et qu'il l'impose aux individus trop accoutumés à l'indépendance ».

La collectivité pourrait donc être définie : « un groupement organisé d'individus unis par un lien de solidarité nécessaire qui résulte d'un état de fait d'origine sociale ou économique ».

Le *contrat collectif*, qui est le mode de tractation de la collectivité ainsi définie, se présente comme investi d'un double caractère qui lui imprime sa physionomie toute particulière : il apparaît comme un *acte de contrainte* par rapport à une partie de ceux qu'il oblige, parce que — par ailleurs — il se manifeste comme un acte nécessairement *unitaire.*

« Ce qui justifie, en effet, l'intervention du droit

collectif, c'est l'existence d'une situation de fait dans laquelle des individus se trouvent dans l'impossibilité commune de faire des actes juridiques pouvant résoudre cette situation,.. Dans ces conditions concevrait-on que chacun pût agir à sa guise ? Ce serait la négation même du droit collectif. Dès lors qu'il est reconnu que des nécessités de fait légitiment l'intervention de ce droit, il faut admettre en même temps l'unité d'action qui en est le corollaire évident.

C'est ainsi que le contrat collectif est un acte nécessairement unitaire; il l'est, non parce qu'il émane d'un agent unique qui lui communique son indivisibilité : bien au contraire, il émane d'agents multiples, d'une collectivité, abstraction faite de toute personnalisation juridique. Il est unitaire intrinsèquement, parce que le but pour lequel il est passé exige qu'il en soit ainsi. C'est très essentiel à noter, car lorsque la collectivité est doublée d'une personne morale, comme c'est le cas dans un contrat collectif de travail passé par l'intermédiaire d'un syndicat, on pourrait être tenté d'expliquer l'unité de l'acte par la présence d'un être juridique nouveau, et constituant une individualité par lui-même. Ce serait une vue superficielle des choses, et ce serait une source d'erreurs : le contrat est unitaire par sa nature même, parce que le but pour lequel il est passé l'exige.

Ce caractère d'unité explique celui de contrainte (1).

---

(1) Cf. Crétinon, *L'autorité et le contrat* (Chronique du Sud-Est, nov. 1907) : « La loi de majorité s'impose toutes les fois qu'il existe entre les hommes une solidarité qui impose une solution unique. »

Et Raoul Jay, *Le contrat de travail* (publication de l'Association pour la protection légale des travailleurs, 1907, p. 62): « Ne serait-il pas contradictoire d'appeler contrat collectif un contrat qui ne sera définitif que par l'acceptation indivi-

Ce dernier élément qui constitue une des grosses pierres d'achoppement de la réalisation pratique du contrat collectif dans notre état juridique et social actuel, paraît tout naturel si on l'envisage à la lumière des idées précédemment dégagées. Résultat des nécessités de la vie économique, un acte collectif n'est pas aussi librement consenti qu'un contrat ordinaire. Lors même qu'il revêt la forme contractuelle, il exige au moins pour sa réalisation une unité de vues et d'intentions qui est impossible à réunir. Et pourtant le contrat collectif constitue encore la meilleure sauvegarde, le meilleur refuge de la volonté en face de la toute-puissance des faits. Le contrat collectif a pour effet de substituer la contrainte de la volonté de quelques-uns par la volonté » du plus grand nombre, « à la contrainte de la volonté de tous par l'empire des faits. C'est donc un accroissement du rôle de la volonté dans le droit ».

Par ailleurs, « la contrainte n'atteint la minorité, les opposants, que parce qu'ils font partie de la collectivité, qu'ils sont tenus par le lien collectif. La contrainte n'est donc, en somme, qu'une conséquence de l'application du droit collectif aux individus. C'est

duelle, au moins tacite, de chaque syndiqué ?... Ce qui fait l'organisation ouvrière, comme l'organisation politique, comme toute organisation, c'est que la majorité décide : majorité d'un comité de direction ou de la masse des syndiqués se prononçant dans un referendum, peu importe. Tant que la majorité décide et oblige, il y a organisation. L'organisation suppose que des hommes, qui ont des intérêts communs, des aspirations communes, renoncent à quelque peu de leur liberté, à quelque peu de leur indépendance pour assurer mieux la solidarité de leur action et, par suite, le succès de leurs revendications. Mais, là où chacun reste aussi libre qu'auparavant, suivant la formule paradoxale de Jean-Jacques Rousseau », il ne saurait y avoir organisation.

dire qu'elle ne sera justifiée que par l'existence de ce droit, et qu'elle sera inapplicable là où il cesse d'être en vigueur. C'est là une limitation très sérieuse, si l'on se souvient du fondement étroit que nous avons donné au droit collectif », à savoir : la nécessité. « Pour tout ce qui ne se rapportera pas aux nécessités de fait qui justifient ce droit, il ne sera pas question de contrainte, la liberté individuelle qui est la règle reprendra son empire absolu et inviolable. Et d'autre part, si l'individu réussit à se soustraire au lien collectif, si son activité particulière parvient à le mettre en dehors de l'état de nécessité solidaire qui crée ce lien, il ne pourra plus dès lors être question de contrainte : sorti de la collectivité, il ne sera plus tenu des obligations qui ne lui sont imposées que parce qu'il en faisait partie (1)...»

Enfin, le contrat collectif présente encore cet autre caractère qu'il a en commun avec tout acte collectif, à savoir, qu'il est « ce qu'on peut appeler une *charte*. Par là nous entendons indiquer ce trait qui est propre à un certain nombre d'actes juridiques et qui en fait la règle préalable d'autres actes qui pourront s'accomplir dans l'avenir. Des actes de ce genre sont analogues aux constitutions du droit public ; ils créent par avance des limites à l'activité de ceux qui participent à leur élaboration ; ils sont, par suite, restrictifs de la liberté

---

(1) « Cela ne veut pas dire qu'il suffise à un ouvrier de quitter un syndicat nominalement pour n'être plus tenu des obligations de la convention collective de ce syndicat : si en fait il ne se sépare de ses compagnons que par une radiation sur les listes du syndicat, s'il continue à travailler dans les mêmes conditions qu'eux, il reste en fait membre de la collectivité, et doit continuer à être soumis aux obligations collectives ». — Quelle consonnance entre ce que nous disions, l'an dernier, à Bordeaux (voir suprà, page 135) et ce que M. Rouast disait, en même temps, à Lyon !

individuelle, ils réagissent sur la validité des actes que les particuliers qui y ont adhéré peuvent faire. Comme tels, ils sont exceptionnels, surtout dans le domaine contractuel. »

II

Les résultats de la pratique des conventions collectives de travail.

Ceci posé des contrats collectifs, en général, quels résultats est-on en droit d'attendre de la pratique des conventions collectives de travail ?

Le contrat individuel de travail, c'est-à-dire celui qui est censé se former lorsque un salarié isolé se met à travailler pour un employeur, est-il réellement un contrat, au sens moralement et juridiquement complet du mot? Se noue-t-il dans des conditions de liberté et d'égalité respectives des parties en cause suffisantes pour cela? Nous avons vu, précédemment, qu'il n'en est rien dans la très grande généralité des cas, au moins en ce qui concerne la grande industrie (1).

Les conventions collectives de travail présentent ce premier avantage de supprimer l'inégalité contractuelle des parties dans la conclusion des contrats individuels de travail en ce sens que les conditions au moins générales de ces contrats se trouvent avoir été débattues non plus par des ouvriers isolés et peu préparés à de pareils débats, mais par les représentants les plus qualifiés de la profession, c'est-à-dire par ceux que leurs pairs ont estimés les plus capables de

(1) Voir suprà : Ch. Ier. Le contrat de travail et la réalité économique.

défendre leurs intérêts|collectifs : les conventions collectives ont donc, pour premier résultat, de réintégrer la justice, avec l'égalité des parties, dans la formation du contrat de travail.

Mais cet avantage essentiel est loin d'être le seul ; il n'est peut-être même pas le plus important. Par les conventions collectives, la concurrence entre ouvriers se trouve établie sur le bon terrain, en ce sens que cette concurrence ne s'exerce plus en considération de circonstances extra-professionnelles : besoin extrême de travail, charges exceptionnelles de famille, etc... : toutes causes qui pourraient, pour tel ou tel ouvrier, être le motif déterminant d'un abaissement exagéré de ses prétentions. Grâce à la convention collective, ce ne sont plus que les circonstances véritablement professionnelles, celles qui doivent avoir une répercussion normale sur le travail de tous, sur la profession au complet, qui influeront sur la détermination des conditions générales du travail adoptées, sur les prix de base des tarifs élaborés.

Les conventions collectives ont, d'ailleurs, ce même heureux résultat quant à la régularisation de la concurrence entre employeurs : elles ramènent, là encore, la concurrence sur son vrai terrain, en ce sens qu'elles conduisent les patrons à chercher à se distancer les uns les autres par une organisation plus habile, plus méthodique de leur production, par une plus grande sagacité commerciale, par une intelligente diminution des frais généraux, par toutes sortes de progrès techniques ; et non plus par l'abaissement des salaires, c'est-à-dire non plus au détriment du travailleur (1).

(1) « La coalition ouvrière, l'entente des ouvriers ne peut que

Enfin, mettant périodiquement, par la force même des choses, en rapport les employeurs et les employés, et cela par l'intermédiaire des plus intelligents, des plus remarquables d'entre eux, les conventions collectives opèrent des rapprochements, font tomber bien des préjugés et peuvent devenir ainsi des instruments de pacification sociale de tout premier ordre.

Aussi, les milieux ouvriers, à l'exception des milieux ultra-révolutionnaires, se montrent-ils partisans de ce mode de tractation avec les employeurs. On constate, depuis quelques années, que la plus grande partie des grèves ont précisément pour but d'aboutir à la conclusion, entre les employeurs et les syndicats ouvriers, de conventions collectives de travail.

Malheureusement, et jusqu'à une période très récente, si récente que c'était presque encore hier, les patrons, les employeurs demeuraient très généralement et très vivement, — et l'on pourrait dire de parti pris, — opposés aux conventions collectives. Il leur semblait qu'en s'y prêtant ils abdiqueraient leur autorité, et qu'ils aboutiraient à mettre entre eux et les ouvriers un intermédiaire : le syndicat, dont ils seraient obligés, peu à peu, de subir la loi.

Cependant, les événements ont marché, et les idées aussi, et la lecture des compte-rendus des Congrès patronaux où le projet Doumergue a été étudié permet

régler la concurrence entre ouvriers ; la coalition patronale, l'entente des patrons ne peut que régler le concurrence entre patrons. Le contrat collectif lie et solidarise les deux règlementations ».

Il n'est pas besoin de longues réflexions pour reconnaître que cette double concurrence constitue le plus redoutable des obstacles que rencontre l'amélioration des conditions du travail. Combien de patrons seraient heureux de réduire la journée de travail, d'augmenter le salaire, s'ils ne craignaient d'être, suivant la parole de M. Dupin, « châtiés de leurs vertus ». — Raoul Jay, *Qu'est-ce que le contrat collectif de travail?* p. 23.

de constater que de nombreux industriels et non des moindres ne se considèrent plus comme en possibilité ni même en droit de poser la question préalable, en matière de conventions collectives et de réglementation contractuelle des conditions générales du travail entre syndicats patronaux et ouvriers.

Les objections.
Les sanctions des conventions collectives.

Néanmoins, une objection continue à impressionner plusieurs employeurs, et l'on ne saurait se dissimuler qu'elle présente, en effet, une certaine gravité au moins apparente. « La sanction de l'exécution d'une convention collective ne saurait, disent ces employeurs, être bi-latérale, car — individuellement ou collectivement — les ouvriers sont insolvables, si bien que tant valent les syndicats ouvriers, tant vaudront les accords conclus par eux et avec eux, et la valeur morale du syndicat est souvent inférieure encore à sa surface pécuniaire. »

Cette objection n'est pas aussi insoluble qu'elle le paraît tout d'abord. En effet, il faut bien remarquer que les manquements *individuels* de quelques ouvriers isolés aux obligations contractées par eux en vertu de conventions collectives sont, en général, de peu d'importance pratique pour les industriels, surtout dans la grande industrie : si un ou deux ouvriers manquent aux engagements que leur syndicat a pris, on les remplacera par d'autres et tout sera dit.

Et pour ce qui est des manquements généralisés, des manquements collectifs dont le syndicat lui-même semblerait avoir la responsabilité, ces manquements à la parole donnée par le syndicat ont des chances sérieuses de ne se produire, de plus en plus, que de façon exceptionnelle. L'expérience des pays étrangers est là pour prouver que, sauf exceptions, les syndicats tiennent à faire honneur à leur parole ; et si, en France, les exceptions sont encore trop fréquentes, c'est sans doute beaucoup parce que l'on n'a pas encore fait, jusqu'ici, suffisamment confiance au groupement ouvrier.

On peut citer à cet égard et parmi beaucoup d'autres, ce fait qui s'est passé il y a quelques années en Angleterre, où les syndicats ouvriers sont arrivés à leur plein développement.

Un constructeur de navires devait livrer à court délai un bateau à un armateur allemand. Sachant les conditions de délai très strictes dans lesquelles ce constructeur s'était obligé à livrer, les ouvriers de son chantier en profitèrent pour demander une augmentation de salaire ; or les conditions de salaire de ces ouvriers avaient été réglées par des conventions collectives entre ce constructeur et la puissante Fédération ouvrière des chaudronniers et constructeurs de navires.

Sur la plainte de l'industriel, la Fédération lui donna cette assurance : « Payez à vos ouvriers l'augmentation demandée, pour que votre travail se fasse en temps voulu ; ne dites rien, mais prenez note des sommes supplémentaires versées par vous, envoyez-nous-en le décompte, et nous vous les rembourserons. » Et le syndicat signataire de la convention s'est montré capable de faire respecter la convention : il a remboursé au patron le supplément de salaire, et il a obtenu des ouvriers de cet atelier qu'ils lui reversent à lui les sommes qu'ils avaient ainsi touchées en plus de leur salaire, sous la menace que, en cas de non soumission de leur part à cette injonction, ils seraient renvoyés de la Fédération.

Les syndicats ouvriers français ne sont point encore tous arrivés à ce souci du respect des conventions collectives conclues par eux, mais ils s'y acheminent.

En tout cas, seule la garantie morale paraît avoir une valeur appréciable en la matière (1).

Les entrepreneurs et industriels disent : « Quand les syndicats ouvriers auront un patrimoine qui pourra répondre de leurs engagements, nous ne demanderons pas mieux que de traiter avec eux. »

Ainsi que le fait observer M. Raoul Jay, le patrimoine considérable réuni par les Trades-Unions anglaises, pour leurs divers services d'assurance, n'a jamais offert une garantie directe de la régulière exécution des conventions collectives de travail signées par elles. « Aujourd'hui nettement affirmée par la loi nouvelle (21 déc. 1906), l'irresponsabilité légale complète des Trades-Unions a été pendant très longtemps sans hésitation reconnue par la jurisprudence. (2) » — « Un fait digne de remarque, écrivait récemment M. Albert Gigot (3), c'est que le contrat collectif, si répandu en Angleterre, n'y a pas d'existence légale ; » et par conséquent pas de sanction juridique spéciale.

« M. Coupat, secrétaire de la grande Fédération

(1) « La seule chose dont puissent se préoccuper les patrons c'est de savoir quelle est l'autorité morale de ceux avec qui ils traitent. Ce qu'ils cherchent, ce n'est pas un engagement juridique, parce qu'ils savent que cet engagement n'aurait pas de sanction en fait, et ce qu'il leur importe de savoir, c'est si les hommes qui acceptent une transaction au nom des ouvriers ont chance d'être suivis. »
Colson, *Bulletin de la Soc. d'études législatives*, 1908, p. 537.
(2) Jay, *loc. cit.*, p. 48.
(3) Albert Gigot, *Le contrat collectif de travail. Le Correspondant* du 10 janvier 1907, p. 32.

nationale des mécaniciens, disait récemment au Conseil supérieur du travail, à ses collègues patrons : « Permettez aux syndicats ouvriers de se développer et vous verrez qu'ils n'auront plus le même caractère qu'à l'heure actuelle. Si les syndicats pouvaient s'organiser, si les ouvriers pouvaient y adhérer sans crainte d'être renvoyés, si l'on n'exerçait pas sur eux une sorte de contrainte morale, vous auriez des syndicats sur la parole desquels vous pourriez compter : le contrat serait valable. (1) »

Et M. Fagnot, l'éminent enquêteur permanent du ministère du Travail, qui connaît bien aussi le monde ouvrier, déclare de son côté : « En acceptant de discuter et de fixer les conditions du travail, non plus avec chaque ouvrier — ce qui ne peut plus se faire — mais avec les représentants autorisés des ouvriers, c'est-à-dire avec les administrateurs du syndicat, les employeurs donneront aux employés une satisfaction morale à laquelle ces derniers seront, au début, très sensibles et qui contribuera beaucoup à pacifier l'esprit syndical et à diminuer l'antagonisme entre les deux facteurs de la production. (2) »

III

Les conventions collectives de travail à l'étranger.

Les conventions collectives de travail ont fait, aujourd'hui, leur tour du monde, et elles sont prati-

---

(1) R. Jay, *loc. cit.*, p. 49.
(2) *Le Contrat de travail*, publication de l'Assoc. française pour la protection légale des travailleurs, 1907, p. 108. — Cf. sur le même sujet les très intéressantes discussions du Conseil supérieur du travail (session de novembre 1909) sur *la législation des syndicats professionnels.*

quées, sous des formes diverses et appropriées, dans tous les pays industriels.

En Angleterre, elles sont le résultat normal de ces Comités permanents de conciliation qui ont à peu près supprimé, en fait, les grèves et les conflits violents dans la grande industrie britannique (1).

En Allemagne, une récente enquête a fait apparaître, à l'étonnement général, un nombre considérable de tarifs collectifs, — *de contrats de tarif*, — et cela (à la différence d'avec l'Angleterre) surtout dans la moyenne et dans la petite industrie. Des documents officiels paraissent attribuer à la grande multiplication de ces contrats de tarifs la notable diminution des grèves en 1908 (2).

En Autriche, les contrats collectifs progressent aussi très rapidement, d'une année à l'autre.

Des ententes de même nature sont conclues, tous les jours plus nombreuses, soit en période de calme et de paix, soit à la suite de conflits industriels, en Hollande, en Belgique, en Italie, aux Etats-Unis.

Certains pays progressistes, comme la Suisse, la Hollande, l'Australie, la Nouvelle-Zélande, ont déjà consacré plus ou moins directement, par des dispositions législatives spéciales, les conventions collectives de travail.

Et le gouvernement Suédois vient de déposer un très intéressant projet de loi où la réglementation juridique des conventions collectives paraît liée à l'institution d'un tribunal d'arbitrage destiné à trancher les différents s'élevant à leur propos.

(1) Voir supra, p. 139.
(2) Voir *Bulletin de l'Office du travail*, août 1909, page 887.

En France, depuis longtemps déjà, des sociologues appartenant aux écoles sociales les plus diverses prônent l'utilisation de ce contrepoids tout indiqué à l'inégalité contractuelle des parties dans les marchés individuels de travail.

L'élaboration et la révision périodique des réglementations professionnelles régionales devaient être, en somme, l'objectif véritable des conseils permanents de conciliation et d'arbitrage préconisés, il y a plus de trente ans, par M. de Mun et ses amis.

Néanmoins, la pratique des conventions collectives de travail devait se heurter, chez nous, à toute une série d'obstacles qui en ont trop longtemps entravé le normal développement.

Historique du développement des conventions collectives de travail en France.

De fait, rien n'est dramatique comme l'histoire des conventions collectives de travail en France, depuis cent vingt ans, parce que rien ne montre mieux le travailleur aux prises avec l'oppression résultant pour lui de la prétendue liberté, ou plus exactement de l'anarchie légale, obligatoire, fruit de l'individualisme révolutionnaire (1).

Un des moments les plus intéressants, au point de vue de l'histoire du contrat collectif en France, c'est — aussi paradoxal que cela puisse paraître — le court laps de temps qui s'écoule entre le 17 mars et le 17 juin 1791.

La loi des 2-17 mars 1791 est celle par laquelle la

---

(1) Pour tout ce qui suit, cf. Barthélemy Raynaud : *Le Contrat collectif de travail.*

Constituante abolit les corporations. Donc toute réglementation corporative tombe à partir de cette loi. — Mais la force des choses, la puissance des besoins naturels sont si impérieuses que, les réglementations traditionnelles tombées, le premier souci des intéressés consiste à établir des accords professionnels sur la base de conventions collectives librement débattues; et il faudra une loi nouvelle, la loi des 14-17 juin 1791, pour détruire totalement, dans ses premiers fondements à peine assis, ce droit contractuel collectif qui est en train de s'édifier, et pour prohiber avec une véritable férocité toute association professionnelle, tout groupement économique, même momentané, toute coalition et par conséquent toute entente collective.

Les procès-verbaux de la *Commune de Paris*, et les documents des archives nationales nous révèlent les démêlés et pourparlers qui mirent aux prises, sitôt après l'abolition des corporations, patrons et compagnons des divers métiers; les tentatives d'élaboration de tarifs collectifs qui furent faites; les demandes d'intervention qui furent adressées au corps municipal par celle des parties, différente suivant les hypothèses, qui trouvait les exigences de l'autre partie exagérées.

Certaines discussions aboutissent à des accords. Quelques patrons prennent les devants et élaborent des tarifs qui obtiennent l'acquiescement de leurs ouvriers.

Mais l'esprit révolutionnaire individualiste veille et s'effarouche.

Il est, d'ailleurs, excité par les réclamations de tels fabricants qui s'apeurent et redoutent de ne pouvoir plus faire la loi dans leurs ateliers, si leurs ouvriers sont admis à prétendre traiter en groupe.

Et alors intervient la fameuse loi Chapelier.

Le rapport qui en prépare le vote est éminemment expressif.

« Je viens, dit Chapelier, au nom de votre comité de constitution, vous déférer une contravention aux principes constitutionnels qui suppriment les corporations, contravention de laquelle naissent de grands dangers pour l'ordre public : plusieurs personnes ont cherché à recréer les corporations anéanties, en formant des assemblées d'arts et métiers dans lesquelles il a été nommé des présidents, des secrétaires, des syndics et autres officiers. Le but de ces assemblées qui se propagent dans le royaume, et qui ont déjà établi entre elles des correspondances est de forcer les entrepreneurs de travaux, les ci-devants maîtres, à augmenter le prix de la journée de travail, d'empêcher les ouvriers et les particuliers qui les occupent dans leurs ateliers de faire entre eux des conventions à l'amiable, de leur faire signer sur des registres l'obligation de se soumettre au taux de la journée de travail fixé par les assemblées et autres règlements qu'elles se permettent de faire... »

Et après l'exposé de ces abominations vient l'énoncé du principe :

« Il n'y a plus de corporation dans l'État, *il n'y a plus que l'intérêt particulier de chaque individu et l'intérêt général.*

... Il faut donc remonter au principe *que c'est aux conventions libres, d'individu à individu, à fixer la journée pour chaque ouvrier : c'est ensuite à l'ouvrier à maintenir la convention qu'il a faite avec celui qui l'occupe.* »

Vraiment, on n'aurait pu souhaiter plus de netteté.

C'est la mort sans phrase de tout groupement professionnel et de toute entente collective.

Il n'en reste pas moins que l'histoire de ces quelques semaines de l'an 1791 montre que « l'idée de liberté du travail, si elle n'avait pas été faussée, tendait à se réaliser spontanément par le contrat collectif ».

De la loi Chapelier à 1864, la prédominance du contrat *individuel*, c'est-à-dire l'omnipotence patronale, est assurée par le *Code pénal*.

Cela ne décourage pas toutes les tentatives d'élaboration de tarifs professionnels collectifs. Tantôt ce sont les charpentiers de la Seine, tantôt les tisseurs de Lyon qui luttent pour cette grande cause. D'ailleurs, les idées marchent, si la législation demeure figée et rigide.

En 1862, Berryer plaide pour des ouvriers typographes qui ont cessé le travail parce que les maîtres-imprimeurs ont déchiré, sans raisons, un tarif syndical en vigueur, avec des fortunes diverses, depuis 1843. Le tribunal et la Cour lui donnent tort et condamnent ses clients à dix jours, quinze jours et un mois de prison. Mais Berryer, au cours de deux plaidoiries admirables, a prononcé cette parole sévère, aussi violente en son genre, mais aussi justifiée que celle de Lacordaire sur la prétendue liberté économique : « Le traité de gré à gré c'est le marché de la faim ! » Et l'opinion publique donne raison à Berryer et aux ouvriers qui luttent pour les accords collectifs (1).

La suppression légale des art. 414 et 415 du Code

_____

(1) V. H. Bazire : *Berryer et le contrat collectif*. *Associat. catholique*, du 15 nov. 1916.

pénal sur le délit de coalition suit, d'ailleurs, de bien près l'application qui en a été faite aux typographes. De 1864 à 1884, les conventions collectives qui n'ont plus un point de départ presque nécessairement illicite dans des coalitions interdites par le Code pénal, manquent toutefois encore de valeur juridique, parce que les groupements qui les concluent n'ont toujours qu'une existence extra-légale puisque, si le délit de coalition a cessé d'exister, la liberté d'association professionnelle et la personnalité civile des syndicats n'ont pas été conquises. Cependant les ententes collectives se multiplient et l'opinion se montre de plus en plus favorable à leur égard.

Enfin, la loi de 1884 est votée, et elle paraît devoir apporter aux progrès du contrat collectif un puissant adjuvant.

Mais voilà que, au moment même où les conventions collectives semblent devoir s'établir pour ainsi dire d'elles-mêmes, entre groupements professionnels désormais légaux et dotés de la capacité juridique, un double obstacle de fait, — et non plus de droit, — ne laisse pas que d'entraver considérablement le développement de ces ententes.

D'une part, c'est, dans l'esprit de beaucoup de patrons, la persistance des anciennes préventions à l'égard de l'organisation ouvrière : le syndicat continue à être considéré comme l'instrument de guerre, le fomentateur fatal de grèves et de troubles dans les ateliers.

D'autre part, trop de syndicats ouvriers — par le fait même, souvent, de l'hostilité patronale, — désertent en réalité le terrain des intérêts professionnels et des réformes pratiques, pour celui des revendications politico-révolutionnaires.

Et le contrat collectif demeure, en somme, un phénomène sinon tout à fait anormal, du moins trop isolé et exceptionnel, jusqu'à ces toutes dernières années.

La jurisprudence n'a-t-elle pas eu, elle aussi, sa large part de responsabilité dans la si lente multiplication des ententes collectives de travail ?

Les conventions collectives et la jurisprudence.

Cette jurisprudence n'est point abondante. Elle ne date, aussi bien, que de 1864. Jusque là, les conventions collectives ne relèvent, nous l'avons dit, que des juridictions correctionnelles.

« Après 1864, au contraire, et avec la liberté de coalition, la situation change et le contrat collectif entre pour ainsi dire dans le domaine des tribunaux civils ».

Mais, l'idée de la liberté individuelle obsède encore à ce point les esprits, que le contrat collectif qui n'est certainement plus illégal dans son point de départ : l'*entente collective*, paraît à certains *contraire à l'ordre public dans son essence même.*

C'est ainsi que nous relevons ces attendus extraordinaires dans une décision du Tribunal civil de Saint-Etienne, du 29 juin 1886 :

« Attendu, dit le Tribunal, que de cet ensemble de stipulations il résulte que l'ouvrier n'est plus libre de discuter ses salaires et le patron ses prix; qu'entre eux se place un syndicat qui ne connaît que la volonté de la majorité des membres de l'association, qui en publie les résolutions et qui les fait exécuter; que les ouvriers et les patrons de l'Union Stéphanoise ne sont pas seulement liés les uns vis-à-vis des autres, mais encore vis-à-vis des tiers ; qu'ils ne peuvent traiter qu'en se conformant aux tarifs votés par le plus grand nombre et dans des conditions de maximum et de minimum qu'il serait impossible de prévoir et qui sont susceptibles de varier à l'infini ; qu'ainsi *leur liberté individuelle est aliénée au profit de la majorité*, s'ils n'en font pas partie, et qu'*une telle condition* — qu'elle soit à terme ou indéfinie — *est* ABSOLUMENT NULLE *parce qu'elle est* CONTRAIRE AUX RÈGLES DE L'ORDRE PUBLIC. »

Heureusement, un pareil état d'esprit demeure plutôt isolé.

Mais une plus grave difficulté subsistait : c'était l'absence de liberté d'association professionnelle. En effet, le contrat collectif, pour avoir des effets juridiques, doit émaner de groupements professionnels possédant, sinon une capacité juridique complète, du moins une consistance suffisante pour pouvoir devenir objets et sujets de droits.

Avec la loi du 21 mars 1884, cette difficulté tombait.

Depuis cette loi, deux questions principales devaient se poser devant la jurisprudence :

1° Les syndicats ont-ils qualité pour passer un contrat collectif ?

2° Les syndicats ont-ils une action, et dans quelle mesure, pour poursuivre l'exécution en justice de ce contrat ?

Sur le premier point, il n'y a pas discussion, et nous trouvons tous les tribunaux, qui se sépareront sur d'autres questions, unanimes pour déclarer :

« Considérant qu'il est incontestable que la fixation du taux des salaires et la réglementation des heures de travail rentrent dans la catégorie des inté-

rêts généraux pour la sauvegarde desquels un syndicat professionnel d'ouvriers peut se constituer... »

Mais, ceci admis : à savoir qu'un syndicat peut
passer un contrat collectif, en résultera-t-il qu'on
lui donnera une action pour assurer l'exécution du
contrat ainsi passé?

Cela paraît assez normal. Et cependant, ce n'est
pas la solution au moins initiale de la jurisprudence.
Un arrêt de la Cour de Dijon, du 23 juillet 1890,
prétend que si, par son art. 6, la loi du 21 mars 1884
reconnaît aux syndicats professionnels le droit d'es-
ter en justice, c'est à la condition que les actions exer-
cées par le syndicat aient pour objet *la défense des
intérêts inhérents à la personnalité juridique du syndicat*, et non *la défense des droits individuels de ses
adhérents*.

Or, le contrat collectif une fois conclu, s'il est inob-
servé, ce n'est pas le syndicat qui en éprouve un dommage, mais individuellement ceux de ses membres
qui croient avoir à se plaindre de cette inobservation
du contrat passé dans leur intérêt.

Le syndicat n'a pas d'*intérêt direct*, en tant que
syndicat, à l'observation du contrat pour la conclusion duquel il est intervenu ; donc pas d'action.

Voilà la thèse de la Cour de Dijon. Et son arrêt a
été confirmé, le 1ᵉʳ février 1893, par la Cour de cassation, d'ailleurs pour d'autres motifs.

Fort heureusement, la jurisprudence des autres
juridictions ne s'en est pas tenue à la doctrine de la
Cour de Dijon.

Un jugement du Tribunal de Commerce de la Seine,
du 4 février 1892 (dans un conflit entre la Compagnie
des omnibus et la Chambre syndicale de ses employés),
dégage *l'intérêt moral* que la dite Chambre syndicale a

à faire observer les conventions passées par son inter-médiaire. — Mais ceci est beaucoup trop timide et insuffisant.

Un jugement du Tribunal civil de Cholet, du 12 fé-vrier 1897, va plus loin et met très nettement en re-lief l'intérêt *direct*, *matériel* et professionnel qu'à le syndicat à l'exécution des conditions qu'il a obtenues pour le bien collectif de ses membres. « Il s'agit de savoir, dit cette décision, si toute l'économie d'un tarif pourra être impunément compromise par le fait d'un seul au risque de tout remettre en question et de faire renaître, entre patrons et ouvriers, toutes les difficultés que le règlement négocié par le syndicat (et accepté d'ailleurs par le délinquant), a eu juste-ment pour objet de résoudre. »

Après avoir ainsi bien mis en lumière l'*entente syn-dicale*, à savoir la paix industrielle, les relations nor-males entre patrons et ouvriers, le tribunal conclut :

« Le défendeur invoquerait vainement dans la cause la maxime : « Nul en France, ne plaide par procureur. »

« En effet, les chambres syndicales plaident *pour elles-mêmes*, non pour autrui, *pour l'intérêt profes-sionnel* qu'elles ont mission de défendre et à raison duquel elles ont stipulé. »

Voilà donc, semble-t-il un deuxième point acquis : *les syndicats ont toujours une action* pour exiger l'ob-servation des contrats par eux passés, *comme direc-tement intéressés à l'observation de ces contrats* (1).

Mais, ceci dit de la recevabilité d'une action syndi-cale contre la partie adverse d'une convention collec-tive qui n'exécuterait point cette convention, qu'en

____

(1) Voir encore Bordeaux, 19 février 1906; et Lyon, 10 mars 1908, dans Dalloz, 1909.2.33; et l'intéressante note de M. Capi-tant.

serait-il, aux yeux de la jurisprudence, de l'action d'un syndicat contre ses propres membres, pour manquement à la convention collective par lui souscrite ? Il semble bien que cette violation du contrat lèse tout autant les intérêts généraux de la profession et porte aussi gravement atteinte à l'autorité morale du syndicat que l'inobservation provenant du fait de la partie adverse ? — Et c'est bien ce qu'à paru comprendre la jurisprudence, d'accord avec le bon sens (1).

Enfin, un arrêt de la justice de paix de Narbonne, du 11 novembre 1905 (2), faisant comme une sorte d'application avant la lettre de l'article 18 du projet Doumergue que nous commenterons plus loin, a admis le droit pour des non syndiqués d'invoquer une convention collective comme l'expression d'un usage local en l'absence de stipulations contraires contenues dans les contrats individuels.

Quoiqu'il en soit (et la dernière et très exceptionnelle décision que nous venons de citer mise à part) ce n'est en somme que du *contrat syndical de travail,* beaucoup plutôt que des conventions collectives de travail en général, que la jurisprudence est ainsi arrivée a édifier péniblement la théorie juridique. Or ce ne sont pas toujours des syndicats légalement constitués qui négocient et concluent des conventions collectives.

Et c'est pourquoi nombreux sont ceux qui estiment qu'il serait temps, vraiment, que le législateur intervint et pour consolider la jurisprudence dans ce qu'elle paraît avoir édifié d'acceptable, et surtout pour l'élargir.

C'est à ces desiderata que s'est efforcé de répondre le projet du gouvernement, du 2 juillet 1906, sur le « contrat de travail » en consacrant tout un titre (le

(1) Voir Grenoble, 6 mai 1902. D. 1902, 2, 31.
(2) *Bulletin de l'Office du travail,* février 1906.

titre II du projet, articles 12 à 21 inclus) aux « conventions collectives relatives aux conditions du travail ».

Nous allons voir dans quelle mesure il y a réussi.

IV

Les conventions collectives de travail et le projet Doumergue.

L'article 12 du projet Doumergue dispose : « Préalablement à la formation du contrat individuel de travail, des conventions collectives de travail peuvent être conclues entre un ou plusieurs employeurs et un syndicat ou groupement d'employés, ou entre les représentants des uns et des autres, spécialement mandatés à cet effet, soit dans la forme prévue par les statuts des syndicats, soit par tout autre procédé.

« Les conventions collectives déterminent certaines conditions auxquelles doivent satisfaire les contrats individuels qui seront conclus entre les personnes qui peuvent exiger l'application des clauses inscrites dans ces conventions. »

Tout de suite, on le voit, ce texte nous fait sortir du contrat étroitement syndical de travail, et il met sur le même pied, quant à la capacité de conclure les conventions collectives, et les syndicats et d'autres groupements, sans préciser quelle consistance juridique exacte devront avoir ces groupements, et sans exiger d'eux — notamment — qu'ils aient la personnalité morale.

J'ai encore dans l'oreille le ton avec lequel, dans les séances où ce texte était discuté devant la Société d'Etudes législatives (novembre 1907), M. le procureur général Baudouin demandait : « Mais, enfin, qu'entendez-vous par un groupement ? (1) » Et il faut

(1) Il est, cependant, des groupements qui, sans être aucunement investis de la personnalité civile, possèdent une consistance non douteuse et très aisément déterminable.

Ainsi, par exemple, l'intégralité du personnel d'une ou de plusieurs usines représenté, parfois, par des délégués permanents à des conseils d'usine régulièrement constitués et fonctionnant, par l'initiative même des patrons. Ainsi, encore, les ouvriers d'un atelier, d'un chantier..., la Commission patronale d'une profession et d'une localité données.

Le *Bulletin de l'Office du travail* d'avril 1910 nous apporte le texte de conventions collectives de travail conclues sans grève :

1° Convention du 11 mars 1910 entre le directeur d'une société d'ameublement d'Autun et ses ouvriers.

« Entre les soussignés délégués avec pleins pouvoirs par leurs camarades de l'atelier dont M. Bénigni est le directeur, et ledit M. Bénigni, il a été convenu ce qui suit :...

Fait en double à Autun, le 11 mars 1910 (suivent les signatures). »

2° Convention collective dans l'industrie textile à La Gorgue-Estaires (Nord).

« Le 15 février 1910, la Commission patronale et la Commission du syndicat textile de la Gorgue-Estaires, réunies, ont établi de commun accord un nouveau tarif dit de 1910 abrogeant et remplaçant celui de 1903 et devant entrer en vigueur à partir du 25 courant.

Il a été décidé de plus :

Qu'un dépôt du tarif nouveau signé et approuvé par les membres des deux Commissions serait fait dans les mairies de La Gorgue et d'Estaires et au siège du syndicat;

Qu'un exemplaire signé par chaque industriel et par le secrétaire du syndicat serait affiché dans chaque tissage, à la disposition des ouvriers qui voudraient le consulter.

Fait à La Gorgue-Estaires, le 15 février 1910. (Suivent les signatures et les dispositions du nouveau tarif). »

La rubrique : « *Contrats collectifs de travail* » ouverte par le *Bulletin*, n° d'avril, se retrouvera dorénavant dans tous les numéros mensuels.

Le ministre du Travail a décidé, le 23 avril 1910, l'ouverture d'une enquête méthodique sur les contrats collectifs de travail écrits passés en France dans les diverses professions de l'agriculture, du commerce et de l'industrie.

Il a chargé l'Office du travail de cette enquête.

lire toute cette intéressante discussion pour voir comment, en dépit de tous les théoriciens, ce seront toujours les formules juridiques qui devront, en définitive, se ployer et s'adapter aux nécessités de la vie et à l'impérieux déterminisme des faits, bien loin que ceux-ci se doivent soumettre aux déformations que leur voudraient faire subir les docteurs pour pouvoir les faire entrer dans les cadres tout préparés de leurs constructions rigides et symétriques.

Voyons maintenant, d'après les textes du projet Doumergue :

a) Qui devrait être considéré comme partie à une convention collective;

b) Par rapport à qui seraient liées les parties à une convention collective;

c) Dans quelle mesure une convention collective réagirait sur les tiers ;

d) Qui pourrait se prévaloir d'une convention collective.

a) Et d'abord, qui devrait-on considérer comme partie à une convention collective ?

Devraient être considérés comme partie à une convention collective ceux qui se seraient engagés par cette convention, soit à titre individuel, soit comme membres d'un groupement et par l'intermédiaire des représentants réguliers de ce groupement « spécialement mandatés à cet effet », dit l'art. 12 du projet Doumergue.

Mais quels seraient les membres des groupements représentés qui se trouveraient ainsi engagés ? (1).

(1) Car, ainsi que l'a très bien fait observer M. Colson, la difficulté principale, pour les conventions collectives, n'est pas dans le caractère amorphe que présentent souvent les groupe-

A cette question, l'article 15 répond :

« Sont, à défaut de stipulation contraire expressément énoncée dans les statuts des syndicats, ou dans la convention collective elle-même, considérés comme soumis aux obligations résultant de cette convention collective les employés et les employeurs : 1° qui sont, au moment où la convention est passée, membres du syndicat ou de la collectivité partie à la convention ; ou 2° qui postérieurement adhèrent au syndicat ou à la convention. »

Pour ce qui est des membres qui adhèreraient au syndicat ou à la convention postérieurement à la conclusion de cette convention, il n'y a pas de difficulté, car, en entrant au syndicat, ils ont dû avoir connaissance des conventions collectives que celui-ci avait conclues, et des obligations qu'elles entraînaient pour ses membres.

Au contraire, en ce qui concerne les membres *actuels* du syndicat, la disposition légale qui les lierait et rendrait pour eux obligatoire la convention collective dont il n'auraient été souvent mis à même de se rendre compte que très *grosso modo*, à l'avance, et cela sans qu'ils puissent se dégager vis-à-vis d'elle par une démission du syndicat, a soulevé de très vives oppositions, par cela même qu'elle consacrerait, en somme, la solution conforme aux exigences de la solidarité.

A la Société d'Études législatives, où la question avait été étudiée et discutée à fond par une Commission, le texte adopté par cette Commission réservait un délai de quatorze jours aux membres d'un groupe-

ments qui traitent ; mais, que ces groupements soient constitués sous une forme légale, ou qu'ils ne soient que des groupements de fait, la difficulté vraie consiste à savoir de qui ils se composent.

ment pour se soustraire aux obligations d'une convention collective, lorsque celle-ci aurait été conclue par les représentants dudit groupement investis seulement, à cet effet, d'un mandat général ; si le mandat de ces représentants était spécial, les membres du groupement n'avaient plus qu'un délai de trois jours francs pour se soustraire par démission aux conséquences de la convention collective.

Or, non seulement ce système aboutirait à la négation directe du *caractère de contrainte* par rapport aux minorités que nous avons signalé comme une des particularités *essentielles* de tout contrat collectif, mais — avec lui — il n'y aurait pratiquement plus de convention collective possible étant donné qu'on ne pourrait plus savoir exactement, d'une part comme de l'autre, quels seraient ceux qui — effectivement — se trouveraient liés par cette convention sans s'y pouvoir soustraire.

b) Par rapport à qui, d'autre part, les parties à une convention collective seraient-elles liées ?

Cela dépendrait des termes de la convention elle-même, et par conséquent de l'*intention des parties*.

L'article 12 du projet Doumergue dispose, à cet égard (§ 3 et 4) :

« Les employeurs peuvent s'engager à appliquer la convention pendant sa durée, soit à des catégories déterminées de leur personnel, soit seulement aux employés ayant pris part à la négociation directement ou par mandataires.

« Les employés peuvent s'engager à respecter la convention, soit chez les seuls employeurs signataires, ou dans tout contrat passé pendant la durée de la convention avec un employeur quelconque dans une région déterminée. »

Sur ce point spécial, le texte proposé par la Commission de la Société d'Etudes législatives était beaucoup plus net. En effet, érigeant en présomption légale le *plerumque fit*, ce texte décidait :

« L'engagement de chaque adhérent comporte l'obligation d'observer les conditions de travail déterminées par la convention collective dans tous les contrats individuels qu'il passerait même avec des personnes étrangères à cette convention, pour le genre de travail qui en fait l'objet, à moins qu'il ne soit formellement stipulé que les conditions convenues sont obligatoires, pour les adhérents, soit seulement dans leurs rapports entre eux, soit dans leurs rapports entre eux et avec les tiers seulement dans une région déterminée. »

J'estime cette formule bien préférable.

c) Dans quelle mesure une convention collective réagirait-elle sur les tiers ?

En principe, elle leur serait complètement étrangère.

Et c'est ainsi que, après avoir, dans l'article 16, formulé cette règle qui va de soi, à savoir qu'un contrat de travail intervenant entre un employeur et un employé, parties tous deux à une convention collective, les règles déterminées en cette convention s'imposent, *nonobstant toute stipulation contraire*, aux rapports nés de ce contrat individuel de travail, le projet Doumergue — avec l'art. 17 — (et bien que la rédaction de cet article prête un peu à amphibologie), pose cet autre principe que le contrat de travail intervenant entre deux parties dont l'une seulement est liée par une convention collective, ce contrat peut déroger aux clauses de ladite convention, sous cette seule réserve que la partie qui y avait souscrit restera responsable de son infraction aux conditions qu'elle s'était engagée à observer, vis-à-vis des autres parties à la convention collective.

Rien de tout cela ne sort des règles couramment reçues.

En revanche, l'art. 18 tend à introduire une règle nouvelle, laquelle a donné lieu à un véritable débordements de récriminations et d'indignation. On s'est échauffé à fond contre ce malheureux art. 18, au point de le qualifier de disposition scélérate.

Quelle devait donc être la portée de cet article 18?

Cet article est ainsi conçu :

« Lorsqu'il n'existe qu'une seule convention collective relative aux conditions du travail pour la profession ou la région, et que cette convention collective a été déposée au secrétariat du Conseil de prud'hommes, ou au greffe de la Justice de paix, conformément à l'art. 13, les employeurs et les employés seront, jusqu'à preuve contraire, et pendant la durée de la convention collective, présumés avoir accepté, pour le règlement des rapports nés des contrats de travail intervenus entre eux, les règles posées dans la convention collective. »

En somme, on le voit, il ne s'agirait nullement d'imposer à tous les employeurs et employés d'une profession et d'une région, et *malgré eux*, l'observation des clauses et conditions d'une convention collective à laquelle ils seraient restés étrangers. — Ces employeurs et employés pourraient, par des clauses expresses de leurs contrats de travail, ou encore par des dispositions du règlement d'atelier, écarter l'application de toute règle posée par cette convention collective et qui ne leur conviendrait pas.

Ce n'est qu'en l'absence de stipulations formelles intervenues entre eux que, dans le cas où le juge —

normalement et par interprétation de la volonté des parties — aurait dû faire, d'après les principes jusqu'à présent en vigueur, l'application des *usages locaux,* qu'il devrait — désormais — leur appliquer les conditions de la convention collective en ce que celle-ci aurait de contraire à ces usages locaux : une convention collective une fois conclue dans une profession et une région données se substituerait donc, de plein droit, aux anciens usages locaux, deviendrait l'*usage local nouveau* applicable aux contractants à défaut de stipulations formelles réglant leurs rapports réciproques.

Aux termes de cet article, il n'est donc pas, je le répète, question d'étendre *obligatoirement* les règles d'une convention collective aux employeurs et employés qui n'y auraient pas été parties. Ceux-ci pourraient toujours s'y soustraire en le stipulant dans leurs contrats individuels.

Cependant, on a prétendu que ce système de l'art. 18 était un moyen indirect et hypocrite d'élargir le champ d'application des conventions collectives, étant donné qu'il ne serait pas toujours facile de connaître ces conventions, malgré les mesures de publicité prescrites à l'art. 13.

Aussi bien, il convient ici de parler net et de ne pas se payer d'équivoques ; de deux choses l'une : ou l'on est favorable ou l'on est hostile au contrat collectif. Si on lui est hostile et si l'on considère le développement des conventions collectives comme dangereux, qu'on les combatte ouvertement et que l'on cherche franchement à en entraver les progrès. Mais si l'on est favorable à ce contrepoids naturel aux inconvénients des marchés individuels de travail, on ne saurait ne pas reconnaître que la tendance inévitable, fatale des conventions collectives consiste à devenir le *règlement professionnel contractuel* pour une branche donnée du travail et pour une région. Cela on ne le peut empêcher : c'est, je le répète, le but inévitable, l'aboutissement naturel des conventions collectives de travail. Cela peut réjouir ou effrayer : cela ne se peut nier.

d) Quels sont, enfin, aux termes du projet Doumergue, ceux qui pourraient se prévaloir d'une convention collective ?

D'abord, naturellement, tous ceux qui, à titre individuel, se sont liés par cette convention, soit directement soit par représentants réguliers. Puis encore, les *syndicats* intervenus à la convention ; et cela non seulement à titre personnel et pour défendre l'intérêt *moral* et *professionnel* qu'ils ont à l'exécution d'une convention qu'ils ont faite ; mais encore dans l'intérêt matériel et individuel de leurs membres, et au nom de ceux-ci, — en leur lieu et place, — sans que ces membres aient à mandater, à cet effet, par mandat spécial leur syndicat et pourvu que, dit l'art. 20, celui-ci se soit assuré de *leur consentement.*

Cet article a une très grande importance : il augmenterait considérablement les droits judiciaires des syndicats, comportant dérogation à l'une des règles classiques et jusqu'ici intangibles de notre procédure, d'après laquelle personne, en France, ne plaide par procureur.

Les conventions collectives de travail ressortissent du droit collectif ; elles débordent inévitablement les cadres du droit individualiste.

Telles seraient les conséquences juridiques du vote des dispositions du Titre II du projet Doumergue.

Doit-on considérer comme souhaitable que ces dispositions soient reprises devant les Chambres, et aboutissent à une promulgation légale ?

La chose est très discutable.

Ce dont il importe, avant tout, qu'on se rende compte, c'est que les conventions collectives de travail débordent inévitablement les cadres du droit individualiste et ne sauraient être soumises, pour leur interprétation juridique, aux règles d'aucun des contrats prévus au Code civil.

Les conventions collectives ne sont complètement assimilables ni au mandat, ni à la stipulation pour autrui. Elles dérogent nettement à la règle posée par l'article 1165, à moins que par un tour de force on n'arrive à faire dire à cet article autre chose que ce qu'il a voulu dire. Les conventions collectives font, en effet, une brèche certaine au principe que les actes juridiques doivent être consentis par tous ceux qu'ils intéressent ; « elles sont une exception à la règle *Res inter alios acta*, exception qui, à la différence de la stipulation pour autrui, porte sur les deux termes de la règle ».

Les conventions collectives sont-elles même des contrats ? Je crois, pour ma part, qu'elles demeurent des contrats, entraînant des obligations juridiques bien précises.

Pour M. Planiol, ce ne serait « autre chose qu'une déclaration faite par les patrons, peut-être contraints à cela par la grève, et dans laquelle ils fixent les conditions auxquelles il leur sera possible d'embaucher les ouvriers ; les conventions collectives remplaceraient le règlement d'atelier qu'en d'autres temps, le patron aurait élaboré seul ; mais il n'en saurait sortir aucune obligation civile de nature contractuelle ; ce n'est pas un *contrat* de droit commun, c'est une sorte de *traité de paix*, qui n'a d'autre sanction que la grève, quand le patron refuse de s'y conformer, ou le renvoi des ouvriers qui n'accepteraient pas les conditions établies » (1). Et M. Saleilles a écrit quelque part (2) que les conventions collectives sont comme « une petite charte industrielle, ou si l'on veut la constitution du travail pour une industrie déterminée, constitution garantie par certains patrons, un peu à la façon dont, au début du xixᵉ siècle, les rois octroyaient et juraient une constitution au profit de leurs peuples ».

Pour moi, ceci ne vaut que comme comparaison, et la conclusion de M. Planiol me paraît excessive.

Sans doute les conventions collectives de travail ne sauraient être considérés comme des contrats *de droit commum*, civil et individualiste ; en revanche j'estime qu'elles constituent bel et bien *des contrats de droit collectif.*

Seulement, et ainsi que je le disais à l'Association pour la protection légale des travailleurs (janvier 1908), peut-être serait-il prématuré et fâcheux de vouloir formuler dès maintenant dans des textes juridiques trop rigides les règles de ces contrats d'un type si nouveau, et serait-il préférable de laisser aux faits économiques et à la vie sociale le loisir d'accuser, peu à peu, de manière plus précise les contours de ces formes juridiques dont l'essentiel est qu'elles puissent s'adapter très exactement aux besoins auxquels elles doivent satisfaire et qui sont les besoins mêmes de la paix dans le droit.

(1) Planiol, Traité élémentaire de Droit civil, t. II. p. 591.
(2) Saleilles : *Notes sur le contract collectif de travail.* Bulletin de la Société d'Etudes législatives, 1908, p. 79.

IV. - L'Arbitre :

Les conditions du travail dans les marchés de fournitures et de travaux publics.

I. Comment l'Etat consommateur doit et peut appuyer l'action des travailleurs en vue d'obtenir des conditions plus humaines d'exécution et de rémunération du travail. L'exemple des pays étrangers. — II. Les décrets Millerand, du 10 août 1899; leur opportunité; leurs lacunes; développements dont ils sont susceptibles.

I

« L'administration, a écrit quelque part M. Raoul Jay (1), l'administration qui, dans les cahiers des charges des marchés de travaux publics ou de fournitures, stipule certaines conditions de travail en faveur des ouvriers employés par les adjudicataires ou concessionnaires de ces travaux ou fournitures, joue un rôle analogue à celui que joue le syndicat dans le contrat collectif de travail » (2).

(1) Rapport à la *Commission de codification des lois ouvrières*, p. 3, 1904.
(2) L'étroite liaison existant entre les conditions de travail imposées aux adjudicataires de travaux et fournitures publics et le régime résultant des conventions collectives de travail apparaît lumineusement dans le fait suivant et tout récent.
En 1909, un certain malaise s'était manifesté entre em-

L'étude des conditions du travail dans les marchés passés au nom de l'État et des autres personnes mora-

ployeurs et ouvriers dans les différentes corporations du bâtiment, à Rennes. Plusieurs grèves avaient éclaté et les accords difficilement obtenus paraissaient extrêmement fragiles. Au lendemain de la reprise du travail, les groupements ouvriers avaient, en effet, manifesté leur intention de réclamer au printemps des relèvements de salaires. Le patronat, de son côté, désirait plus de sécurité : d'une part, il demandait que les prix de main-d'œuvre fussent consolidés pendant une période déterminée ; d'autre part, il réclamait la révision de certaines clauses des cahiers des charges administratifs. Pour obtenir cette révision, les entrepreneurs refusèrent de prendre part à une adjudication de travaux importants pour la ville de Rennes, donnant pour motif qu'ils jugeaient excessive la disposition du cahier des charges de laquelle il résulte qu'au cours de l'entreprise les salaires doivent subir une variation de 33 p. 100 pour qu'une révision des prix du marché puisse être obtenue. Ils objectaient que pour les services du génie cette limitation était de 20 p. 100 et ils demandaient qu'elle fût abaissée à 15 et même 10 p. 100.

Saisi de ces difficultés, M. Lucien Saint, préfet d'Ille-et-Vilaine, estima que la révision des cahiers des charges devait être subordonnée à la révision des bordereaux de salaires, annexés aux cahiers des charges.

Dans ce but il provoqua la constitution des commissions mixtes du travail prévues par les décrets du 10 août 1899 pour la constatation des salaires, et il suggéra aux patrons et aux ouvriers qui en faisaient partie de donner aux accords qui résulteraient de leurs délibérations la forme de contrats collectifs valables pour une durée détermin.

C'est en effet la solution qu'ont adoptée les commissions mixtes qui, ayant commencé de se réunir à la fin de décembre 1909, n'ont terminé définitivement leurs travaux que le 23 mars 1910. Après avoir entendu les revendications des patrons et des ouvriers, elles ont successivement abouti, sous la présidence du préfet, à la conclusion de 11 contrats collectifs. Les contrats ainsi intervenus pour chacune des corporations du bâtiment comportent un relèvement de salaires qui est en général de 5 centimes par heure.

L'indemnité de déplacement à la campagne, lorsque l'ouvrier sera obligé de prendre ses repas et de coucher hors de sa demeure est fixée d'une manière uniforme.

La journée ne peut pas dépasser 11 heures de travail, mais a journée peut être d'une durée moindre. Les heures supplé-

les administratives est donc le complément naturel de l'étude des conventions collectives de travail.

Le devoir de l'État consommateur.

L'État, — malgré que beaucoup l'ignorent ou s'en désintéressent, — l'État est le plus gros, le plus considérable des consommateurs, le client le plus important de toute une série d'industries.

Si une partie appréciable des 4 milliards 1/4 que dépensent, chaque année, les divers ministères, au titre du budget ordinaire, est absorbée par les traitements payés aux divers fonctionnaires et employés des services publics, une portion plus considérable encore de cette somme énorme sert à acquitter des travaux et des fournitures.

Les départements, les communes et les établissements publics ont aussi, pour assurer les services dont ils ont la charge, à passer, tous les ans, de très importants marchés.

Les règles du droit administratif exigent que, sitôt que ces marchés présentent une certaine importance, ils soient passés sous forme d'adjudications publiques faites avec concurrence et publicité. Les marchés par adjudications publiques comportent l'établissement préalable de *cahiers des charges,* et ces cahiers des charges énumèrent les conditions auxquelles devront satisfaire les concurrents admis à soumissionner.

Ces conditions se réfèrent à la nature du travail à exécuter ou des fournitures à livrer; aux délais d'exé-

mentaires sont doublées, les heures supplémentaires qui sont considérées comme supplément varient suivant les professions.

Les contrats seront valables jusqu'au 1er janvier 1914.

cution ou de livraison ; aux qualités des marchandises ou matériaux à employer, etc...

Les cahiers des charges qui prévoient ainsi toute une série de garanties, quant à la provenance des matériaux, à leur quantité, à leur qualité, à leur prix d'achat, ne peuvent-ils pas, ne doivent-ils pas, même, édicter aussi des prescriptions quant aux conditions de travail faites à ceux qui collaborent au résultat poursuivi : travail public ou fourniture publique?

Il semble bien évident qu'ils le doivent.

Et, en effet, l'État (et de même les autres personnes morales administratives, *mutatis mutandis*), l'État qui commande un travail ou une fourniture doit s'efforcer de concilier trois ordres d'intérêts et de devoirs : 1º l'intérêt public, engagé dans la bonne exécution des travaux ou fournitures commandés ; 2º l'intérêt pécuniaire des contribuables qui paient ces dépenses et qui ont droit à ce que leur argent ne soit pas gaspillé ; 3º le devoir qui lui incombe, à lui État consommateur, de ne pas encourager, en en profitant, l'exploitation de l'homme par l'homme.

Evidemment, la nécessité de mettre d'accord ces intérêts et ces devoirs passablement antagonistes ne permettrait pas à l'État de s'offrir la fantaisie de se montrer payeur de travail tout particulièrement généreux et magnifique, et de dissimuler des libéralités à telle ou telle catégorie de citoyens, aux frais des autres, sous la forme de commande de travail. Il ne saurait convenir que l'État vînt ainsi troubler les cours et les coutumes du marché économique en pratiquant, en ce qui le concerne, des conditions d'exécution et de rémunération du travail qui iraient très au-delà de ce qu'impliquerait une scrupuleuse observation de la législation protectrice du travail et de l'équité naturelle.

Mais, en sens contraire, il est bien apparent que l'État doit, du moins, l'exemple de la plus exacte déférence aux préceptes de la légalité et de la justice ; et cette obligation qui lui incombe plus qu'à tout autre ne saurait mieux passer dans la pratique que par l'insertion de règles très précises quant aux conditions d'exécution et de rémunération du travail imposées aux entrepreneurs admis aux adjudications publiques.

On pourrait ajouter que, indépendamment de la question d'exemple, l'État doit encore insérer des conditions relatives au travail dans ses adjudications uniquement par considération d'intérêt bien entendu.

En effet, s'il ne le fait pas, l'adjudicataire au rabais est pour ainsi dire acculé à pratiquer des conditions de travail et des taux de salaires défectueux ; car, ne pouvant se rattraper de son rabais sur les matériaux, il se rejettera sûrement sur les salaires, si rien ne l'en empêche. Et il en résultera, finalement, que les ouvriers travaillant dans des conditions mauvaises et mal payés feront du mauvais travail, et que l'économie apparente réalisée par l'Administration, grâce aux rabais exagérés, se traduira en travaux de mauvaise qualité dont la réfection s'imposera à brefs délais.

Il semble que toutes ces considérations, d'ordres si différents, soient décisives. Et de fait, elles ont très rapidement convaincu les autorités administratives de la plupart des pays étrangers.

L'exemple des pays étrangers.

C'est la Belgique qui a donné le branle, à cet égard.

Dès 1855, un bourgmestre de Bruxelles, qui était en

même temps professeur d'économie politique, M. de Brouckère, s'efforçait d'obtenir du Conseil municipal qu'il insérât des conditions relatives à l'exécution et à la rémunération du travail dans les adjudications de fournitures publiques. Il eût un succès momentané. Cependant, ce ne fut que trente ans plus tard, vers 1885, que la question fut sérieusement reprise.

Aujourd'hui et depuis plus de quatorze ans, les « conditions du travail » sont insérées dans tous les cahiers des charges de l'État belge, des provinces et des communes.

L'Angleterre est entrée résolument dans la même voie, depuis 1883. La Hollande également.

En Suisse, les cantons et les villes appliquent les mêmes règles.

La question des « conditions du travail » dans les adjudications ne se pose guère aux États-Unis, parce que le but qu'elles se proposent est depuis longtemps atteint et dépassé.

La législation fédérale a, entre autres prescriptions de même ordre, fixé depuis déjà longtemps à *huit heures* la journée de travail des ouvriers employés pour le gouvernement ou en son nom. Et la législation spéciale des États a complété ces dispositions fédérales par une série de stipulations minutieuses.

Il en va de même au Canada et en Australie. Et l'Espagne elle-même a emboîté le pas, récemment.

II

Les préliminaires des décrets Millerand.

En France, la question fût très mal posée, au début, et l'insertion des « conditions du travail » dans les cahiers des charges des adjudications eût, d'abord et pendant longtemps, contre elle l'Administration, parce que le Conseil municipal socialiste de Paris avait voulu tout de suite passer aux extrêmes, c'est-à-dire introduire dans les cahiers des charges non pas des conditions et des prix normaux de travail, mais bien des tarifs très supérieurs aux prix couramment pratiqués, et qui auraient fait des employés aux travaux de la Ville de Paris, de véritables privilégiés, par rapport aux autres travailleurs.

De 1885 à 1895, on relève une série ininterrompue d'annulations, par décrets rendus en Conseil d'Etat, de délibérations du Conseil municipal prétendant introduire dans les cahiers des charges des adjudications de la Ville des conditions de travail tout à fait exceptionnelles et des *séries de prix* fantaisistes.

Pendant un intervalle de deux ans seulement, sous le ministère Floquet, quelques délibérations du Conseil municipal furent approuvées et les séries de prix furent insérées aux cahiers des charges.

Le débat, du moins, se trouvait porté devant l'opinion publique et l'insertion des « conditions du travail » trouva de chauds défenseurs dans les divers milieux. Le Gouvernement chargea l'Office du travail d'une enquête sur la question, laquelle vint en discussion, à la fois, devant le Parlement et au Conseil supérieur du travail.

De nombreux catholiques sociaux, imitant en cela leurs correligionnaires belges, avaient déjà pris parti, par des publications et des articles de Revue, notamment dans l'*Association catholique*, et s'étaient prononcés énergiquement en faveur de la réforme poursuivie.

. Au Conseil supérieur du travail, M. Keüfer, chargé

du rapport, concluait résolument dans le sens de l'insertion « des conditions du travail » aux cahiers des charges.

Il fut éloquemment soutenu par M. de Mun, alors membre du Conseil, et ses conclusions furent adoptées après une intéressante discussion.

A la Chambre des Députés, ce fut M. Dansette qui, pour ses débuts parlementaires, opposa à des projets peu sérieux de M. Vaillant et de M. Castelin, une proposition inspirée de la pratique belge et la défendit chaleureusement. La Chambre se montra favorable à la réforme ; mais on redoutait l'opposition irréductible du Sénat.

C'est alors, — 1898 — que M. H. Bazire publia sa remarquable étude intitulée : « Des conditions du travail imposées aux entrepreneurs dans les adjudications de travaux publics ».

A la fin de cette étude, H. Bazire, constatant les oppositions injustifiables auxquelles se heurtait cette réforme si raisonnable, se demandait si elle ne pourrait pas être réalisée tout simplement par mesure administrative.

Un an après, M. Millerand était ministre de l'Industrie. Après s'être mis d'accord avec M. Baudin, ex-rapporteur de la question devant la Chambre, et ministre des Travaux publics, il prit, le 10 août 1899, les trois fameux décrets qui firent alors tant de bruit.

Les décrets Millerand, du 10 août 1899.

Quelle innovation précise réalisaient ces décrets ?

Ces décrets rendaient le premier *obligatoire* pour les adjudications de l'État, le second et le troisième *facultatifs* pour les adjudications des départements, des communes et des établissements publics de bienfaisance, l'insertion dans les cahiers des charges de ces adjudications de clauses protectrices des travailleurs employés à l'exécution des travaux et fournitures publics.

Aux termes de l'article 1ᵉʳ du premier de ces décrets, les cahiers des charges des marchés de travaux publics ou de fournitures passés au nom de l'État *doivent* contenir un certain nombre de clauses concernant les conditions que le soumissionnaire sera tenu d'observer « dans les chantiers ou ateliers organisés ou fonctionnant en vue de l'exécution de leur marché ».

Quelles étaient ces clauses prévues par l'article premier ? Les voici :

« 1° Assurer aux ouvriers employés un jour de repos par semaine (la loi du 14 juillet 1906, sur le repos hebdomadaire, n'était pas encore votée) ;

2° N'employer d'ouvriers étrangers que dans une proportion fixée par l'Administration, selon le genre des travaux et la région où ils sont exécutés ;

3° Payer aux ouvriers un salaire normal égal, pour chaque profession, et dans chaque profession pour chaque catégorie d'ouvriers, au taux couramment appliqué dans la ville ou la région où le travail est exécuté ;

4° Limiter la durée du travail journalier à la durée normale du travail en usage, pour chaque catégorie, dans ladite ville ou région. »

Ainsi, il ne s'agissait nullement de conférer à l'Administration le droit de fixer arbitrairement des conditions de travail anormales et des taux de salaires fantaisistes ; le rôle de l'Administration se bornait à constater, en s'entourant de tous les renseignements de nature à éclairer sa religion ; les conditions normales de travail et les taux de salaires couramment pratiqués dans la profession et dans la région.

Comment l'Administration était-elle tenue d'opérer, à cet effet ?

L'article 3 du décret répondait à cette question :

« ART. 3. — La constatation ou la vérification du taux normal et courant des salaires et de la durée normale et courante de la journée de travail sera faite par les soins du préfet qui devra :

1º Se référer, autant que possible, aux accords existant entre les syndicats patronaux et ouvriers de la localité ou de la région ;

2º A défaut de cette entente, provoquer l'avis de commissions mixtes composées en nombre égal de patrons et d'ouvriers et, en outre, se munir de tous renseignements utiles auprès des syndicats professionnels, conseils de prud'hommes, ingénieurs, architectes départementaux et communaux et autres personnes compétentes.

Les bordereaux résultant de cette constatation devront être joints à chaque cahier des charges stipulant les clauses 3º et 4º de l'article premier du présent décret. Ils seront affichés dans les chantiers ou ateliers où les travaux sont exécutés. Ils pourront être révisés, sur la demande des patrons ou des ouvriers, lorsque des variations dans le taux des salaires ou la durée du travail journalier auront reçu une application générale dans l'industrie en cause. »

On ne saurait rien rêver de moins révolutionnaire.

Une objection était faite au système des conditions du travail et des tarifs de salaires imposés aux adjudicataires, à savoir que cette tarification aurait pour résultat de constituer une prime à l'embauchage d'ouvriers d'élite, et mettrait l'entrepreneur dans la nécessité de refuser ou de renvoyer les ouvriers médiocres, les inexpérimentés, les vieillards, les éclopés, enfin tous ces *demi-ouvriers*, ces glaneurs de travail qui ont, cependant, eux aussi droit à travailler et à vivre.

La fin de l'article 3 solutionnait cette difficulté : « Lorsque, dit cet article, l'entrepreneur aura à employer des ouvriers que leurs aptitudes physiques mettent dans une condition d'infériorité notoire sur les ouvriers de la même catégorie, il pourra leur appliquer exceptionnellement un salaire inférieur au taux normal. La proportion maxima de ces ouvriers par rapport au total des ouvriers de la catégorie et le maximun de la réduction possible de leur salaire seront fixés dans le cahier des charges (1) ».

Tels étaient ces fameux décrets, dans leurs dispositions essentielles.

En quoi étaient-ils donc de nature à provoquer l'émotion que souleva leur publication, et que peut-on, en définitive, leur reprocher ?

On dit ces décrets entachés d'hérésie économique,

---

(1) Un autre combinaison fort ingénieuse a été suggérée, qui parerait à l'inconvénient possible de l'exclusion des demi-ouvriers. Elle consisterait à imposer aux entrepreneurs non pas un salaire moyen pour chaque ouvrier, mais une certaine *moyenne de salaires*, c'est-à-dire un certain total de salaires, pour un nombre donné d'ouvriers. Ce système présenterait l'avantage d'une grande souplesse. Il permettrait de payer moins cher les médiocres ouvriers, mais cette économie ne profiterait pas à l'entrepreneur et devrait être compensée par une surpaie des ouvriers d'élite.

parce qu'ils troubleraient et fausseraient les cours du marché national; d'illégalité au fond, parce qu'ils iraient à l'encontre du principe de la liberté de la concurrence dans les adjudications publiques; et d'illégalité dans la forme, parce qu'ils auraient réglementé administrativement une matière qui relevait du pouvoir législatif.

Aucun de ces griefs n'est fondé.

On ne peut accuser les décrets de troubler les conditions du marché économique puisqu'ils ont uniquement pour but de faire pratiquer les conditions normales de travail et les taux coutumiers des salaires.

On ne saurait non plus prétendre que les décrets suppriment la liberté et l'égalité de la concurrence dans les adjudications. Sans doute, les décrets de 1899 ont bien pour objectif de limiter certaines conséquences dommageables de la concurrence excessive entre participants aux adjudications; ils tendent à empêcher que ce ne soient les travailleurs qui supportent seuls les contre-coups de cette concurrence excessive, et c'est par là qu'ils jouent un rôle analogue à celui des contrats collectifs, imposant certaines règles générales de travail et certains minima de salaires à tous les patrons d'une profession et d'une région. Mais, les décrets prescrivant à l'avance l'obligation de se conformer aux clauses relatives au travail à tous les concurrents quels qu'ils soient, sans exception ni distinction, maintiennent ces concurrents dans une stricte égalité de situation et ne faussent au profit ni au détriment d'aucun d'eux les conditions de la lutte.

Et pour ce qui est du grief d'illégalité dans la forme il n'est pas plus décisif que les autres.

Le principe même des adjudications publiques a été posé par l'équivalent d'un décret : l'ordonnance royale du 14 novembre 1837. Les conditions de détail de ces adjudications pouvaient donc, *a fortiori*, être réglementées administrativement.

Il y avait, peut-être, quelque irrévérence à dessaisir le Parlement d'une proposition déjà rapportée et discutée en première lecture devant la Chambre des Députés. Mais la crainte du Sénat n'a-t-elle pas été, en la circonstance, le commencement de la sagesse ?

Au résumé, ces décrets méritent toute approbation, et depuis onze ans qu'ils fonctionnent, ils n'ont donné lieu à aucune réclamation sérieuse.

Les résultats obtenus.

Ont-ils, du moins, obtenu des résultats appréciables ?

Cela dépend.

Il est bizarre de constater que, à cet égard, la pratique des divers départements ministériels a été absolument différente.

D'une enquête récente, il résulte que le département de la Marine a, pour ainsi dire, entièrement méconnu les décrets de 1899, dans ses marchés de travaux publics et fournitures. — Mais ce département ministériel n'en est pas à une irrégularité près.

La Guerre applique mieux les décrets.

Enfin, les ministères du Commerce (Postes et Télégraphes) et des Travaux publics se conforment strictement aux décrets, dans leurs adjudications, et surveillent l'exacte observation par les adjudicataires des engagements par eux souscrits, quant aux conditions du travail.

L'insertion des clauses protectrices du travail, obligatoire dans les adjudications de l'État, est facultative seulement pour les adjudications des départements, communes et hospices.

Dans quelle mesure les départements et les villes ont-ils usé de la faculté qui leur était ainsi octroyée ?

Des renseignements, un peu épars, qui ont pu être réunis, à cet égard, il résulte qu'un nombre croissant de départements, — parmi lesquels tous les plus considérables, — fait insérer les clauses relatives au travail dans les cahiers des charges des adjudications de travaux ou fournitures.

Quant aux villes, toutes les plus importantes sont entrées dans la même voie (1).

Ainsi, les décrets Millerand ont obtenu un résultat appréciable, sinon suffisant, quant à la limitation des contre-coups fâcheux de la concurrence excessive dans les adjudications publiques, par rapport à la condition des travailleurs occupés à ces travaux.

Les lacunes des décrets Millerand ; leur extension éventuelle.

Mais, à supposer que les divers ministères appliquassent tous très rigoureusement les dispositions de ces décrets, cette application ne ferait jamais de l'État que *le moins imparfait des consommateurs sociaux.*

(1) Voir la note sur l'application des décrets du 10 août 1899 par la préfecture de la Seine (*Bulletin de l'Office du travail* de novembre 1908).

Et, en effet, par application des décrets Millerand, l'État ne peut exclure de ses adjudications que les concurrents qui ne voudraient pas observer les conditions relatives au travail dans l'exécution des travaux ou fournitures faits pour lui État, seulement.

Autrement dit : l'État ne s'occupe que des conditions dans lesquelles sont exécutés les travaux faits pour lui, les fournitures confectionnées à son intention ; il ne se préoccupe aucunement, en revanche, de savoir si les mêmes entrepreneurs, qui font travailler pour lui, exécutent d'autres travaux, ou confectionnent d'autres articles destinés à d'autres clients dans des conditions toutes différentes de celles qu'il impose pour ses propres commandes.

D'où il peut résulter que, parfois, dans les mêmes ateliers, ou pour le même entrepreneur, le même ouvrier travaillant un jour pour l'État, le lendemain pour les particuliers, sera traité de façon toute différente ; ou encore que deux ouvriers travaillant côte à côte, l'un pour l'État, l'autre pour d'autres clients, ne seront pas soumis aux mêmes conditions de travail.

Cette anomalie (dont il ne faut pas, d'ailleurs, exagérer la fréquence, les décrets Millerand ayant uniquement pour but d'obtenir l'observation des conditions *courantes* de travail, dans la profession et la région), certains voudraient la voir cesser ; et ils proposent que les décrets de 1899 soient complétés de telle sorte que l'État exclue de ses adjudications tous les concurrents qui, d'une manière générale (et pas seulement pour les travaux qui seraient faits pour lui, État), n'appliqueraient pas certaines conditions de travail *dans tous leurs ateliers.*

L'État dresserait ainsi ses *listes blanches* de fournisseurs, comme tout bon consommateur social peut et doit le faire.

Cette exigence nouvelle est elle inadmissible ? A notre avis, elle ne l'est aucunement.

Evidemment, il y aurait des garanties à prendre pour que tous ceux qui y auraient vraiment droit pussent exiger d'être inscrits sur les listes blanches officielles, de telle sorte qu'elles ne devinssent pas des listes de proscription arbitraire ou de favoritisme sans contrôle.

Mais, en somme, si l'on avait voulu tenter d'exclure des adjudications publiques ceux qui ne plaisent pas politiquement, on aurait pu le faire dès actuellement et à la faveur d'autres clauses qui figurent aujourd'hui déjà aux cahiers des charges.

Or, on ne constate pas que l'on se plaigne de ce que pareil essai ait été fait.

On comprend, en revanche, quelle serait la portée de l'exemple de l'État réservant sa clientèle aux entreprises et établissements industriels sérieusement et humainement tenus, surtout si cet exemple devait être suivi par les autres personnes morales administratives (départements, communes, hospices) et par les grandes institutions officielles ou d'initiative privée (universités, collèges, séminaires, syndicats professionnels, coopératives, associations diverses : religieuses, charitables, sociales, sportives ou autres) (1).

C'est, sans doute, sous cette forme que pourrait être le plus efficacement encouragée l'adhésion des entrepreneurs aux conventions collectives ayant pour but d'acclimater, dans une profession et une région

____

(1) Cf. le vœu voté en ce sens par le V⁰ Congrès diocésain de Paris, le 1ᵉʳ mars 1909. Compte-rendu du Congrès, p. 78.

données, des conditions d'exécution plus humaine et de rémunération plus équitable du travail (1).

(1) Le Conseil supérieur du travail a étudié, dans sa session de 1908, les modifications qu'il y aurait lieu d'apporter aux décrets du 10 août 1899.

Le Conseil avait été saisi d'un double vœu de M. Keufer ainsi formulé :

« Le Conseil supérieur du travail émet le vœu que :

1° Les cahiers des charges des travaux exécutés pour le compte de l'État, des départements et des communes devront indiquer, dans le bordereau y annexé, la proportion du nombre des apprentis par rapport au nombre des ouvriers occupés;

2° Seuls seront adjudicataires les patrons qui, depuis une année au moins, appliquent à leur personnel les conditions normales de travail constatées par le bordereau établi conformément aux termes du décret. »

Le Conseil n'adopta pas ce double vœu, mais il vota, après de longs débats, les propositions suivantes :

« Seuls pourront être adjudicataires des travaux de l'État les soumissionnaires qui appliquent à L'ENSEMBLE DE LEUR PERSONNEL les conditions de travail prévues dans les décrets et constatées suivant les instructions contenues dans les instructions ministérielles.

Le Conseil supérieur du travail émet le vœu que cette proposition soit également appliquée pour les adjudications des départements et des communes.

Des mesures doivent être prises pour que des ouvriers faits ne soient pas qualifiés indûment d'apprentis.

Notamment la définition des apprentis et leurs salaires doivent être prévus dans le cahier des charges.

Le Conseil supérieur est d'avis d'introduire, dans le texte des décrets du 10 avril 1869, les dispositions suivantes, déjà appliquées dans le département de la Seine :

« Le cahier des charges stipulera qu'un agent de l'Administration pourra assister à la paye des ouvriers. Le cahier des charges stipulera également que l'entrepreneur devra, à toute réquisition, communiquer à l'Administration les feuilles de paye des ouvriers employés à l'exécution des marchés ».

V. - Les Invalides :
Un complément du salaire :
les retraites ouvrières [1]

I. Le droit à la retraite n'est qu'un des aspects du droit à la vie.
Pour le travailleur prolétaire, le salaire est l'unique moyen
de réalisation de son droit à la vie. La garantie du risque
invalidité-vieillesse doit donc être contenue dans ce salaire.
—II. Comment l'assurance du risque invalidité-vieillesse encouru par les salariés doit être obligatoire, de caractère alimentaire, intimement liée au salaire, et organisée corporativement. — III. Dans quelle mesure la loi du 5 avril 1910
est-elle conforme à ces *desiderata* ?

I

La question de la vieillesse et de l'invalidité ouvrières.

« Tout être humain faisant partie du corps social, a

(1) Sur la question des **retraites ouvrières**, j'ai publié les
brochures suivantes :

1° *La vieillesse de l'ouvrier* : conférences d'Extension univer-
sitaire de l'Université catholique de Lille; extrait de la *Revue
de Lille* ; chez Sueur-Charruey, 41, rue de Vaugirard, 1899.

2° *La question des retraites ouvrières* : rapport à la IV° Réunion des Revues catholiques d'Economie sociale ; extrait de l'*Association catholique* ; chez Vitte, 14, rue de l'Abbaye, 1901.

3° *La question des retraites d'invalidité et de vieillesse*
extrait de *la Quinzaine* du 16 septembre 1901.

4° *Le problème de l'invalidité et de la vieillesse* : note pour

écrit M. P. Guieysse (1), a droit — dès sa venue au monde — à la conservation de son existence. Si c'est pour lui un devoir, quand il en a l'âge, de contribuer suivant ses facultés au développement de la société, c'est aussi pour celle-ci un égal devoir de le mettre en état d'exister librement suivant les conditions naturelles, c'est-à-dire de se créer une famille qu'il puisse faire vivre et prospérer par son travail. »

Or, nombreux, très nombreux sont ceux qui ne peuvent compter absolument que sur leur travail pour réaliser leur droit à la vie.

Aussi bien, normalement, le travail professionnel, quel qu'il soit, doit-il nourrir celui qui s'y livre dans le présent, et lui permettre d'assurer sa subsistance pour les jours de la vieillesse et de l'impuissance. Et

la consultation syndicale ; extrait de l'*Association catholique*, 1901.

5° *Les retraites ouvrières après la consultation syndicale :* conférence à la Société de statistique et d'économie politique de Lille; extrait du *Bulletin de la Société*, 1902.

6° *Retraites ouvrières et risque professionnel :* leçon à la *Semaine Sociale* de Lyon; extrait de la *Revue d'économie politique*, 1904.

7° *Les solutions pratiques de la question des retraites ouvrières :* leçon à la *Semaine Sociale* de Lyon; extrait de l'*Association catholique*, 1904.

8° *La question des retraites ouvrières au 1ᵉʳ août 1905 :* leçon à la *Semaine sociale* d'Orléans; extrait de l'*Association catholique*, 1905.

9° *Les retraites ouvrières et la mutualité :* communication à la Société des sciences historiques et naturelles de Semur; *Bulletin de la Société*, 1906.

(1) Guieysse : Rapports à la Commission du travail, 1893, et à la Commission d'assurance et de prévoyance sociales, 1900. Les canonistes et théologiens avaient depuis longtemps proclamé ce même principe. Voir l'ouvrage tout récemment traduit de Ryan : *Salaire et droit à l'existence* (chez Giard et Brière) avec la très belle préface de M. Lucien Brocard : *le Catholicisme social et l'idée du droit à l'existence.*

de même que l'industriel ou le propriétaire foncier
cherchent légitimement dans leurs bénéfices le moyen
non seulement de vivre au jour le jour, mais encore
de s'assurer une retraite honorable et des facilités
d'existence pour le moment ou ils sortiront des
affaires ou céderont leur exploitation, de même l'ouvrier, industriel ou agricole, devrait trouver dans son
salaire, non seulement de quoi subsister matériellement, dans le présent, mais de quoi, aussi, assurer
son avenir.

En principe, la garantie du risque invalidité-vieillesse fait donc partie intégrante de la juste rémunération de tout travail professionnel : du profit légitime, si le travailleur accomplit sa tâche pour son
propre compte ; du salaire intégral, si le travailleur a
aliéné, par contrat, son activité au bénéfice d'autrui.

En fait, les choses ne se passent point ainsi et il faut
bien reconnaître que, étant donnés le taux des salaires
et le coût de la vie, il est le plus souvent impossible
à l'ouvrier de pourvoir, par ses propres ressources,
aux besoins de ses vieux jours.

Il en résulte que la majeure partie des ouvriers tant
industriels qu'agricoles arrivent à la vieillesse, à l'invalidité, sans aucune ressource.

Normalement, dira-t-on, l'ouvrier devrait pouvoir,
à cet âge et dans cette situation, compter sur sa famille. — Le travailleur des champs le peut encore
dans une certaine mesure, mesure qui tend à diminuer sensiblement pour le véritable ouvrier agricole,
qui ne travaille pas pour son compte, mais travaille
pour autrui contre salaire journalier, mensuel ou annuel. Quant à l'ouvrier industriel, ses enfants — lorsqu'il est vieux — ont déjà d'autres charges à supporter, et parfois bien du mal à y suffire ; le plus souvent,

l'instabilité des engagements et les fluctuations des offres de travail les ont dispersés à droite et à gauche : aucun foyer ne s'ouvre pour recueillir le vieillard (1).

(1) « L'incapacité physique de travail qui frappe le vieillard... est d'autant plus grave, au point de vue de l'extension de la pauvreté, que la diminution de l'esprit de famille, qui accompagne souvent le développement de la civilisation... conduit à assimiler aux étrangers les parents éloignés que leur famille se refuse à connaître et par suite à secourir. » (Maurice BELLOM : *Des relations mutuelles de l'Assistance et de l'Assurance ouvrière ; Revue politique et parlementaire*, 10 mars 1901.)

« Qui de nous n'a vu, avec les facilités de communication qui depuis un demi-siècle se sont développées, chaque enfant arrivant à l'âge adulte, aller chercher son travail, ses moyens d'existence là où les centres industriels les lui offrent ? Par conséquent, l'évolution économique a eu cet effet regrettable, mais inévitable, de disperser la famille et de détruire matériellement la solidarité familiale qui laissait groupés et réunis les enfants autour du père de famille pour l'entourer de soins et d'affection sur ses vieux jours et lui constituer sa retraite de vieillesse au foyer commun.

« Si la solidarité d'affection est restée vivace et étroite dans la famille ouvrière, la solidarité de fait, celle qui payait la dette alimentaire aux vieux parents, est rompue; il faut la remplacer par autre chose.

« Sans doute, nous voyons aussi tous les jours, à défaut de ce foyer commun où le vieux père pouvait s'asseoir, les demandes qu'il intente en justice pour obtenir la contribution en argent à chacun de ses enfants dispersés aux quatre points cardinaux. Nous voyons aussi avec quel soin les juges de paix rendent une justice paternelle, font la répartition de la contribution de chacun : mais leurs jugements sont éphémères; ils sont bientôt oubliés et méconnus; ils ne peuvent être exécutés le plus souvent. Comment envoyer du papier timbré à l'autre bout du monde pour demander une mensualité de 10 francs, de 8 francs, de 6 francs ?

« C'est impossible, de sorte qu'en fait, si la solidarité de cœur est restée dans la famille ouvrière, la solidarité matérielle qui produirait des effets utiles n'existe plus, et la dette alimentaire, inscrite dans notre code, est une dette bien difficile à payer par suite de l'évolution économique dont je viens de parler. » (Discours de M. DE RAMEL, séance du 18 juin. *Journal officiel* du 19 juin 1901.)

Ce que nous disons du vieillard est encore plus tristement vrai de l'invalide prématuré.

Or, ceci est tout à fait inadmissible, et l'on a fini par le reconnaître à peu près unanimement. Cela n'a pas été, d'ailleurs, sans difficulté.

Les extensions successives du principe de la garantie obligatoire des risques professionnels.

L'idole, en effet, qu'il s'agissait d'abattre, c'était l'axiome économique fameux suivant lequel la seule obligation dérivant du contrat de travail, à la charge de l'employeur, se résumerait dans le paiement du prix convenu.

La première brèche faite à la rigidité de cette thèse irrationnelle autant qu'inhumaine par l'opinion commune consista à faire admettre que l'employeur — en plus de son salaire — devait à son ouvrier la garantie d'un minimum de sécurité et de salubrité dans les conditions d'exécution de son travail : sur ce point les exigences de la conscience collective eurent assez vite raison des intransigeances de la doctrine et des résistances de l'égoïsme intéressé. Des lois successives vinrent préciser les mesures de précaution et d'hygiène auxquelles l'employeur serait tenu, sans que le salarié y pût valablement renoncer.

Mais l'attention publique devait se trouver surtout sollicitée par la question des accidents du travail industriel, rendue de jour en jour plus angoissante par les développements du machinisme ; et c'est à propos de ce problème qu'une lente évolution, dont les étapes progressives sont des plus intéressantes à étudier (1),

(1) Voir sur cette évolution le remarquable article de M H. Pinon dans la *Revue d'économie politique*, année 1898, p. 827.

a fait petit à petit justice de la conception initiale trop étroite et antisociale des responsabilités dérivant pour l'employeur du contrat de travail.

L'aboutissement de cette évolution a consisté, on le sait, dans la substitution à l'idée de *faute délictuelle*, à laquelle seule avait été rattachée jusque-là toute responsabilité du patron en matière d'accidents du travail, de la théorie du *risque professionnel* que la loi du 9 avril 1898 a eu pour but d'introduire dans notre régime légal français.

Il résulte, d'ailleurs, de cette théorie du risque professionnel — du moins dans l'acception où elle est couramment entendue — que, désormais, les relations naissant du contrat de travail industriel comportent nécessairement le partage des risques-accidents « afférents à la profession, indépendamment de toute faute des patrons et des ouvriers » (1).

Or, il faut hardiment reconnaître et proclamer que, pour audacieuse et exorbitante des principes antérieurement reçus que l'on ait cherché à faire passer cette loi du 9 avril 1898, formulant cette règle de droit nouvelle, rarement l'œuvre du législateur fut, au contraire, moins proprement créatrice, et plus modestement, plus parcellairement déclarative et sanctionnatrice d'obligations antérieurement et unanimement admises par la conscience juridique collective.

Aussi insuffisante fût-elle, d'ailleurs, cette loi était grosse des développements nécessaires — prévus ou insoupçonnés — du principe promulgué par elle, développements dont — on le sent de jour en jour plus nettement — il y aura lieu de dégager, et à très brève

(1) Cheysson, *Journal des Économistes*, mars 1898, p. 429.

échéance, toutes les formules de réalisation pratique.

Et d'abord, cela a été et ce sont encore toutes les propositions dont plusieurs sont devenues ou sont sur le point de devenir des lois et qui impliquent l'extension aux accidents du travail de toute nature des règles établies par la loi de 1898 pour les accidents du travail industriel seul.

Puis, tout le monde sent bien que l'assurance de l'invalidité, temporaire ou permanente, résultant des maladies proprement professionnelles sera le corollaire obligé de la garantie des accidents du travail (1).

Enfin, la logique des choses et des besoins de la vie tend à faire assimiler aux précédentes hypothèses dans lesquelles l'ouvrier se trouve privé de son gagne-pain par des risques affectant son intégrité physique et manifestement afférents à l'exercice même de la profession qu'il pratiquait, celles où il subit un chômage involontaire par suite de morte-saison périodique ou intermittente, de renvoi collectif ou individuel non motivé par une faute caractérisée de sa part.

Certains estiment même que, dès aujourd'hui, la jurisprudence pourrait interpréter le nouvel article 1780 du Code civil en ce sens qu'il autoriserait une attribution de dommages-intérêts en quelque façon forfaitaire et analogue à celle dérivant de la loi de 1898, de telle sorte que le patron dut la subir toutes les

(1) Cf. la motion votée par la Chambre des députés le 5 décembre 1901, la proposition de loi déposée par M. J.-L. Breton à cette même séance, et les travaux auxquels elle a donné lieu : rapport de M. A. Fontaine, directeur du travail, et autres : *Maladies professionnelles*, publication du Ministère du commerce et de l'industrie, 1903.

fois qu'il renvoie son employé sans pouvoir motiver son congé par un reproche personnel et suffisant à la charge du congédié (1).

Mais tout cela demeure déficitaire encore et ne satisfait pas plus les exigences de la logique que les instincts d'équité de la conscience populaire. Ce que chacun est arrivé à concevoir très nettement, c'est que, *pour l'ouvrier, tous les risques, quels qu'ils soient, qui doivent entraîner pour lui incapacité de travail, sans qu'il y ait de sa faute et sans qu'il y puisse rien, se valent en somme, et que contre ces risques,* — qu'ils dépendent ou non de l'exercice même de la profession, — *l'ouvrier ne peut se garantir que par le travail actuel de ses bras et sur la rémunération de ce travail.*

Cela étant, il faut — de nécessité humaine et sociale — que la juste rémunération du travail comporte l'assurance de tous ces risques, sans distinction.

Et c'est par une déférence inconsciente à ce principe latent et impérieux, dont la nécessité pratique s'impose, que s'explique la législation des États qui ont rendue obligatoire la contribution des patrons à l'assurance contre les maladies *quelconques* atteignant leurs commettants.

C'est encore par une déférence identique que s'expliquent également et se justifient des propositions comme celle de M. Ch. Dumont, tendant à obliger « les chefs d'entreprises à assurer leur personnel contre les risques de chômage — bien extra-professionnels cependant — résultant de l'incendie

____

(1) Voir Appert, note sous divers arrêts de la Cour de cassation. — Sirey, 1899, 1, 33.

ou de la destruction de leurs usines, jusqu'à concurrence d'un mois et demi de salaires » (1).

C'est, enfin, dans une concordance analogue avec ce principe de justice immanente qu'il faut chercher la clef de la conviction commune quant à la part essentielle et principale pour laquelle doit intervenir la contribution patronale dans l'assurance contre l'invalidité et la vieillesse des travailleurs.

En conséquence de tout ce qui précède, et si l'on tient à conserver le nom de *risque professionnel* à la théorie des charges complexes incombant à l'employeur, en outre du salaire, par rapport à ceux qu'il emploie, du moins doit-on en changer délibérément la signification primitive et trop étroite et lui attacher un sens qui implique le plein épanouissement des obligations qu'entraîne pour le patron le contrat de travail sainement entendu, c'est-à-dire considéré comme un contrat de sécurité pour le salarié.

Sans doute, et dans ce sens nouveau, le risque n'est plus professionnel parce qu'il est créé par la profession même; mais encore peut-il être dit professionnel en tant qu'il incombe à la profession, à ceux qui en ont la direction, c'est-à-dire à l'entreprise, et que sa garantie fait partie intégrante de la juste rémunération du travail professionnel (2).

---

(1) Proposition de loi tendant à assurer le salaire des ouvriers et employés bénéficiaires de la loi du 9 avril 1898 contre le chômage résultant de l'incendie des usines, manufactures et chantiers, présentée par M. Ch. Dumont, député, le 19 janv. 1902, *Doc. parl.*, n° 458, *J. Off.*, p. 292.

(2) Tout le passage qui précède est reproduit textuellement de mon article : « Retraites ouvrières et risque professionnel » paru dans la *Revue d'économie politique* de novembre 1904. — L'année suivante, et dans la même Revue (R. E. P. n° de juin 1905) l'éminent doyen de la Faculté de Caen, M. Villey, jugeait ma thèse hardie, et la démonstration sur laquelle je l'appuyais

II

*L'assurance des salariés contre le risque invalidité-
vieillesse doit être obligatoire, strictement alimentaire, intimement liée au salaire et organisée corporativement.*

La conclusion pratique de tout ce qui précède, serait que la garantie du risque d'incapacité de travail
résultant de la vieillesse ou de l'invalidité fut, pour
les salariés, rendue obligatoire, établie avec le caractère strictement alimentaire, intimement liée au salaire et organisée corporativement.

La liberté, en effet, n'a pas su résoudre le trop
vaste et trop compliqué problème des retraites ouvrières. En France, on le constate tous les jours plus
lumineusement, depuis que la loi du 15 juillet 1905
met à la charge de l'État, des départements et des
communes tant de vieillards indigents qui devraient
ne pas l'être. Et les chiffres produits dans les récents
débats parlementaires relativement aux pays — Belgique et Italie — où l'on a tout fait pour orienter, on
pourrait presque dire pour engager de force les initia-

Insuffisante. Avouerai-je que cette contradiction ne m'a pas
convaincu ? Et puis, tant d'assertions de cet article de M. Villey ont été, depuis, ruinées par les faits ! Celle, entre autres,
suivant laquelle aucun pays *libre* ne songerait à résoudre le
problème de l'invalidité et de la vieillesse par les procédés de
l'obligation ! — D'ailleurs ma thèse n'a même pas (et j'en
éprouve quelque dépit), la saveur de la nouveauté puisque j'ai
dû constater, par la suite, qu'elle n'était, en somme, que la reproduction de la théorie de « la garantie professionnelle » exposée, dès 1827, par Sismondi, dans ses *Nouveaux Principes
d'Economie politique.* — Voir : *L'œuvre économique de Si-
monde de Sismondi,* par A. Aftalion ; chez Pedone, Paris, 1899.

tives individuelles ou collectives dans les voies de la prévoyance, corroborent d'une manière si éclatante nos prévisions constantes que nous serions en droit d'en éprouver quelque fierté.

Dans tous les cas, ce n'est pas au moment où les Thierry, les Ribot et les Luzzatti y viennent très explicitement, que nous pourrions être tentés de déserter le terrain de l'obligation légale où nous sommes solidement établis depuis quelque quinze ans.

L'État législateur a le droit et le devoir d'intervenir ici, et dans l'intérêt des deniers publics et du bon ordre social (car si l'assistance des déchets sociaux lui incombe, — à défaut d'institutions religieuses ou humanitaires exerçant déjà et suffisamment cette assistance — il ne saurait être tenu d'assumer la charge de tous ceux auxquels un travail assidu, durant les années d'activité, eût dû assurer le pain de leurs vieux jours); et aussi dans l'intérêt de la justice, et pour ne pas permettre que le travailleur qui toute sa vie fut un honnête homme, un laborieux, un citoyen productif et dévoué, se voie traité, — la vieillesse venue, — exactement comme le fainéant endurci, le vétéran de la correctionnelle; et enfin dans l'intérêt même bien entendu de ceux qui doivent l'assurance, c'est-à-dire des employeurs, car l'assurance obligatoire et généralisée est moins coûteuse que l'assurance facultative et à base étroite (1).

(1) Vœu adopté par la VIe Réunion des Revues catholiques d'Économie sociale (avril 1901), à la suite de mon rapport :
De l'obligation de l'assurance.
Considérant que dans une société chrétienne le travail doit procurer au travailleur une vie conforme à la dignité humaine, c'est-à-dire les ressources nécessaires à son entretien et à celui des êtres que Dieu met à sa charge;
Qu'il est du ressort de la législation de sanctionuer les prin-

A qui incombe, en principe, cette assurance obligatoire des salariés ?

Evidemment, à ceux qui paient le salaire.

La garantie du risque invalidité-vieillesse faisant, ainsi que nous le démontrions plus haut, partie du salaire, doit être considérée comme à la charge de qui paie ce salaire.

Sans doute, là où les salaires sont dès actuellement assez élevés pour être censés contenir déjà tout ou partie de la prime d'assurance de tous les risques encourus par le travailleur, l'employeur pourrait à bon droit se prétendre, suivant les hypothèses, partiellement ou même totalement libéré de ce chef.

La pension d'invalidité-vieillesse mise à la charge de tout employeur, au bénéfice de ceux qu'il emploie, et comme conséquence de la responsabilité du risque professionnel largement interprété, devrait-être — d'ailleurs — *purement alimentaire*, parce qu'il ne s'agit plus, en l'espèce, pour cet employeur, d'une indemnité correspondant à une faute (comme dans certains cas d'accidents) ce qui devrait entraîner une réparation adé-

cipes essentiels de justice qu'aucun contrat ne saurait violer et par suite de poser explicitement que le salaire doit comprendre une part destinée à subvenir aux nécessités des travailleurs arrivés à l'âge de la retraite ou frappés d'une invalidité résultant de l'exercice de leur profession (usure professionnelle);

Considérant d'autre part que si l'application de ce principe n'est pas garantie ou si l'affectation de cette portion du salaire n'est pas rigoureusement préservée, les travailleurs retraités par cause d'âge ou d'invalidité retomberont à la charge de la société et qu'il appartient au pouvoir de prévenir cette éventualité.

La réunion émet le vœu :

Que la loi établisse comme condition obligatoire de tout contrat de travail l'assurance du salarié pour la vieillesse ou pour le cas d'invalidité due à l'exercice de la profession.

quate au dommage causé, mais bien de la garantie d'un risque inévitable, très étendu et très complexe, dans la stricte limite de l'indispensable (1).

Cette pension devrait donc être maintenue dans des limites très étroites et très strictes variant, par exemple, de 180 à 360 francs par an; et l'obtention d'une pension plus élevée devrait — conséquemment — entraîner une contribution personnelle du travailleur auquel on voudrait assurer un bien-être éventuel plus large, pour ses vieux jours.

Portion différée du salaire, ayant pour but de parer aux besoins des jours d'incapacité forcée de travail, la prime d'assurance mise à la charge de l'employeur devrait, en outre, être établie en fonction du salaire d'activité, c'est-à-dire proportionnélle à ce salaire, en vue de procurer une pension également proportionnelle à ce salaire.

En effet, c'est ce salaire d'activité qui détermine la condition du travailleur, engendre ses habitudes de vie, ses besoins. La rente d'invalidité-vieillesse doit donc, tout en demeurant alimentaire, varier dans son *quantum* proportionnellement avec ce salaire d'activité.

Enfin, l'assurance du risque invalidité-vieillesse encouru par les salariés rendue obligatoire, et établie

(1) C'est d'après cette donnée que doivent être comprises, en saine doctrine, les indemnités forfaitaires et partielles de la loi de 1898 dont les taux se légitiment très bien en tant que *moyennes* entre les hypothèses où, d'après le critère ancien, le patron devrait la réparation intégrale du dommage, et celles où, comme conséquence du principe nouveau, il doit seulement une allocation alimentaire; alors que fautive est, au contraire et à notre point de vue, l'interprétation de ces mêmes taux par cette raison que l'ouvrier devrait supporter le partage du risque professionnel.

avec caractère alimentaire et en fonction des salaires d'activité, devrait être organisée corporativement.

Si la collectivité nationale (par les organismes administratifs et dans la mesure où les institutions d'initiative privée, religieuse ou humanitaire, n'y suffisent pas) doit aux malheureux déchets sociaux l'assistance, au titre de leur seule indigence, c'est la profession qui doit à ses membres l'assurance des jours d'inactivité forcée, au titre de leur travail professionnel antérieurement exercé. Et puisque c'est la profession qui doit cette assurance, il est normal et juste que ce soit elle qui l'organise et le fasse fonctionner, dans les limites tracées par l'obligation légale.

La société économique actuelle se débat dans le cahos et l'anarchie, en l'absence d'une organisation corporative adaptée aux exigences de la vie professionnelle présente. C'est seulement par une pratique intensément active des services de prévoyance et d'assurance professionnelles, — comme aussi par l'élaboration et la révision périodique de réglementations fixant les conditions générales du travail, — que pourront arriver à se reconstituer, peu à peu, les corporations modernes, sous les modalités appropriées aux besoins auxquelles elles doivent satisfaire : une fois de plus, c'est la fonction qui — naturellement — reconstituera et revivifiera l'organe. Et c'est pourquoi c'est aller à l'encontre de la nécessité sociale actuellement primordiale que tenter l'organisation de l'assurance ouvrière par un procédé qui fasse abstraction du rôle qui, normalement, appartient à la seule corporation (1).

<hr>

(1) J'ai donné ailleurs l'esquisse d'une organisation de l'assurance sur ces bases corporatives. Les groupements profes-

Dans quelle mesure la loi des retraites ouvrières et paysannes qui vient d'être promulguée tient-elle compte de ces postulats d'une judicieuse politique sociale ?

C'est ce qu'il nous reste à examiner maintenant.

sionnels et les caisses qui seraient constituées au sein de chacun d'entre eux pourraient être limités, d'abord, à une trentaine.

GROUPEMENTS PROFESSIONNELS ET CAISSES CORPORATIVES D'ASSURANCE.

(Les chiffres entre parenthèses à la suite de chaque groupement indiquent le nombre approximatif de membres que comprendrait ce groupement d'après les données du recensement professionnel de 1896).

A). *Industrie.*

1° Mines, minières, carrières (225,000). — 2° Industries du bâtiment (550,000). — 3° Industries métallurgiques (700,000). — 4° Industries du bois (700,000). — 5° Verrerie, poterie, céramique (150,000). — 6° Industries textiles (900,000). — 7° Industries de l'habillement (1,250,000). — 8° Industries du cuir (335,000). — 9° Meunerie et alimentation (400,000). — 10° Industries de la bière, du sucre, de l'alcool (......). — 11° Marins et pêcheurs (120,000). — 12° Industries du papier (60,000). — 13° Industries du Livre (80,000). — 14° Industries chimiques (85,000). — 15° Chemins de fer (250,000). — 16° Autres transports (450,000).

N.-B. — Ce classement des industries a été obtenu en combinant les données de la division des professions, en 9 groupes, adoptée par l'arrêté ministériel du 20 mars 1889, relatif aux mutualités d'assurance contre les accidents du travail, d'une part, avec celles des groupements corporatifs beaucoup plus nombreux établis par les lois allemandes concernant, également, les accidents du travail, d'autre part.

Les caisses corporatives organisées d'après ce classement pourraient évidemment se sectionner en succursales, soit régionales, soit corporatives plus spécialisées : cela au gré de leurs conseils administratifs, et suivant les indications de l'expérience et les besoins de la pratique.

B). *Commerce.*

17° Une grande caisse pour l'ensemble du commerce (1,500,000).

C). *Agriculture.*

18° Région du Nord : Lille ou Amiens. — 19° Paris, Seine-et-Oise, Seine-et-Marne. — 20° Normandie : Caen. — 21° Est : Nancy. — 22° Bourgogne et Franche-Comté : Dijon. — 23° Cen-

III

La loi du avril 1910. — Loi de retraites strictement alimentaires, obligatoires pour les salariés.

Douze ans, presque jour pour jour, après la promul-

tre : Orléans. — 24° Bretagne : Rennes. — 25° Ouest : Angers. — 26° Plateau Central : Clermond-Ferrand. — 27° Sud-Est : Lyon. — 28° Alpes et Provence : Marseille. — 29° Midi : Toulouse. — 30° Sud-Ouest : Bordeaux.

N. B. — Ces caisses agricoles auraient pour circonscription celle des dix unions régionales de syndicats agricoles actuellement existantes, soit 7 départements en moyenne, et 500,000 membres. (Voir comte DE ROCQUIGNY : *Les Syndicats agricoles et leur œuvre*, c. III.) On utiliserait autant que possible ces unions pour l'organisation nouvelle et l'on pourvoirait à la création de groupements agricoles pour les régions de Paris, de l'Est et du Plateau Central qui n'en possèdent pas encore.

La *Caisse nationale des retraites* serait maintenue, dans ce système, et recueillerait les domestiques attachés à la personne et les membres des professions qui ne pourraient rentrer dans les cadres légaux que nous venons d'indiquer.

Les organismes d'assurance actuellement existants : mutualités, caisses patronales, etc... subsisteraient à condition de procurer à leurs membres des avantages au moins égaux à ceux des caisses corporatives créées en conformité de la loi nouvelle.

Certains de ces organismes pourraient même, moyennant de très légères modifications dans leur fonctionnement, remplir totalement ou partiellement l'un ou l'autre des cadres professionnels légaux.

C'est ainsi que les Compagnies de chemins de fer et leurs institutions actuelles d'assurance constitueraient de toutes pièces le groupement n° 15. C'est ainsi, également, que, pour une partie de la métallurgie, la Caisse de retraites du Comité des forges de France aurait pu remplacer les organismes officiels. Nous sommes heureux de cette occasion de saluer au passage cette remarquable institution corporative dont les adhérents, depuis 1804, constituaient à leur personnel des retraites de vieillesse par des versements dont ils assumaient toute la charge. Si les syndicats patronaux de l'industrie et les syndicats agricoles étaient largement entrés dans cette voie, une intervention législative pour rendre obligatoire l'assurance professionnelle du risque invalidité-vieillesse eût été tout à fait inutile.

gation de la grande loi (loi du 9 avril 1898) qui est venue introduire dans notre régime juridique le principe éminemment juste et fécond du *risque professionnel*, le Journal officiel nous apportait, enfin, la loi si longtemps attendue des retraites ouvrières et paysannes.

Certes, cette loi du 5 avril 1910 est loin d'être parfaite, bien qu'elle ait traîné près de trente ans sur les chantiers parlementaires. Mais, du moins, *elle est*, ce qui demeure la première et indispensable condition pour pouvoir être expérimentée et améliorée.

L'article 1er affirme, de prime abord, le caractère essentiel de la loi qui est bien moins une mesure générale de prévoyance obligatoire au profit de tous ceux qui risquent de connaître une vieillesse dépourvue de ressources, qu'une prescription impérative d'assurance intimement liée à la rémunération du travail salarié, de tout travail salarié.

La loi française, en effet, à la différence des autres lois d'assurance obligatoire du risque invalidité-vieillesse — lois allemande et autrichienne — garantit obligatoirement tous les salariés et rien que les salariés.

Et d'abord elle garantit tous les salariés.

« ARTICLE PREMIER. — Les salariés des deux sexes, de l'industrie, du commerce, des professions libérales et de l'agriculture, les serviteurs à gage, les salariés de l'État qui ne sont pas placés sous le régime des pensions civiles ou des pensions militaires, et les salariés des départements et des communes bénéficieront, dans les conditions déterminées par la présente loi, d'une retraite de vieillesse. »

N'échappent au régime de l'assurance obligatoire établi par la loi nouvelle, parmi les salariés, que ceux qui bénéficient déjà d'un régime spécial de re-traite et ceux dont la rémunération annuelle dépasse trois mille francs (art. 10). Ces derniers sont consi-dérés comme trouvant, dans le salaire d'activité qu'ils touchent, la prime d'assurance leur permettant de pourvoir eux-mêmes à la garantie des risques d'inca-pacité de travail par eux encourus.

D'autre part, seuls les salariés bénéficient du régime de l'assurance obligatoire. Pour tous les autres tra-vailleurs, aussi modestes soient-ils, mais qui demeu-rent leurs maîtres, qui n'aliènent pas, moyennant un forfait, leur capacité de travail et de gain (fermiers, métayers, cultivateurs, artisans et petits patrons ; femmes et veuves non salariées d'assurés obligatoires), la loi organise, sous certaines conditions, un régime d'assurance facultative, mais qui est proposé seule-ment à leur libre enrôlement.

La loi, d'ailleurs, prétend bien ne poursuivre que l'attribution de pensions strictement alimentaires, à ses assurés obligatoires. En effet, des calculs provisoires qui viennent d'être établis, il résulterait que ces pen-sions — pour lesquelles aucun minimum n'est prévu — ne sauraient s'élever, en aucun cas, au-dessus de 408 fr. 19 (hommes pour lesquels les primes auraient été versées sans interruption, depuis 12 ans jusqu'à 65 ans). Jusqu'ici, pas grand'chose à reprendre.

Mais voici venir les critiques, et très graves contre la loi.

Les défectuosités de la loi : Assurance contre la vieillesse et non contre l'invalidité. Non proportionalité des pensions avec les salaires. Organisation étatique de l'assurance.

Et d'abord, la loi nouvelle est une loi d'assurance contre la vieillesse et non contre l'invalidité ; et c'est là une considérable erreur. En effet, le droit à la pension s'ouvre, en principe, à 65 ans, pour le travailleur. La retraite peut bien être liquidée par anticipation, à partir de 55 ans et même auparavant, à n'importe quel âge, en cas d'incapacité absolue et permanente de travail (contractée en dehors des cas prévus par la législation sur les accidents du travail) ; mais, en ces hypothèses, la pension sera ce qu'elle sera, ce que l'auront faite les versements opérés au nom de l'assuré, à peine majorés par l'État et sans aucun minimum garanti. En fait, le plus souvent, ces retraites liquidées seront dérisoires.

Or, en intelligente équité, ce n'est pas l'âge plus ou moins avancé qui ouvre le droit au *salaire d'inactivité*, c'est l'incapacité de travail. Ainsi que l'a judicieusement fait observer M. l'abbé Lemire, « l'invalidité n'a point d'âge. C'est elle qu'il faut préserver de la faim et de la derniere misère ». Et quant à la vieillesse, comme l'a dit aussi M. Mirman, « elle doit être seulement, à un âge déterminé, une présomption d'invalidité ». La loi nouvelle, sur ce premier point, est donc tout à fait défectueuse.

Elle l'est encore de ce chef que, liant le droit à la retraite au fait du salariat, elle n'a rendu, malgré cela, ni les primes d'assurances, ni — par conséquent — les pensions proportionnelles aux salaires d'activité. Que le salarié gagne beaucoup ou peu, il versera et il sera versé pour lui une somme uniforme de six centimes (o fr. o6) par jour de travail et par homme adulte (contribution patronale et retenue sur le salaire réunies) ; quatre centimes (o fr. o4) par journée de travail pour une femme et trois centimes (o fr. o3) pour un enfant au-dessous de 18 ans. Il en résulte, naturellement, que les pensions seront, elles aussi, uniformes pour les travailleurs de n'importe quelle catégorie. Or, une pension de 200 francs par an représente une valeur tout à fait différente suivant qu'elle est touchée par un ouvrier qui gagnait 900 francs ou 1000 francs de salaire annuel, ou par un autre qui arrivait à se faire 3000 francs de salaire ; et suivant aussi qu'elle est touchée à la ville ou à la campagne, par le travailleur retraité là où il avait son emploi actif.

Et puis, et du moment que les versements à faire pour le compte des assurés obligatoires, ne pouvaient pas monter à plus de 18 francs par an, la loi aurait véritablement dû en laisser la charge intégrale au patron, au lieu d'autoriser celui-ci à en récupérer la moitié sur le salaire du travailleur.

Enfin, le législateur de 1910 a failli gravement à l'utilité sociale manifeste en donnant à l'assurance du risque vieillesse-invalidité une organisation étatique et non corporative.

Sans doute, l'art. 14 de la loi autorise que le service des retraites ouvrières et paysannes soit assuré, non seulement par la Caisse des retraites, mais encore par les Sociétés ou Unions de Sociétés de secours mutuels, par les Caisses départementales ou régionales qui se pourront créer, par les Caisses patronales ou syndicales, par les Caisses de syndicats de garantie et par les Caisses de retraites de syndicats professionnels.

Il n'en est pas moins certain que ces divers organismes laissés à la libre initiative des individus ou des collectivités ne pourront soutenir la concurrence de l'institution d'État qui apparaît bien comme la clef de voûte de tout le système.

Et cela est infiniment regrettable car, du moment où on liait la garantie du risque incapacité de travail au juste salaire d'activité du travailleur, il fallait logiquement confier la gestion de l'assurance à la profession et donner à l'organisme corporatif constitué à cet effet toutes les latitudes conciliables avec les principes généraux posés par la loi, en vue d'établir cette assurance dans les conditions les mieux adaptées aux particularités du risque dans la profession.

Malgré tout, saluons cette loi comme une espérance.

Il y aurait encore bien d'autres critiques à adresser à la loi du 5 avril 1910.

Quelle qu'elle soit, accueillons-la avec satisfaction, comme une nouvelle consécration législative du principe du rattachement intime de la garantie des risques à la juste rémunération du travail salarié.

Cette loi, d'ailleurs, — ainsi que l'écrivait récemment un jeune économiste (1), — « ne sera, soyons-en persuadés, qu'une loi transitoire. Le mouvement des idées sociales, les révélations de l'expérience ne manqueront pas de la faire modifier, non seulement dans ses dispositions de détail, mais jusque dans ses principes dont plusieurs sont critiquables ».

(1) J. Hachin, *Mouvement social* de février 1910, p. 158.

CHAPITRE V

Projets de Réforme
du Contrat de Travail

I. Insuffisance évidente des textes juridiques qui sont censés viser les conventions relatives au travail. Les différentes méthodes qui peuvent être suivies pour la réglementation légale de ces conventions. — II. Le projet de la Commission du travail de la Chambre des députés. Nouvelle définition du contrat du travail opposé au contrat d'industrie. — III. Le principe de la rescision des conventions relatives au travail pour stipulations usuraires.

I

Insuffisance des textes actuels relatifs au contrat de travail.

Tout le monde est d'accord pour reconnaître l'insuffisance évidente des dispositions légales applicables, en France, au contrat de travail ; et surtout des dispositions de principe : de celles dont on puisse déduire toute une doctrine nette et cohésive.

Pour ceux qui veulent que le contrat de travail soit au Code civil, il s'y trouverait réglementé, sous la rubrique : « Du louage des domestiques et ouvriers », par *deux* articles — articles 1780 et 1781 — dont l'un a été abrogé par la loi du 2 août 1868.

Aussi, est-il — depuis bien des années déjà — question d'élaborer des règles juridiques nouvelles permettant de solutionner les problèmes tous les jours plus nombreux que posent la conclusion, l'exécution et la rupture de ce contrat.

Ces règles, il semble qu'il y aurait intérêt à les formuler à part, à les assembler en un corps complet et homogène plutôt qu'à les accoler aux dispositions concernant les autres contrats, en les incorporant à des monuments juridiques anciens.

Il peut paraître difficile, notamment, d'insérer des dispositions de cette nature dans les compartiments peu élastiques du Code civil.

Une législation complète du travail et des contrats qui s'y réfèrent représente un ensemble de textes trop considérable, trop complexe, trop touffu pour pouvoir trouver place en ce vieux code. Les autres matières du droit privé s'en trouveraient comme submergées. Et, — à vrai dire — la réglementation du contrat de travail déborde les cadres traditionnels et normaux du Code civil.

« A vouloir faire circuler cette sève bouillonnante sous cette écorce séchée et craquelée », a dit M. Charles Benoist (1), on risquerait de la faire éclater.

« Il s'agit là d'une législation trop neuve, trop instable, trop peu mûrie encore et trop changeante par sa nature même, pour pouvoir utilement trouver place dans un recueil dont la caractéristique est la permanence et la stabilité des principes qu'il consacre. »

Et puis, « par la force même des choses et de plus

(1) Rapport sur le *projet de Code du travail et de la prévoyance sociale.*

en plus, à mesure que s'affirme davantage le principe d'intervention des pouvoirs publics dans les rapports du capital et du travail, la législation relative au travail touche au droit public. Il n'est peut-être pas une seule institution protectrice du travail qui n'ait été l'occasion d'une réglementation administrative. — Or, le Code civil est étranger au droit public; c'est l'ensemble du droit privé applicable à la généralité des citoyens. Ce n'est donc pas au Code civil qu'il conviendrait de placer la législation relative au travail, mais dans une législation spéciale, d'ordre réglementaire, analogue à la *Gewerbe-ordnung* allemande, dans le Code du travail, par exemple. (1) »

C'est à cette manière de voir que s'est rangé le législateur belge qui, par la loi du 10 mars 1900, a promulgué un véritable petit Code du contrat de travail.

En revanche, ces considérations — pour fondées qu'elles soient — n'ont pas paru déterminantes aux jurisconsultes de la plupart des autres pays ; et une tendance marquée, — depuis une dizaine d'années, — à peu près partout où s'est dessiné un mouvement législatif en faveur de la réglementation du contrat de travail, s'est manifestée dans le sens de l'incorporation des dispositions nouvelles à la loi civile, et particulièrement aux Codes civils.

C'est ainsi que le nouveau Code civil allemand, entré en vigueur le 1er janvier 1900, réserve un titre (articles 611 à 631) au contrat de services et de travail; que le Code civil hollandais (modifié par la loi du 13 juillet 1907) fait à ce contrat une part encore plus large, et que le nouveau Code civil helvétique lui

(1) C. Perreau, Rapport à l'*Association pour la protection légale des travailleurs*, 1907. Voir aussi, suprà : Addition au chapitre 3 : *le Contrat de travail et le Code civil.*

consacre trente-cinq articles (articles 1369 à 1404).

A l'appui de cette manière de procéder, on observe que ce qui serait inadmissible, ce serait « de placer au Code civil toute la réglementation du travail, toute la police de l'industrie, la législation syndicale, celle du règlement d'atelier, celle de la grève et de l'arbitrage, celle de la prévoyance sociale. C'est alors qu'il serait vrai de dire que le Code civil serait submergé sous cette avalanche de dispositions nouvelles, qu'il perdrait les caractères de législation générale, permanente et stable qui le distinguent, et qu'il cesserait d'être l'ensemble du droit privé, pour devenir un Code de droit public. »

Mais, « ce qu'il s'agit de mettre au Code civil, ce n'est pas toute la législation du travail, ni même toute la législation du contrat de travail; ce sont, parmi les dispositions relatives au contrat de travail, celles qui ont le caractère de droit privé. »

Il y aurait donc, dans la législation du travail deux catégories de dispositions à distinguer : celles qui touchent au droit public, qui ont un caractère de législation réglementaire ou de police industrielle, et celles qui sont de droit privé. Les premières, de beaucoup les plus nombreuses, trouveraient leur place dans les lois spéciales ou dans le Code du travail.

Dans la loi civile, dans le Code civil, on mettrait les principes généraux du contrat de travail, les dispositions relatives à ce contrat qui présentent nettement le caractère de règles de droit privé (1).

______

(1) PERREAU, *loc. cit.*, *passim*. — On peut encore établir de la façon suivante le criterium de distinction entre les deux parts à faire dans la législation concernant le contrat de travail :
« Tout ce qui, dans cette législation, cadre avec les principes généraux du droit commun, tout ce qui est applicable aux per-

De ces controverses un peu spéculatives, ce qu'il y a lieu, surtout, de retenir c'est la quasi-unanimité avec laquelle on admet aujourd'hui que les tractations relatives au travail débordent, le plus ordinairement, les cadres du droit privé individualiste.

II

Le projet du 2 juillet 1906.
Le contre projet de la commission du travail.

Le gouvernement, par son projet déposé le 2 juillet 1906, s'était rangé à la méthode de la réglementation du contrat de travail par une sorte de petit code spécial.

Ce projet du gouvernement comportait, en effet,

sonnes travaillant pour autrui, ne fût-ce qu'occasionnellement, *a sa place marquée au Code civil.*

Tout ce qui, au contraire, est spécial aux personnes qui ont *l'habitude de travailler ou de faire travailler,* toutes les dispositions qui concernent uniquement *les employeurs et les employés, les patrons et les ouvriers, les maîtres et les serviteurs, doit être mis au Code du travail.*

Le départ à faire à cet égard, *dans le droit du Travail,* est quelque chose de tout à fait analogue à ce qui existe pour le *Droit commercial.*

A côté des règles générales ayant trait *aux ventes* et aux *sociétés* qui sont inscrites respectivement aux Titres VI et IX du Code civil, il y a le *Code de commerce* et les lois spéciales sur les Sociétés, qui traitent de ces questions avec plus de détails concernant les personnes qui ont l'habitude de faire des actes de commere, qui sont des *commerçants.*

Il faut faire pour *les travailleurs* ce qu'on a fait pour *les commerçants : établir exactement, entre le Code civil et le Code du travail, les mêmes distinctions qu'entre le Code du commerce et le Code civil.* »

(Gavelle : *Rapport au Comité républicain du Commerce et de l'Industie.* Octobre 1908.)

56 articles distribués sous cinq titres dont les rubriques étaient les suivantes :

I. Formation du contrat de travail.

II. Des conventions collectives relatives aux conditions du travail.

III. Des règlements d'ateliers.

IV. Effets du contrat de travail.

V. Cessation et rupture du contrat de travail (1).

Les textes proposés à la discussion du Parlement s'inspiraient, dans les titres I, II, et IV, des travaux considérables de la *Société d'études législatives* (2); dans le titre III, des dispositions de la loi belge relatives aux règlements d'atelier; et dans le titre V, des délibérations du conseil du travail sur le délai-congé (3).

La Commission du travail de la Chambre des députés, à laquelle fut soumis le projet gouvernemental, se montra sévère vis-à-vis de ce projet « élaboré peut-être, au dire de son rapporteur, avec quelque précipitation..., et très inélégant au point de vue juridique ». Elle se montra plus sévère encore, — plus juste sûrement, — vis-à-vis de la Chambre elle-même en la considérant comme incapable de discuter en temps utile, et de mettre sur pieds une loi un peu développée et complète.

Dans « la ferme intention d'aboutir » (demeurée depuis, hélas! à l'état d'intention aussi pure que

(1) Voir le texte complet du projet gouvernemental à l'Annexe II.

(2) Discussion du projet de la commission spéciale, et des remarquables rapports de MM. Perreau, Brocard et Colson. Nous avons analysé les dispositions du titre II du projet Doumergue au chapitre 4, paragraphe 3.

(3) Session de 1905.

ferme), la Commission crut devoir « courir au plus pressé » et prendre dans le texte gouvernemental seulement les innovations essentielles intéressant le contrat individuel, « sauf à parfaire ultérieurement l'œuvre législative, et à examiner dans des contre-projets distincts les règlements d'atelier et les contrats collectifs ».

Toutefois, la Commission tenait à introduire d'ores et déjà dans son texte, destiné à être incorporé au Code civil, « la reconnaissance légale du contrat collectif méconnu par certains, sauf à en déterminer plus tard les conditions et les effets ».

Ainsi, la méthode adoptée par la Commission du travail différait absolument de celle à laquelle s'était rangé le gouvernement, et le contre-projet élaboré par elle devait avoir pour résultat d'apporter des transformations radicales ou de simples modifications de détail aux articles 1779, 1780, 1781, 1341, 347, 1313 et 2101 du Code civil (1).

Nous allons analyser sommairement les deux seules dispositions de ce contre-projet, devenu caduc, qui (en outre de l'article concernant les conventions collectives de travail) eussent été de nature à introduire des innovations un peu intéressantes, au point de vue doctrinal, à l'état actuel des choses.

Définition du contrat de travail opposé au contrat d'industrie.

L'article premier du contre-projet de la Commission du travail (reproduisant littéralement, quant à la

(1) Voir le texte complet du contre-projet de la Commission du travail à l'Annexe III.

définition du contrat de travail l'article premier du projet gouvernemental) est ainsi libellé :

ARTICLE PREMIER.

« Le chapitre III du titre VIII du livre III du Code civil est ainsi modifié.

Du louage d'ouvrage.

Art. 1779. — Il y a deux espèces principales de louage d'ouvrage.

« 1° Le contrat de travail;

« 2° Le contrat d'entreprise.

« Le contrat de travail est le contrat par lequel une personne s'engage à travailler pour une autre qui s'oblige à lui payer un salaire calculé, soit à raison de la durée du travail, soit à proportion de la qualité ou de la quantité de l'ouvrage accompli, soit d'après toute autre base arrêtée entre l'employeur et l'employé.

« Le contrat d'industrie est le contrat passé par les personnes qui offrent leur travail non à un ou plusieurs employeurs déterminés, mais au public.

« Le fait que la matière est fournie en même temps que le travail n'empêche pas la convention d'être un contrat de travail, pourvu que la matière puisse être considérée comme l'accessoire du travail. »

SECTION PREMIÈRE.

Du contrat de travail.

(Art. 1780-1781).

SECTION II.

Du contrat d'industrie.

§ 1. — Des voituriers par terre et par eau.

(Art. 1782 à 1786).

§ 2. — Des devis et marchés.

(Art. 1787 à 1799). »

A l'encontre des dispositions de cet article premier du contre-projet de la Commission du travail on peut formuler, — en outre du grief fondamental sur lequel nous aurons à insister plus loin, — plusieurs reproches de moindre importance, dont il convient de signaler au moins quelques-uns.

Et d'abord, on ne voit pas pourquoi le texte de la Commission du travail maintient les conventions relatives au travail sous la rubrique du Louage, alors que tout le mouvement du progrès et de la civilisation tend à différencier les tractations concernant le travail de la notion juridique du louage.

De même, on se demande dans quel intérêt la Commission du travail, opposant au contrat de travail un autre genre de louage d'ouvrage, a cru devoir qualifier celui-ci : *contrat d'industrie*, plutôt que lui conserver la dénomination bien plus exacte et déjà consacrée par l'usage de *contrat d'entreprise* ?

Quoiqu'il en soit, des définitions proposées au texte de la Commission résulteraient, incontestablement, une considérable modification dans la classification des contrats compris sous l'intitulé : « Louage d'ouvrage ».

Jusqu'ici, sous la rubrique du titre VIII, livre III du Code civil, la doctrine discernait deux catégories distinctes de contrats : le louage de services et le louage d'ouvrage proprement dit.

Par le *louage de services*, tel qu'il était réglementé aux articles 1779 et 1780, le travailleur contractait l'obligation de procurer son activité sous la forme convenue, moyennant le salaire promis par l'autre partie et quel que dut être le résultat de cette prestation d'activité. L'ouvrier promettait, en somme, du travail et rien de plus : le louage de services était le contrat du travail à temps.

Au contraire, par le *louage d'ouvrage* proprement dit, l'ouvrier aux pièces, le travailleur à domicile, l'artisan ou l'entrepreneur promettaient, non seulement une prestation d'activité du travail sous une forme déterminée, mais plus exactement *le résultat même de ce travail*, un certain ouvrage terminé dans les conditions et sous la forme convenues. Ici, la rémunération était promise moins à la prestation du travail, en lui-même, qu'à l'exacte et satisfaisante livraison du résultat de ce travail.

Tout différent est le critérium proposé par la Commission du travail pour distinguer le contrat de travail du contrat d'industrie.

D'après ce criterium, « il y aura contrat de travail toutes les fois que l'une des parties s'engagera à fournir du travail à un ou plusieurs employeurs déterminés, quelle que soit d'ailleurs la nature de ce travail... quelle que soit aussi la manière dont sera fixé le salaire, d'après le travail lui-même ou d'après ses résultats, au temps, ou à la tâche ou aux pièces.

« Si l'offre du travail, de quelque manière que celui-ci doive être rémunéré, fût-ce à la journée, est faite, non à un ou plusieurs employeurs déterminés, mais au public, il n'y a plus contrat de travail, mais contrat d'industrie.

« On ne s'attache donc plus, pour distinguer les variétés du louage d'ouvrage, au mode de rémunération du travail. Il faut rechercher si l'une des parties peut ou non, à raison des circonstances et particulièrement de la continuité des rapports économiques, être considérée comme étant *au service* de l'autre, si l'une des parties peut être envisagée comme ayant, vis-à-vis de l'autre, la situation d'un employé vis-à-vis de son employeur. Dans ce cas, il y a contrat de travail. Sinon, si les rapports s'établissent entre deux personnes dont l'une fournit indifféremment son travail à quiconque, le contrat est un contrat d'industrie (1) ».

Il ne faudrait pas croire que cette distinction n'a qu'un intérêt purement théorique. — Elle aurait, bien au contraire, des répercussions pratiques très considérables.

Elle ferait passer de la catégorie « entrepreneur » à la catégorie « salarié » toute une série de travailleurs fort intéressants : les ouvriers à la tâche, qu'ils travaillent à leur domicile ou dans les usines ou ateliers de leurs employeurs. Et il en résulterait non seulement que ces travailleurs seraient ainsi appelés à bénéficier plus largement de toutes les mesures de protection déjà édictées, ou projetées, en faveur de ces salariés pour lesquels le contrat de travail est la charte du pain quotidien, mais encore que, à l'égard de ces travailleurs, l'ancienne *théorie des risques* telle qu'elle se trouve formulée au Code civil, à la section « des devis et marchés », cesserait d'être applicable.

Actuellement, en effet, ainsi que nous le disions immédiatement, l'ouvrier payé aux pièces ou à la tâche est, au point de vue juridique, un entrepreneur. « Il tombe, par conséquent, sous l'application des articles 1788 et suivants du Code civil. Dans le cas où la chose sur laquelle il travaille viendrait à périr avant que l'ouvrage ait été reçu, et sans que le maître fut en demeure de le vérifier, il n'aurait droit à aucun salaire. Tout autre serait la situation avec le texte nou-

---

(1) C. Perreau, Rapport à l'*Association pour la protection légale des travailleurs*, 1908, p. 16 et 17.

veau de l'article 1779, d'après lequel l'ouvrier aux pièces conclut un contrat de travail. Devant prester exclusivement du travail, il aurait droit en tout état de cause à son salaire, quel qu'ait été le sort de l'ouvrage auquel il travaillait, pourvu que le travail par lui promis ait été effectivement fourni. L'ouvrage cesserait d'être à ses risques, pour tomber aux risques de l'entrepr neur » (1).

On le voit, la classification nouvelle qu'établirait le texte de l'article premier du contre-projet de la Commission du travail présenterait de très gros intérêts, à la fois théoriques et pratiques.

Elle n'en est pour cela ni plus exacte, ni plus scientifique.

De fait, en opposant à la définition du contrat de travail *l'explication*, — ainsi qu'on l'a dit très justement, — beaucoup plutôt que la définition véritable du contrat d'industrie, lequel serait « le contrat passé par les personnes offrant leur travail non à un ou plusieurs employeurs mais au public », le texte de la Commission établit sa distinction sur un criterium tout à fait factice et qui deviendrait une source perpétuelle de différends.

Offrir ses services à des employeurs de plus en plus nombreux ou les offrir au public, cela ne constitue pas des actes présentant des différences assez caractéristiques pour prêter à des catégorisations juridiques.

Il se rencontre de nombreux cas, dans la pratique, où un travailleur peut avoir affaire tantôt avec des employeurs professionnels qui les font travailler habituellement, tantôt avec le public : tel le cas du « cou-

(1) Perreau, *loc. cit.*, p. 18.

peur » qui travaille ordinairement pour la *Belle Jar-*
dinière ou le *High Life Taylor*, sans s'interdire un
peu de clientèle directe et personnelle. — En ces
hypothèses, dira-t-on, le travailleur changera de catégorie suivant le contrat qui le liera, et il sera — successivement — entrepreneur vis-à-vis du public, et
salarié vis-à-vis de ses employeurs ordinaires.

Mais, un plus grave inconvénient de la distinction
établie par le projet de la Commission du travail consiste à classer dans des catégories différentes des salariés qui, faisant des besognes identiques, ont droit à
être régis par la même législation ; par exemple : les
femmes de ménage, les couturières à la journée qui
ravaillent dans les familles et les domestiques qui
rendent aux mêmes maîtres exactement les mêmes
services. Or, les unes — d'après le criterium de la
Commission — relèveraient du contrat d'industrie
alors que les autres seraient régies d'après les règles
du contrat de travail.

Et le projet de la Commission qui classerait les
femmes de ménage parmi les industriels et les entrepreneurs, ferait — en revanche — de simples salariés
du *marchandeur* qui travaille pour un ou plusieurs
patrons, et même de l'entrepreneur véritable mais
qui, au lieu de se mettre à la disposition du public,
ne travaillerait — comme il arrive souvent aujour-
d'hui — que pour une seule ou pour quelques maisons, toujours les mêmes.

En réalité, ce qui fait la différence véritable entre
le contrat de travail et le contrat d'industrie, ou mieux :
d'entreprise, ce n'est pas le fait qu'on offre ses services à un ou plusieurs employeurs ou au public,
mais c'est que, *dans le contrat de travail, le salarié*

engage son propre travail, tandis que, *dans le contrat d'entreprise, l'entrepreneur s'oblige uniquement à fournir un certain ouvrage*, fait par lui ou par d'autres que lui, c'est-à-dire exécuté comme il l'entendra, par des travailleurs de son choix, à sa direction et à sa solde.

Et il s'ensuit que, dans le contrat d'entreprise, celui qui paie l'ouvrage ne connaît pas, généralement, et se désintéresse de connaître les travailleurs qui le feront.

« Tel est le cas, notamment, quand un entrepreneur de transport se charge de faire parvenir un colis à destination, quand un entrepreneur de bâtisse s'engage à construire une maison, quand un entrepreneur de peinture s'oblige à en faire le ravalement, quand un tissage fabrique à façon de la toile pour un marchand, quand un confectionneur transforme en vêtements tout faits l'étoffe que lui a confiée une maison de nouveautés, quand un constructeur mécanicien exécute une machine d'après le plan d'un inventeur.

Le transporteur, le maçon, le peintre, le tisseur à façon, le confectionneur, le constructeur-mécanicien sont des entrepreneurs qui, pour un même ouvrage, font successivement deux sortes de contrats de nature différente :

1° Entre l'entrepreneur et la personne vis-à-vis de laquelle il s'engage uniquement à fournir l'ouvrage, il y a un *contrat d'entreprise* ;

1° Entre l'entrepreneur et les ouvriers qu'il emploie pour leur faire exécuter personnellement l'ouvrage ou telle portion de l'ouvrage promis, il y a des *contrats de travail* (1) ».

____

(1) Gavelle, *loc. cit.*, p. 18 et 19.

Au résumé, la classification nouvelle qui résulterait de l'adoption du texte de la Commission du travail aurait autant et plus d'inconvénients que d'avantages.

Or, à tant que modifier l'état juridique existant, — ou inexistant — il convient d'établir une démarcation nette, facilement saisissable et rationnelle entre le contrat d'entreprise, d'une part, et les divers contrats de travail, de l'autre ; et il faut, aussi, distinguer les uns des autres (en vue de faire se produire les conséquences multiples que ces distinctions doivent entraîner) les contrats de simple prestation de services, de livraison d'un ouvrage déterminé et de collaboration intellectuelle ou physique à une production commune. — C'est, précisément, ce que nous nous sommes efforcés de faire au chapitre III.

III

La tendance à la répression juridique des conventions usuraires.

Une des tendances les plus riches en promesses et les plus caractéristiques de l'effort juridique contemporain vers une plus rigoureuse justice s'affirme, — sans contredit, — par la substitution progressive, tant dans les législations que dans la jurisprudence, de la théorie éminemment chrétienne de *l'abus de droit* et de *la loyauté nécessaire des contrats*, à la doctrine payenne du *droit d'abus* et de *la liberté illimitée des stipulations contractuelles*.

Cette tendance s'observe dans tous les pays qui marchent à la tête du mouvement de la civilisation.

En Allemagne, elle s'est manifestée récemment par une très intéressante évolution, à trois étapes, dans le sens de la répression par voie légale des contrats usuraires :

Loi pénale de 1880, punissant l'usure dans le contrat de prêt seulement (art. 302 *a* du Code pénal).

Loi de 1893, réprimant l'usure en toutes sortes de négociations, ventes ou conventions analogues.

Enfin, Code civil de 1900, frappant de nullité civile tout contrat usuraire, en lui-même et quel qu'il soit :

« Art. 138. — L'acte juridique contraire aux bonnes mœurs est nul.

« Est nul, notamment, celui par lequel profitant des embarras, de la légèreté ou de l'inexpérience d'une autre personne, on se fait promettre à soi ou à un tiers, pour une prestation, des avantages pécuniaires qui excèdent la contre-valeur, de telle sorte que, d'après les circonstances, la disproportion soit évidente ».

Et la jurisprudence allemande a su faire de cet article de très judicieuses applications aux *contrats de travail léonins* (1).

Le nouveau Code civil helvétique, emboîtant le pas, dispose de manière absolument générale :

« Art. 1036. — Un contrat dans lequel il y a disproportion évidente entre la prestation promise par l'une des parties et la contre-prestation de l'autre, peut-être rescindé à la demande de la partie lésée, si la lésion a été déterminée par l'exploitation de sa gêne, de sa legèreté ou de son inexpérience ».

En France, nous aurions pu arriver par le jeu normal de l'activité jurisprudentielle, et par une appli-

---

(1) Voir V. Brants : *Les formes actuelles de la lutte contre l'usure,* 1903 ; et *Le salaire nécessaire devant la loi et les juges allemands,* 1905. Chez Hayez, Bruxelles.

cation plus éclairée et un peu plus hardie des textes anciens inscrits dans nos Codes à des résultats tout aussi considérables que ceux que nos voisins demandent, aujourd'hui, à des dispositions légales nouvelles. — Si l'on doit reconnaître, pour l'approuver hautement, l'effort méritoire, quoique trop timide et si lent, par lequel nos tribunaux, stimulés par la doctrine, ont su tirer des conséquences déjà pratiquement importantes de la théorie de *l'abus de droit* (notamment dans l'interprétation de l'art. 1780 du Code civil, complété par loi du 27 décembre 1890 et en matière de brusque congédiement), il faut bien convenir que l'on aurait pu et dû faire beaucoup mieux encore.

Il est, en effet, curieux de noter que, lorsque l'article 138 du Code civil allemand fut discuté devant le Reichstag, les députés socialistes firent valoir qu'il ne faisait, en somme, que rééditer, en les restreignant, les principes de notre Code civil français lequel, par son article 6, armait les juges beaucoup plus efficacement qu'aucun autre texte pour garantir les ouvriers contre les conséquences de leur infériorité contractuelle.

Et dire que personne ne paraissait s'en douter, en France !

Aussi bien, pour donner cette portée à l'article 6 de notre Code civil, il eût fallu admettre que c'est aux lois *naturelles* contraires aux bonnes mœurs que cet article interdit de déroger par convention particulière (1). Quoi qu'il en soit, il n'est pas contestable que si notre jurisprudence française l'eût su et voulu, elle eût aisément trouvé dans notre vieux code, en outre de l'article 6, bien d'autres articles dont elle eût pu

(1) Art. 6. — On ne peut déroger, par des conventions particulières, aux lois qui intéressent l'ordre public et les bonnes mœurs.

tirer parti pour empêcher l'exploitation abusive des travailleurs et annuler les contrats qui consacraient cette exploitation: que ce soit l'article 1135, qui réserve expressément, comme effets complémentaires nécessaires des conventions, « les suites que l'équité ou l'usage donnent à l'obligation d'après sa nature » (1); ou l'article 1133, avec sa théorie de la cause illicite; ou l'article 1112, avec sa théorie de la violence, laquelle devait trouver dans le cas de violence morale son développement naturel; ou bien d'autres encore. Nous avons certainement manqué, en France, de véritables *bons juges* sachant faire sortir des textes, — en dehors de tout souci de réclame et de popularité malsaine, — tous les effets de justice chrétienne qu'ils étaient susceptibles de produire, par une interprétation un peu large et humaine.

Et c'est pourquoi le législateur éprouve — actuellement — le besoin, et se sent le devoir d'intervenir.

L'annulation possible des contrats de travail usuraires.

L'article 11 du projet gouvernemental du 2 juillet 1906 disposait:

« Art. 11. — Doit être considéré comme illicite toute clause du contrat de travail par laquelle l'une des parties a abusé du besoin, de la légèreté ou de l'inexpérience de l'autre pour lui imposer des conditions en désaccord flagrant, soit avec les conditions habituelles de la profession ou de la région, soit avec la valeur ou l'importance des services engagés ».

(1) Art. 1135. — Les conventions obligent non seulement à ce qui y est exprimé, mais encore à toutes les suites que l'équité, l'usage ou la loi donnent à l'obligation, d'après sa nature ».

A cet article, le projet de la Commission du travail substitue le suivant :

« Art. 4. — L'article 1313 du Code civil est complété ainsi qu'il suit :

« Le contrat de travail pourra être rescindé avec allocation de dommages-intérêts lorsque ses conditions sont en désaccord flagrant, soit avec les conditions habituelles de la profession ou de la région, soit avec la valeur ou l'importance des prestations fournies ».

Ainsi, l'article 11 du projet Doumergue rattachait, en somme, la nullité des contrats usuraires de travail à la notion d'ordre public inscrite à l'article 6 du Code civil ; l'article 4 du projet de la Commission rendrait, lui, applicable à ces contrats, la rescision pour cause de lésion prévue, d'une manière générale, à l'article 1313 (1). — Un avant-projet de la même Commission liait, paraît-il, l'annulabilité des contrats léonins à l'article 1112 et à la théorie de la violence morale (2).

Tout cela est, en somme, très secondaire.

Ce qui est important, à quelque texte qu'on la rattache, c'est la possibilité d'annulation des contrats, et même d'attribution de dommages-intérêts lorsque,

____

(1) Art. 1313. — Les majeurs ne sont restitués pour cause de lésion que dans les cas et sous les conditions spécialement exprimées dans le présent code.

(2) Cette première rédaction de la Commission du travail était ainsi conçue :

« L'article 1112 du Code civil est complété comme suit :

« Paragraphe 3. — Il y a violence, en matière de contrat de travail, lorsqu'une des parties a abusé du besoin, de la légèreté ou de l'inexpérience de l'autre pour lui imposer des conditions en désaccord flagrant, soit avec les conditions habituelles de la profession ou de la région, soit avec la valeur ou l'importance des prestations fournies ».

de la comparaison des prestations promises, ressortira évidemment l'exploitation du faible par le fort (1).

Qui donc devrait être investi de la grave prérogative de prononcer sur cette non-équivalence des prestations ? — Le juge.

Et d'après quel critère ?

La *Société d'études législatives*, s'inspirant des quelques décisions de la jurisprudence allemande, proposait de limiter le pouvoir d'annulation du juge aux cas de désaccord choquant entre les stipulations du contrat incriminé et les conditions habituelles de la profession et de la région :

Le projet de la Commission du travail — reproduisant en ceci le projet du gouvernement — prétendrait aller plus loin, et il permettrait au juge l'annulation du contrat abusif de travail pour simple constatation de la non-équivalence des prestations fournies. La commission voudrait, en effet, « que le juge, pour apprécier les prestations réciproques et la valeur du salaire, pût se placer, en tenant compte des circonstances extérieures et des faits de la cause, à deux points de vue différents, et même, s'il s'agit de salaire usuel, *au-dessus de l'usage* qui est fait généralement de la seule volonté patronale; cette faculté lui permettrait de juger en équité car, — d'après la Commission, — l'interprétation du juge doit devancer celle du public,

______

(1) L'avant-propos sur « le contrat d'emploi » voté tout récemment par le Conseil supérieur du travail de Belgique, sur le rapport de M. V. Brants, contient un article ainsi conçu :

« Le contact est nul lorsqu'une des parties abuse des besoins, de la légèreté ou de l'inexpérience de l'autre pour lui faire accepter des conditions, soit en désaccord grave avec les conditions usuelles dans la profession ou la région, soit en disproportion notable avec la valeur ou l'importance des prestations fournies. »

malgré l'usage, et ce serait prolonger souvent l'iniquité que de lui laisser simplement consacrer l'usage.

La Commission se rallie ainsi à l'opinion de M. Raoul Jay lequel, devant l'*Association pour la protection légale des travailleurs*, avait développé cette thèse que le juge devait pouvoir ne pas se borner à rescinder les contrats individuels ayant un caractère exorbitant du droit commun, mais pouvoir encore « venir dans une certaine mesure en aide aux ouvriers et surtout aux ouvrières qui souffrent des maux du *Sweating system* ».

« Le sweating system, ajoutait-il, n'est pas, en effet, un fait exceptionnel, individuel ; ce n'est pas le fait d'ouvrières payées un salaire inférieur à celui qui est payé à leurs voisines et concurrentes. Si le sweating system n'était qu'un fait exceptionnel et individuel, il ne serait pas le fléau que nous savons. Le sweating system est un mal endémique qui, dans une région donnée, frappe toute une profession ». Et c'est lui qu'il est intéressant d'atteindre beaucoup plus que les cas d'exploitation individuels.

En sens inverse, M. Perreau, dans son rapport à la même Association, s'élevait contre l'étendue du pouvoir d'appréciation ainsi conféré au juge.

« Le contrat de travail, écrivait-il, pourra être annulé pour cause de lésion abusive résultant de l'inégalité des valeurs échangées, alors même que les clauses de ce contrat seraient conformes aux clauses habituelles des contrats de même nature passés dans la profession et dans la région.

On fait ainsi du juge une sorte de réformateur social chargé moins d'interpréter la loi et la convention des parties que de redresser les abus pouvant résulter de l'organisation industrielle (1) ». On lui confère le pouvoir de jeter le blâme, par une solution d'espèce, sur une pratique générale dans une profession et une région.

Et M. Perreau se refusait à admettre qu'un pouvoir aussi considérable et aussi étendu pût être dévolu aux tribunaux.

On le voit, les opinions sont radicalement divergentes quant à la formule pratique à donner à cette règle nouvelle de droit.

Nous ferons remarquer, seulement, que les projets français ne confèrent pas au juge, — beaucoup s'en faut, — des pouvoirs d'appréciation plus étendus et plus imprécis que ceux qui résultent pour lui des textes des codes civils allemand et helvétique; et qu'ils sont bien moins élastiques que le projet italien sur le contrat de travail (1902) qui paraissait lier la validité de ce contrat à l'allocation au travailleur d'un *juste salaire* (2).

Nous noterons, ensuite, que les dispositions de l'article 4 de la Commission du travail étant absolument générales, cet article pourrait être aussi bien utilisé, le cas échéant, par les employeurs que par les salariés : au cas, par exemple, où des ouvriers, sachant leur patron lié vis-à-vis de tiers par des contrats à courte échéance et à clauses pénales, profiteraient de

---

(1) Perreau, rapport de 1907, p. 15. Voir dans le même sens, les paroles de M. Millerand, dans la discussion des rapports de 1908; (Le contrat de travail et le Code civil) p. 163 et s.

(2) L'article premier de ce projet italien était ainsi rédigé : « Le contrat de travail est celui par lequel un ouvrier, ou tout autre travailleur manuel s'oblige au service d'un employeur ou patron *moyennant un juste salaire* (mediante equâ retribuzione) que celui-ci s'oblige à lui fournir ».

cette situation pour le contraindre, pour ainsi dire le couteau sous la gorge, à leur consentir des conditions abusives d'exécution ou de remunération de leur travail.

De toutes façons, et quoi qu'il en soit des détails de rédaction des textes, ce que l'on ne saurait trop approuver et poursuivre, c'est l'introduction dans nos Codes du principe dont s'inspire cet article 4 du projet de la Commission du travail.

Ce principe, en effet, qui a ses racines dans l'intime de la conscience humaine et qui, pour cela doit même finir par vaincre tous les obstacles que lui oppose le juridisme au service du capitalisme, c'est qu'il ne saurait y avoir de droit contre la justice et que la prétendue liberté des conventions ne saurait prévaloir contre les exigences de la vie.

Ainsi que le proclamait Léon XIII, dans l'immortelle encyclique « Rerum novarum », au passage qu'on ne saurait trop citer : « au-dessus de la libre volonté des parties contractantes, il est une loi de justice naturelle plus élevée et plus ancienne, à savoir que le salaire ne doit pas être insuffisant à faire subsister l'ouvrier sobre et honnête »; et avec mon excellent collègue et ami Brocard, préfaçant tout dernièrement le beau livre de Ryan, je conclurai : « Il faut nous féliciter de ce que, de tous les horizons de la conscience humaine, s'élève à l'unisson, au-dessus des luttes des partis et des conflits de doctrine, cette parole que les canonistes ont dite les premiers, que les socialistes ont répétée après eux et qui sort aujourd'hui de toutes les bouches : l'homme a le droit de vivre par son travail ».

Annexes

ANNEXE I

Programme d'un cours de législation et d'économie industrielles

Faculté libre de Droit de Lille. Année 1906-1907.
Doctorat (Sciences politiques et économiques).

Contrat de travail et salariat

INTRODUCTION. — Ce qu'est le contrat de travail ; — en quoi consiste le salariat ; — et comment le régime capitaliste, ou de répartition inégale, se différencie du régime de communisme familial et du régime de répartition proportionnelle, ou régime associationniste.

TITRE PREMIER

Le Contrat de travail et la réalité économique

L'offre et la demande de travail.

Comment le contrat de travail se forme ; dans quelles conditions il s'exécute ; comment il se rompt.

17

Les salaires : les circonstances économiques qui en conditionnent le cours. — Leur hausse, depuis un siècle ; leur taux actuel.

Les risques de l'industrie et du travail : dans quelle mesure les salariés en sont garantis.

Le rôle des grèves et des syndicats, au point de vue de l'amélioration de la condition des travailleurs.

TITRE II

Le Contrat de travail et la morale sociale.

Le caractère de *nécessité* du travail, par rapport au salarié, et les droits de la vie.

Comment un contrat de travail équitable et conforme aux exigences de la vie comporte pour le travailleur :

1º Un salaire suffisant ;

2º Des conditions humaines d'exécution du travail ;

3º La garantie des risques professionnels.

Quelle est la nature juridique propre du contrat de travail ?

Comment le contrat de travail n'est ni un louage d'ouvrage, ni une vente de travail, ni une société ordinaire ; mais un contrat *sui generis* assimilable, suivant les hypothèses, soit à la vente d'un produit complet, soit à la vente d'une plus-value réalisée, soit à une société, en vue d'une production, avec vente par certains associés, à d'autres, de leur part de propriété indivise du produit éventuel.

En quoi diffèrent le contrat entre patron et ouvrier et celui entre maître et serviteur.

A quoi se limitent la prérogative d'autorité de l'employeur et le devoir de subordination du travailleur.

TITRE III

Le Contrat de travail et le droit positif français.

CHAPITRE PRÉLIMINAIRE. — Analyse des textes de droit positif inscrits au *Code du travail et de la prévoyance sociale* (projet) et se référant au contrat de travail (formation, rupture, conditions d'exécutions, effets).

CHAPITRE PREMIER. — Analyse du Titre II — Livre Ier du Code du travail et de la prévoyance sociale : *Du Contrat de travail.*

CHAP. PREMIER. — Dispositions générales.

CHAP. 2. — *Section* 1 : L'article 1780 du Code civil ; la doctrine et la jurisprudence

Section 2 : Des réglements d'ateliers (renvoi).

CHAP. 3. — Du marché d'ouvrage (pour mémoire).

CHAP. 4. — Du marchandage.

CHAP. 5. — Les conventions collectives de travail et la jurisprudence.

CHAP. 6. — Les décrets du 10 août 1899, et les conditions de travail dans les marchés de travaux et fournitures passés par l'État, les départements, les communes et les établissements publics.

CHAPITRE II. — Analyse du Titre III — Livre Ier du Code du travail et de la prévoyance sociale : *Du salaire.*

CHAP. PREMIER. — De la détermination du salaire. — Le contrôle du salaire à la tâche : lois du 7 mars 1850 et du 21 juillet 1856 ; — projet du 6 décembre 1904.

CHAP. 2. — De la participation aux bénéfices (renvoi).

CHAP. 3 — Du paiement des salaires. — Des privilèges et garanties de la créance de salaire ; de la prescription de l'action en paiement du salaire (pour mémoire).

Chap. 4 et 5. — Loi du 12 janvier 1895 : les retenues sur le salaire ; la saisie-arrêt et la cession des salaires.

CHAPITRE III. — Analyse du Titre IV — Livre Ier du Code du travail et de la prévoyance sociale : *Du placement des travailleurs.*

La loi du 14 mars et ses antécédents.

CHAPITRE IV. — Comment les textes inscrits aux Livres II et V du Code du travail et de la prévoyance sociale (Livre II : *De la réglementation du travail* ; — Livre V : *Des assurances ouvrières*) et relatifs à la Réglementation du travail et aux Risques professionnels doivent être considérés comme complétant les dispositions de droit positif concernant le Contrat de travail, en tant qu'ils conditionnent ce contrat dans son exécution et dans ses effets.

TITRE IV

Abolition ou Amélioration ?

CHAPITRE PRÉLIMINAIRE. — Abolition ou amélioration ; remplacement ou amendement ?

CHAPITRE PREMIER. — Doctrines tendant à l'abolition du régime capitaliste ; A) *Le Collectivisme.*

CHAPITRE II. — B) *Le Coupératisme.*

CHAPITRE III. — Une doctrine de compromis : *Le Participationnisme.*

A) Participation aux bénéfices.
B) Participation au capital.

CHAPITRE IV. — *Doctrines diverses* prenant le salariat comme *un fait*, et poursuivant les améliorations dont est immédiatement susceptible le contrat de travail.

Convergence, sur ce terrain commun, des doctrines du socialisme réformiste, du syndicalisme, de l'école interventionniste et du catholicisme social.

Le but des améliorations à apporter au régime du salariat, au triple point de vue juridique, économique et moral :

Procurer : *a)* l'égalité contractuelle des parties ; *b)* l'équitable répartition des résultats de la production commune : *c)* le respect mutuel des employeurs et des salariés dans l'exercice de leurs prérogatives respectives.

Les moyens : l'intervention de l'État, la protection légale ; l'organisation professionnelle ; les conseils de conciliation ; les conventions collectives ; les assurances ouvrières.

TITRE V.

Etude monographique de quelques conventions collectives de travail.

CHAPITRE PREMIER. — *Le lock-out de Verviers* (oct.-nov. 1906) : Une convention collective fixant les rôles respectifs du chef d'entreprise, des travailleurs manuels et des syndicats dans la conception et la direction de l'entreprise, dans la conclusion du contrat de travail et dans la détermination des conditions d'exécution du travail.

CHAPITRE II. — *Les Conventions d'Arras* : Une convention collective portant tarification des salai-

res et posant les bases de leur amélioration progressive, en fonction de la prospérité de l'industrie.

TITRE VI.

Projets de réforme législative du Contrat de travail.

CHAPITRE PRÉLIMINAIRE. — Les législations
étrangères et le contrat du travail.

La question de la réforme du contrat de travail devant le Parlement et les milieux scientifiques.

Le Code Groussier.

Travaux du « Conseil supérieur du Travail », de la
« Commission de codification des lois ouvrières »,
de la « Société d'Etudes législatives », de la « Section
française de l'Association pour la protection légale des
travailleurs », de la « Société d'Économie politique »
et de l'« Union d'études des catholiques sociaux ».

Projet de loi du 2 juillet 1906.

Confrontation de son texte et de celui de la Société
d'études législatives.

CHAPITRE PREMIER. — Titre premier du pro-
jet Doumergue : *Formation du contrat de travail.*

Définition du contrat de travail. — Extension du
louage de services au détriment du louage d'ouvrage
et d'industrie.

Admissibilité, sans limitation, de la preuve testimoniale.

Valeur, au point de vue de la détermination des conditions du contrat, du règlement d'atelier, des conventions collectives, des usages locaux et professionnels.

Nullité du contrat pour exploitation abusive. — Les
salaires usuraires. — Criterium d'appréciation.

CHAPITRE II. — Titre II du projet Doumergue :
Des conventions collectives relatives aux conditions du travail.

Définition et champ d'application des conventions collectives.

Leurs conditions de forme et de validité.

Ceux qu'elles obligent.

Ceux qui s'en peuvent prévaloir.

CHAPITRE III. — Titre III du projet Doumergue :
Des règlements d'atelier.

Le règlement d'atelier facultatif, mais soumis à certaines règles de fonds et de forme.

Les indications qu'il doit ; celles qu'il peut contenir.

Les formalités imposées pour sa promulgation initiale et ses modifications.

Sa valeur en justice.

CHAPITRE IV. — Titre IV du projet Doumergue :
Effets du contrat de travail.

1° Obligations de l'employeur :

a) Rémunération du travail.

Contrôle de la rémunération du travail à la tâche.

Indemnité à l'employé pour le temps qu'on lui a fait perdre.

Justifications, en cas de contrat de participation aux bénéfices.

Retenues à titre de cautionnement.

Paiements faits à l'employé mineur.

b) Conditions du travail.

Sécurité ; moralité. Respect de l'accomplissement des devoirs civiques et de famille.

Obligations qu'entraîne le logement de l'employé par l'employeur.

2° Obligations de l'employé :

Déférence et respect des convenances.
Obligations matérielles.

CHAPITRE V. — Titre V du projet Doumergue : *Cessation et rupture du contrat de travail.*

Causes générales et spéciales de rupture du contrat de travail.

Le délai-congé ; obligation et sanction.
La rupture abusive du contrat de travail.
Nature juridique de la grève.

ANNEXE II

Projet de loi sur le contrat de travail

Présenté à la Chambre des Députés, le 2 juillet 1906, par M. Gaston Doumergue, Ministre du Commerce, de l'Industrie et du Travail.

TITRE PREMIER

Formation du contrat de travail.

ARTICLE PREMIER. — Le contrat de travail est le contrat par lequel une personne s'engage à travailler pour une autre qui s'oblige à lui payer un salaire calculé, soit à raison de la durée du travail, soit à proportion de la qualité ou de la quantité de l'ouvrage accompli, soit d'après toute autre base arrêtée entre l'employeur et l'employé.

Ne sont pas soumis aux dispositions du présent titre les contrats passés par les personnes qui offrent leur travail non à un ou plusieurs employeurs déterminés, mais au public.

ART. 2. — Le fait que l'employé fournit la matière en même temps que le travail n'empêche pas la convention d'être un contrat de travail, pourvu que la matière puisse être considérée comme l'accessoire du travail.

ART. 3. — Le contrat de travail est dit « contrat individuel » lorsqu'il se forme entre un employeur unique et un employé unique.

Art. 4. — Le contrat de travail est dit « contrat d'équipe » lorsqu'il se forme entre un employeur et une collectivité d'employés ou les représentants de celle-ci.

Art. 5. — Lorsque les employés, engagés dans les conditions définies à l'article premier, doivent, en vue de l'exécution des travaux convenus, organiser ou conduire des groupes ou brigades, ils sont de plein droit présumés agir à titre de mandataires du chef de l'entreprise, dans leurs rapports avec les employés faisant partie de ces groupes ou brigades.

Nulle preuve n'est admise contre cette présomption.

Art. 6. — Le contrat de travail est soumis, quant à sa formation, aux règles du droit commun, sous réserve des dispositions ci-après.

Art. 7. — On ne peut engager son travail qu'à temps ou pour une entreprise déterminée.

Art. 8. — En matière de contrat de travail, la preuve testimoniale est toujours admise, à défaut d'écrit, quelle que soit la valeur du litige.

Art. 9. — Soit que le contrat de travail ait été constaté par écrit, soit qu'il ait été conclu verbalement, ou qu'il résulte seulement du fait, par l'employé, d'avoir, avec le consentement de l'employeur ou de son délégué, participé aux travaux du chantier ou de l'atelier, les parties sont censées, pour toutes les conditions non prévues expressément au contrat, s'être référés, à défaut de règlement d'atelier ou de convention collective, aux usages des lieux et de la profession.

Art. 10. — Les conditions que l'employeur aura insérées dans un règlement d'atelier ou de travail ne sont réputées acceptées par l'employé qui conclut le contrat de travail que si elles ont été régulièrement publiées dans la forme prévue aux articles 26 et 27 du titre III ci-après et si l'employeur établit qu'elles ont été portées à la connaissance personnelle de l'employé.

Les modifications apportées aux conditions du contrat de travail par voie de règlement d'atelier ou de travail ne sont réputées acceptées par l'employé que sous les conditions indiquées au paragraphe précédent.

Art. 11. — Doit être considérée comme illicite toute clause du contrat de travail par laquelle l'une des parties a abusé du besoin, de la légèreté ou de l'inexpérience de l'autre pour lui imposer des conditions en désaccord flagrant, soit avec les conditions habituelles de la profession ou de la région, soit avec la valeur ou l'importance des services engagés.

TITRE II

Des conventions collectives relatives aux conditions du travail.

Art. 12. — Préalablement à la formation du contrat individuel de travail, des conventions collectives de travail peuvent être conclues entre un ou plusieurs employeurs et un syndicat ou groupement d'employés, ou entre les représentants des uns et des autres, spécialement mandatés à cet effet, soit dans la forme prévue par les statuts des syndicats, soit par tout autre procédé.

Ces conventions collectives déterminent certaines conditions auxquelles doivent satisfaire les contrats individuels qui seront conclus entre les personnes qui peuvent exiger l'application des clauses inscrites dans ces conventions.

Les employeurs peuvent s'engager à appliquer la

convention pendant sa durée de validité, soit à des catégories déterminées de leur personnel, soit seulement aux employés ayant pris part à la négociation directement ou par mandataires.

Les employés peuvent s'engager à respecter la convention, soit chez les seuls employeurs signataires, ou dans tout contrat passé pendant la durée de la convention avec un employeur quelconque dans une région déterminée.

ART. 13. — La convention collective relative aux conditions du travail doit être écrite; elle sera déposée, à peine de nullité, au secrétariat du Conseil de prud'hommes, ou, à défaut de Conseil de prud'hommes, au greffe de la justice de paix du lieu où elle a été passée.

Communication devra en être donnée gratuitement à tout requérant. Des copies certifiées pourront en être délivrées aux intéressés sur leurs requêtes et à leurs frais.

Le dépôt aura lieu aux soins de la partie la plus diligente, à frais communs.

Un décret fixera les émoluments des greffiers, le mode de communication des contrats et le mode de recouvrement des frais et honoraires.

ART. 14. — La convention collective ne pourra être conclue pour une durée supérieure à cinq ans.

A défaut de stipulation déterminant la durée de la validité de la convention collective, cette convention sera considérée comme liant les parties pour une période d'un an.

La convention collective qui n'a pas été dénoncée dans les délais prévus par les parties, ou, à défaut de ces délais, avant son expiration, sera prorogée pour une nouvelle période égale à la précédente.

ART. 15. — Sont, à défaut de stipulation contraire expressément énoncée dans les statuts des syndicats ou dans la convention collective elle-même, considérés comme soumis aux obligations résultant de cette convention collective les employés et les employeurs qui sont, au moment où la convention est passée, membres du syndicat ou de la collectivité partie à la convention, ou qui postérieurement adhèrent au syndicat ou à la convention.

ART. 16. — Lorsqu'un contrat de travail intervient entre un employeur et un employé qui doivent, aux termes de l'article précédent, être considérés comme soumis l'un et l'autre aux obligations résultant de la convention collective les règles déterminées en cette convention s'imposent, nonobstant toute stipulation contraire, aux rapports nés du contrat de travail.

ART. 17. — Lorsqu'une seule des parties au contrat de travail doit être considérée comme liée par les clauses de la convention collective, ces clauses ne s'appliqueront aux rapports nés du contrat de travail qu'à défaut de stipulations contraires.

Mais, en ce cas, la partie liée par une convention collective, qui l'oblige même à l'égard de personnes qui n'ont pas été parties à cette convention (art. 12 §§ 3 et 4), et qui aurait accepté, à l'égard de ces personnes, des conditions contraires aux règles déterminées dans cette convention, peut être civilement actionnée à raison de l'inexécution des obligations par elle assumées.

ART. 18. — Lorsqu'il n'existe qu'une seule convention collective relative aux conditions du travail pour la profession ou la région et que cette convention collective a été déposée au secrétariat du Conseil de prud'hommes ou au greffe de la justice de paix, conformément à l'article 13, les employeurs et les employés seront, jusqu'à preuve contraire, et pendant la durée de la convention collective, présumés avoir accepté, pour le règlement des rapports nés des contrats de travail intervenus entre eux, les règles posées dans la convention collective.

ART. 19. — Les obligations assumées par les syndicats qui interviennent dans une convention collective relative aux conditions du travail sont déterminées par la convention collective.

ART. 20. — Les syndicats qui sont intervenus comme partie à la convention collective relative aux conditions du travail peuvent exercer toutes les actions qui naissent de cette convention collective en leur faveur ou en faveur de leurs membres, avec leur consentement.

Ils peuvent spécialement agir pour obtenir l'exécution de la convention ou des dommages-intérêts au cas d'inexécution, soit contre les parties, individus ou syndicats, avec lesquels ils ont passé la convention collective, soit contre ceux de leurs membres qui n'auraient pas respecté les règles posées par la convention collective.

Lorsque la convention collective est intervenue entre un syndicat ou une collectivité d'employés et plusieurs employeurs, chacun des membres de ce syndicat et de la collectivité ouvrière pourra également agir pour obtenir, à son profit, l'exécution ou des dommages-intérêts contre ceux qui, ayant contracté avec lui, ne respecteraient pas les obligations résultant pour eux de la convention collective.

ART. 21. — Les dispositions du présent titre peuvent être invoquées par tous ceux que peut lier un contrat de travail.

TITRE III

Des règlements d'atelier.

ART. 22. — Dans les entreprises industrielles et commerciales, même dans celles de l'État, des départements et des communes, où il existe des règlements d'atelier, ces règlements sont régis par les dispositions du présent titre.

ART. 23. — Le règlement d'atelier doit indiquer dans la mesure que comporte la nature de l'entreprise :

1° La manière dont le salaire est déterminé et notamment si l'employé est rétribué à l'heure, à la journée, à la tâche ou à l'entreprise ;

2° Lorsque l'employé est rétribué à la tâche ou à l'entreprise, le mode de mesurage et de contrôle ;

3° Les époques de payement des salaires ;

4° Si les employés ne séjournent dans les locaux de l'entreprise que pour y prendre des matières premières, ou y remettre le produit de leur travail, l'indication des jours et heures où les locaux leur sont accessibles.

ART. 24. — Là où l'entreprise le comporte, le règlement d'atelier doit encore indiquer :

1° Les droits et les devoirs du personnel de surveillance, le recours ouvert aux ouvriers en cas de plaintes ou difficultés relatives audit personnel ;

2° Les fournitures qui sont faites à l'employé à charge d'imputation sur le salaire ;

3° La durée du délai-congé ;

4° S'il existe des pénalités ou amendes, la nature des pénalités, le taux des amendes et l'emploi qui en est fait.

Art. 25. — Le règlement d'atelier pourra comporter en outre toutes les prescriptions visant l'hygiène, la sécurité, la moralité et les convenances.

Art. 26. — Avant d'entrer en vigueur, tout règlement nouveau ou toute autre modification à un règlement ancien doit être porté à la connaissance des employés par voie d'affiche.

Pendant huit jours au moins à partir de l'affichage, le chef d'entreprise tient à la disposition de ses employés un registre ou cahier où ceux-ci peuvent, soit individuellement, soit par leurs délégués, consigner les observations qu'ils auraient à présenter.

Les dispositions ci-dessus ne font point obstacle aux lois qui prévoient, pour certains cas spéciaux, des délais plus étendus.

Pendant le même délai de huit jours au moins, les employés peuvent adresser individuellement et par écrit leurs observations au président du Conseil de prud'hommes ou, à défaut, au juge de paix. Le président du Conseil de prud'hommes ou le juge de paix transmet ces observations au chef d'entreprise dans les trois jours de la réception, sans indiquer les noms des signataires.

Après une deuxième période de huit jours, le règlement nouveau ou le règlement modifié fait l'objet d'un deuxième affichage avec la mention « observations vues ». Il entre ensuite en vigueur à l'expiration d'un délai au moins égal au délai-congé en usage dans la profession et qui ne peut être inférieur à huit jours francs. Le chef d'entreprise a la faculté de prolonger ce délai; lorsqu'il est fait usage de cette faculté, le projet affiché doit mentionner la date de l'entrée en vigueur.

Toutefois, si le nouveau règlement ou le règlement modifié comporte, par application de l'article 25 ci-dessus, des dispositions spéciales concernant l'hygiène, la sécurité, la moralité et les convenances, ces dispositions entrent en vigueur dès le jour de l'affichage et ne sont pas soumises aux formalités prévues par les articles 26 et 27.

Art. 27. — Tout règlement nouveau ou tout règlement modifié doit, à peine de nullité, porter l'attestation, dûment signée par le chef d'entreprise, de la consultation régulière des employés dans la forme prévue à l'article précédent.

Art. 28. — L'ancien règlement ou les usages antérieurs subsistent jusqu'à la mise en vigueur, dans les conditions prévues aux articles 26 et 27 ci-dessus, du nouveau règlement ou du règlement modifié.

Art. 29. — Les règlements faits conformément aux présentes dispositions lient les parties pour toute la durée de l'engagement, tant dans les dispositions obligatoires prévues ci-dessus que dans les dispositions facultatives qui y seraient jointes en vue d'établir les conditions du contrat de travail.

Art. 30. — Le règlement est et reste affiché dans les locaux de l'entreprise, à un endroit apparent.

Tout employé a le droit d'en prendre copie.

Art. 31. — *Dispositions transitoires.* — Les chefs d'entreprise auront un délai de six mois, à dater de la promulgation de la présente loi, pour modifier leurs règlements d'atelier conformément aux dispositions qui précèdent.

Les règlements actuellement en vigueur resteront en vigueur pour toutes les prescriptions qui ne sont pas contraires aux dispositions du présent titre.

TITRE IV

Effets du contrat de travail.

ART. 32. — Le contrat de travail produit les effets déterminés par les conventions des parties, dans la mesure où ces conventions ne sont contraires ni à l'ordre public et aux bonnes mœurs, ni aux lois, spécialement aux lois qui règlementent les conditions du travail et sa rémunération.

SECTION I. — *Obligations de l'employeur.*

§ 1ᵉʳ. — RÉMUNÉRATION DU TRAVAIL.

ART. 33. — Lorsque la rémunération du travail dépend de mesures, pesées, opérations, vérifications quelconques ayant pour but de déterminer la quantité et la qualité de l'ouvrage, les employés ont toujours le droit, malgré toute convention contraire, de contrôler ces opérations personnellement et par délégués.

Les données prévues par les contrats qui pourraient être nécessaires au calcul des salaires fixés par contrat individuel ou convention collective sont soumises aux mêmes règles.

ART. 34. — Lorsque l'employé payé à la pièce, à la tâche ou à l'entreprise est maintenu à la disposition de l'employeur sur le lieu du travail, à son domicile ou ailleurs, et mis dans l'impossibilité de travailler par le fait de l'employeur, il a droit à une indemnité correspondant au préjudice qui lui a été causé. Toute convention contraire est nulle.

ART. 35. — Lorsque l'employé a droit à une part des bénéfices déterminés par le contrat, l'employeur est tenu, malgré toute convention contraire, de fournir à l'employé ou à un tiers agréé par les parties les données nécessaires pour contrôler le calcul de cette part.

ART. 36. — Les retenues faites à titre de cautionnement ou de garantie sur la rémunération de l'employé ne peuvent, malgré toute convention contraire, excéder un dixième (1/10) de chaque paye. Elles doivent être déposées, sous la responsabilité de l'employeur, entre les mains d'un tiers désigné par les parties ou, en cas de désaccord, par le juge de paix. Toutefois, il peut être stipulé que l'employeur les conservera tant que leur total n'aura pas atteint la rémunération d'un mois de travail.

ART. 37. — Les créances des employés pour la rémunération de leur travail sont privilégiées, pour une durée de six mois, au rang déterminé par l'article 2101, § 4, du Code civil. Ce privilège s'étend à l'année échue et à l'année courante s'il s'agit de gens de service.

Est abrogé, en ce qu'il a de contraire au présent article, l'article 549 du Code de commerce.

ART. 38. — Le payement fait par l'employeur, à l'employé mineur, de la rémunération qui lui est due est valable si le père ou le tuteur de l'employé n'y a pas mis préalablement opposition.

En cas d'opposition par lettre recommandée ou par voie extrajudiciaire, le juge de paix peut, soit d'office, soit sur simple réquisition d'un parent ou d'un ami, et après avoir entendu ou appelé le père ou le tuteur, autoriser le mineur à recevoir tout ou partie de la rémunération de son travail.

ART. 39. — Dans tous les cas où l'employé n'est pas occupé à titre purement passager, il appartient aux tribunaux d'apprécier si, et dans quelle mesure, le salaire est dû, en cas d'interruption momentanée résultant d'un cas de force majeure. Pour cette appréciation, il est tenu compte du délai prévu pour donner congé, ainsi que de la durée des services déjà rendus.

§ 2. — CONDITIONS DU TRAVAIL.

ART. 40. — A moins de convention ou d'usage contraire, l'employeur doit mettre à la disposition de l'employé les collaborateurs, instruments et matières nécessaires à l'accomplissement de son travail. Si l'employeur les fournit moyennant payement, il ne peut, malgré toute convention contraire, le faire à un prix supérieur à celui du marché.

L'employeur n'a, en aucun cas, le droit de retenir les objets ou instruments servant au travail qui appartiennent à l'employé. Il en est responsable sous les conditions du droit commun. Toute convention contraire est nulle.

ART. 41. — L'employeur est tenu de veiller à ce que les conditions d'exécution du travail ne portent atteinte ni à la santé, ni à la sécurité, ni à la moralité de l'employé. Il doit lui laisser le temps nécessaire pour l'accomplissement de ses devoirs civiques et de famille.

Lorsque l'employeur loge et nourrit l'employé, il doit le faire dans des conditions qui ne portent atteinte ni à sa moralité, ni à sa santé. Il doit, en outre, et malgré toute convention contraire, lui assurer à ses frais les premiers soins médicaux en cas de blessure ou de maladie survenue à son service, sans préjudice des obligations qui peuvent lui incomber en vertu des règles spéciales sur la responsabilité.

Ces obligations sont interprétées plus ou moins

rigoureusement suivant les circonstances et notamment en considération de l'âge de l'employé et de la durée de ses services.

Section II. — *Obligations de l'employé.*

Art. 42. — Pendant l'exécution du contrat, l'employé est tenu :

1° D'accomplir sa tâche avec soin en se conformant aux ordres et instructions de l'employeur et de ses représentants; 2° de respecter les convenances et les bonnes mœurs; 3° d'éviter tout ce qui pourrait compromettre sa sécurité, celle de ses collaborateurs et celle des tiers.

Il doit restituer en bon état à l'employeur les matières premières non utilisées ainsi que les instruments ou objets quelconques qui lui ont été confiés. Toutefois, il n'est tenu compte ni des détériorations et de l'usure dues à l'usage normal de ces objets, ni du cas fortuit et de la force majeure.

Art. 43. — L'employé ne peut se faire remplacer dans l'exécution de son travail que s'il y est autorisé par le contrat ou par l'usage. Dans ce cas, le remplaçant doit être expressément ou tacitement agréé par l'employeur. A moins de convention contraire, le remplaçant est entièrement substitué au remplacé dans le contrat; il a une action directe contre l'employeur et l'employeur contre lui. Le remplacé est dégagé de toute responsabilité quant au choix ou aux fautes du remplaçant.

TITRE V.

Cessation et rupture du contrat de travail.

Art. 44. — Les obligations résultant du contrat de travail prennent fin, soit dans les conditions prévues par les parties, telles que l'expiration de la durée convenue, l'achèvement de l'ouvrage, soit par la force majeure, soit par la volonté des contractants dans les conditions ci-après.

ART. 45. — Le contrat de travail à durée indéterminée peut toujours cesser par la volonté de l'une des parties contractantes.

ART. 46. — Toutefois, sauf dans les cas prévus ci-après, la partie qui prend l'initiative de la résolution doit prévenir l'autre partie, soit une semaine au moins à l'avance, s'il s'agit d'un ouvrier ou d'un serviteur, soit un mois au moins, s'il s'agit d'un employé proprement dit ou d'un ouvrier assimilé à un employé.

ART. 47. — Les délais prévus à l'article précédent pourront être, à la requête des intéressés, réduits ou augmentés, pour une profession ou une spécialité déterminées, dans une localité ou une région déterminées, s'il est établi par une enquête que les délais ainsi réduits ou augmentés sont conformes aux usages locaux, ou répondent aux vues des patrons et des ouvriers.

 La requête des intéressés sera adressée au juge de paix. L'enquête sera faite par un comité constitué et fonctionnant conformément à la procédure établie par les articles 2, 3, 4, 5 et 6 de la loi du 27 décembre 1892.

ART. 48. — Pendant la période de délai-congé, l'ouvrier disposera de deux heures au moins par jour pour chercher du travail.

ART. 49. — Le renouvellement continu du contrat de travail à durée déterminée soumet les parties à l'obligation du délai-congé dans les limites des dispositions de la présente loi.

ART. 50. — L'obligation du délai-congé n'est pas

applicable au cas où le louage de services serait résilié avant l'expiration d'une période égale à une quinzaine, s'il s'agit d'un ouvrier ou d'un serviteur, à un mois s'il s'agit d'un employé proprement dit. Elle ne s'applique pas, en outre, lorsque la résiliation résulte d'un cas de force majeure ou d'une faute grave.

Art. 51. — Les modifications apportées au contrat individuel de travail pendant son exécution par un règlement d'atelier qui n'aurait pas été accepté expressément par les employés, ou appliqué sans protestation de leur part pendant une durée égale à celle du délai-congé, sont pour les employés une cause légitime de rupture.

Art. 52. — La partie qui n'a pas observé le délai visé par les dispositions précédentes est tenue envers l'autre partie à des dommages-intérêts égaux au délai qui devait être observé.

Art. 53. — Ces dommages ne se confondent pas avec ceux auxquels peut donner lieu, en outre, la résolution abusive du contrat par la volonté d'une des parties contractantes ; le tribunal, pour apprécier s'il y a abus, pourra faire une enquête sur les circonstances de la rupture. Il devra, en tout cas, demander à la partie qui a rompu le contrat les motifs de la rupture.

Art. 54. — Pour la fixation de l'indemnité allouée, dans ce dernier cas, il est tenu compte des usages, de la nature des services engagés, du temps écoulé, des retenues opérées et des versements effectués en vue d'une pension de retraite, et, en général, de toutes les circonstances qui peuvent justifier l'existence et déterminer l'étendue du préjudice causé.

Les parties ne peuvent renoncer à l'avance au droit

éventuel de demander des dommages-intérêts, en vertu des dispositions du présent article.

ART. 55. — Les constatations auxquelles pourra donner lieu l'application des paragraphes précédents, lorsqu'elles seront portées devant les tribunaux civils et devant les cours d'appel, seront instruites comme affaires sommaires et jugées d'urgence.

ART. 56. — La grève est, sauf manifestation contraire de la volonté de l'une ou de l'autre partie, une suspension du contrat de travail.

Le refus par l'une des parties de recourir à la procédure de conciliation ou à l'arbitrage dans les formes instituées par les lois spéciales sera considéré comme une rupture du contrat, du fait de cette partie.

Dans les services publics et dans les établissements industriels de l'État dont le fonctionnement ne saurait être interrompu sans compromettre les intérêts de la défense nationale, la grève ou cessation concertée du travail, est *ipso facto* une rupture du contrat de travail.

ANNEXE III

Comparaison entre les textes du Code civil et ceux proposés par la Commission du travail de la Chambre des Députés [1]

Code civil.

CHAPITRE III
Du louage d'ouvrage et d'industrie.

ART. 1779. — Il y a trois espèces principales de louage d'ouvrage et d'industrie :

1° Le louage des gens de travail qui s'engagent au service de quelqu'un ;

2° Celui des voituriers, tant par terre que par eau, qui se chargent du transport des personnes ou des marchandises ;

3° Celui des entrepreneurs d'ouvrage par suite de devis ou marchés. — Civ. 1780, 1782 et s., 1787 et s.

Contre-projet.

CHAPITRE III
Du louage d'ouvrage.

ART. 1779 nouveau. — Il y a deux espèces principales de louage d'ouvrage :

1° Le contrat de travail ;

2° Le contrat d'industrie.

Le contrat de travail est le contrat par lequel une personne s'engage à travailler pour une autre qui s'oblige à lui payer un salaire calculé, soit à raison de la durée du travail, soit d'après toute autre base arrêtée entre l'employeur et l'employé.

Le contrat d'industrie est le contrat passé par des personnes qui offrent leur travail, non à un ou plusieurs employés déterminés, mais au public.

Le fait que la matière est fournie en même temps que le travail n'empêche pas la convention d'être un contrat de louage d'ouvrage, pourvu que la matière puisse être considérée comme l'accessoire du principal.

(1) Rapport Chambon; Doc. parl., n° 1409.

Code civil.

—

SECTION PREMIÈRE.

Du louage des domestiques et ouvriers.

(Articles 1780 et 1781, ce dernier abrogé par la loi du 2 août 1868).

SECTION II.

Des voituriers par terre et par eau.

(Articles 1782 à 1786).

SECTION III.

Des devis et des marchés.

(Articles 1787 à 1799).

ART. 1341. — Il doit être passé acte devant notaire ou sous signature privée, de toutes choses excédant la somme ou valeur de 150 francs, même pour dépôts volontaires; et il n'est reçu aucune preuve par témoins contre seul et outre le contenu aux actes, ni sur ce qui serait allégué avoir été dit avant, lors ou depuis les actes, encore qu'il s'agisse d'une somme ou valeur moindre de 150 francs.

Le tout sans préjudice de ce qui est prescrit dans les lois relatives au commerce.

Contre-projet.

—

SECTION PREMIÈRE.

Du contrat de travail.

(Articles 1780 et 1781 nouveaux).

SECTION II.

Du contrat d'industrie.

§ 1er.

Des voituriers par terre et par eau

(Articles 1782 à 1786).

§ 2.

Des devis et des marchés.

(Articles 1787 à 1799).

Addition à l'article 1341. — En matière de contrat de travail, la preuve testimoniale est toujours admise, quelle que soit la valeur du litige.

Code civil.

Art. 387. — Elle (la jouissance légale) ne s'étendra pas aux biens que les enfants pourront acquérir par un travail et une industrie séparés, ni à ceux qui leur seront donnés ou légués sous la condition expresse que les père et mère n'en jouiront pas.

Art. 1313. — Les majeurs ne sont restitués pour cause de lésion que dans les cas et sous les conditions spécialement exprimés dans le présent Code.

Contre-projet.

Addition à l'article 387. — Le payement fait par l'employeur à l'employé mineur de la rémunération qui lui est due est valable si le père ou tuteur n'y a mis préalablement opposition.

En cas d'opposition par lettre recommandée ou par voie extra-judiciaire, le juge de paix peut, soit sur simple réquisition d'un parent ou d'un tiers et après avoir entendu le père ou le tuteur, autoriser le mineur à recevoir tout ou partie de la rémunération de son travail.

Addition à l'article 1313. — Le contrat de travail peut être rescindé avec allocation de dommages-intérêts lorsque ses conditions sont en désaccord flagrant, soit avec les conditions habituelles de la profession ou de la région, soit avec la valeur ou l'importance des prestations fournies.

Code civil.

—

ART. 1780. — On ne peut engager ses services qu'à temps, ou pour une entreprise déterminée.

(Loi du 27 décembre 1890, art. 1er). Le louage de service, fait sans détermination de durée, peut toujours cesser par la volonté d'une des parties contractantes.

Néanmoins, la résiliation du contrat par la volonté d'un seul des contractants peut donner lieu à des dommages-intérêts.

Pour la fixation de l'indemnité à allouer, le cas échéant, il est tenu compte des usages, de la nature des services engagés, du temps écoulé, des retenues opérées et des versements effectués en vue d'une pension de retraite et, en général, de toutes les circonstances qui peuvent justifier l'existence et déterminer l'étendue du préjudice causé.

Les parties ne peuvent renoncer à l'avance au droit éventuel de demander des dommages-intérêts en vue des dispositions ci-dessus.

Les contestations auxquelles pourra donner lieu l'application des paragraphes précédents, lorsqu'elles seront portées devant les tribunaux civils et devant les Cours d'appel, seront instruites comme affaires sommaires et jugées d'urgence.

Contre-projet.

—

Addition au paragraphe 3 de l'article 1780. — La charge de la preuve des justes motifs de renvoi incombe à celle des parties qui a rompu le contrat.

Code civil.	Contre-projet.
Art. 1781 (abrogé par la loi du 2 août 1868) :	Art. 1781. — Préalablement à la formation du contrat individuel de travail et dans le but de déterminer certaines conditions auxquelles il devra satisfaire, des conventions collectives de travail peuvent être conclues entre un employeur ou un syndicat ou groupement d'employeurs et un syndicat ou groupement d'employés, ou entre leurs représentants respectifs.

Code civil.

Art. 1781 (abrogé par la loi du 2 août 1868) :

Le maître est cru sur son affirmation.

Pour la quotité des gages;

Pour le payement du salaire de l'année échue;

Et pour les acomptes donnés pour l'année courante.

Art. 2101. — Les créances privilégiées sur la généralité des meubles sont celles ci-après exprimées, et s'exercent dans l'ordre suivant :

1° Les frais de justice;

2° Les frais funéraires;

3° (Modifié par la loi du 30 novembre 1892. art. 12). Les frais quelconques de la dernière maladie, quelle qu'en ait été la terminaison, concurremment entre ceux à qui ils sont dus;

4° Les salaires des gens de service, pour l'année échue et ce qui est dû sur l'année courante.

Contre-projet.

Art. 1781. — Préalablement à la formation du contrat individuel de travail et dans le but de déterminer certaines conditions auxquelles il devra satisfaire, des conventions collectives de travail peuvent être conclues entre un employeur ou un syndicat ou groupement d'employeurs et un syndicat ou groupement d'employés, ou entre leurs représentants respectifs.

Modification au n° 4 de l'article 2101 :

4° Tous salaires en général sous quelque forme qu'ils soient:

a) Pour les trois mois échus et la période courante s'ils sont payés chaque semaine ou plus fréquemment.

b) Pour les six mois échus et la période courante s'ils sont payés chaque mois ou à des intervalles plus rapprochés.

c) Pour l'année échue et la période courante si les salaires sont payés chaque année ou à des intervalles plus rapprochés.

ANNEXE IV

Projet de loi sur le contrat collectif de travail

Présenté à la Chambre des Députés le 11 juillet 1910,
par M. Viviani, ministre du Travail (1).

Article premier. — Les représentants d'un syndicat professionnel ou de tout autre groupement d'employés peuvent passer avec un employeur ou avec les représentants d'un syndicat professionnel ou tout autre groupement d'employeurs des conventions collectives déterminant certaines conditions auxquelles devront satisfaire les contrats de travail individuels dans lesquels fera partie l'un des adhérents à la convention collective.

Sont considérés comme adhérents à la convention collective :

1° Les employeurs ou les employés qui ont donné individuellement, par écrit, mandat spécial aux négociateurs pour traiter en leur nom ;

2° Ceux qui, au moment où la convention est passée, sont membres d'un syndicat professionnel ou d'un groupement partie à cette convention, si dans un délai de trois jours francs à dater du dépôt prévu à

---

(1) Au moment où nous donnons le *bon à tirer*, le gouvernement dispose le projet de loi ci-dessus qu'il diffère assez notablement du titre au projet Doumergue.

l'article 3 ci-après, ils ne se sont pas retirés du syndicat ou du groupement par une démission donnée de bonne foi et notifiée au secrétariat ou greffe où le dépôt a été effectué;

3° Ceux qui, postérieurement au dépôt de la convention, entrent dans des syndicats professionnels participant ou adhérant à la convention.

Art. 2. — L'engagement de chaque adhérant comporte l'obligation d'observer les conditions de travail déterminées par la convention collective dans tous les contrats individuels qu'il passerait même avec des personnes étrangères à cette convention, pour le genre de travail qui en fait l'objet, à moins qu'il ne soit formellement stipulé que les conditions convenues sont obligatoires pour les adhérents, soit seulement dans leurs rapports entre eux et avec les tiers, soit seulement dans une région déterminée.

Art. 3. — La convention collective doit être écrite à peine de nullité. Elle est déposée au secrétariat du conseil de prud'hommes, au greffe de la justice de paix du lieu où elle a été passée, et de tout lieu où elle est ...licable.

Il en est donné gratuitement communication à toute partie intéressée.

Le dépôt a lieu aux soins de la partie la plus diligente, à frais communs.

Un décret fixera les émoluments des greffiers, le mode de communication des contrats et le mode de recouvrement des frais honoraires.

Art. 4. — La convention collective peut être conclue pour une période indéterminée. Dans ce cas, elle peut toujours cesser par la volonté de l'un des groupements participants, à charge, pour les représentants de ce groupement, de prévenir l'autre *un mois* à l'avance. Toute stipulation tendant à abréger ce délai est nulle.

Si la convention collective est conclue pour une durée déterminée, cette durée ne peut être supérieure à cinq années.

A défaut de stipulation contraire; la convention à durée déterminée qui arrive à expiration continue à produire ses effets comme convention à durée indéterminée.

Art. 5. — Lorsqu'une convention collective a été conclue pour une durée indéterminée, tout participant peut, à toute époque, se dégager en notifiant un mois à l'avance sa renonciation au secrétariat ou au greffe où le dépôt prévu à l'article 3 doit être fait, et en se retirant de tout syndicat professionnel qui resterait partie à la convention.

Lorsqu'une convention est prorogée pour une durée déterminée par tacite reconduction, tout participant peut se dégager dans les mêmes formes, dans la huitaine qui suit la prorogation.

Est nulle toute convention par laquelle un employeur ou un employé renoncerait à la faculté de répudier, dans les formes prévues par le deuxième paragraphe de l'article 1er ci-dessus, soit une convention collective, soit un mandat donné collectivement, ou par laquelle il renoncerait, pour une durée de plus de cinq ans, à se dégager d'une convention en cours.

Art. 6. — Lorsqu'un contrat de travail intervient entre un employeur et un employé qui doivent, aux termes de l'article précédent, être considérés comme soumis l'un et l'autre, aux obligations résultant de la convention collective les règles déterminées en cette convention s'imposent, nonobstant toute stipulation contraire, aux rapports nés de ce contrat de travail.

Art. 7. — Lorsqu'un contrat de travail intervient entre parties, dont une seule doit être considérée comme liée par les clauses de la convention collective, ces clauses s'appliqueront aux rapports nés du contrat de travail, à moins de stipulations contraires.

Mais en ce cas, la partie liée par une convention collective qui l'oblige, même à l'égard de personnes qui n'ont pas été parties à cette convention (article 2) et qui aurait accepté, à l'égard de ces personnes, des conditions contraires aux règles déterminées par cette convention peut être civilement actionnée à raison de l'inexécution des obligations par elle assumées.

Art. 8. — Les syndicats professionnels d'employeurs ou d'employés ayant adhéré à une convention collective, sont tenus de ne rien faire qui soit de nature à en compromettre l'exécution loyale.

Ils ne sont garants de cette exécution que dans la mesure déterminée par la convention.

Art. 9. — Les syndicats professionnels ou les individus liés par la convention collective, sont passibles, en cas de violation des engagements contractés par eux, de dommages-intérêts qui peuvent leur être réclamés.

Soit par les syndicats professionnels ou les individus, membres de la collectivité avec laquelle a traité celle dont ils font partie.

Soit par les syndicats professionnels ou les individus membres de la collectivité dont ils font partie.

Art. 10. — Les syndicats professionnels qui sont intervenus comme partie à la convention collective peuvent exercer toutes les actions qui naissent de cette convention en faveur de chacun de leurs membres, sans avoir à justifier d'un mandat de l'intéressé, pourvu que celui-ci ait été averti et n'ait pas déclaré s'y opposer. L'intéressé peut toujours intervenir à l'instance engagée par le syndicat.

Le syndicat peut également intervenir dans toute instance engagée par un de ses membres pour obtenir la réparation du préjudice à lui causé par une violation de la convention, en raison de l'intérêt collectif que la solution du litige présente pour tous les autres.

ART. 11. — Sont valables les dispositions de la convention collective par lesquelles les adhérents remettent à des arbitres, désignés ou à désigner dans des formes déterminées, le jugement de tout ou partie des litiges que peut faire naître l'exécution de cette convention.

ANNEXE V

Un contrat collectif d'un genre tout nouveau

De M. Bazire, dans le *Peuple Français* :

Depuis quatre semaines, les maçons de Nantes étaient en grève. Aucune violence, aucune agitation n'avait dénaturé ce conflit exclusivement professionnel. Cependant, comme il est aisé de le comprendre, cette interruption de travail avait eu sa répercussion sur toutes les autres industries du bâtiment et la crise était d'une gravité exceptionnelle aussi bien pour les ouvriers que pour les patrons nantais.

C'est alors que la *Chambre syndicale des entrepreneurs du bâtiment* eut l'idée de recourir au *contrat collectif*, non seulement pour le corps de métier en grève, mais pour toutes les industries du bâtiment si évidemment solidaires. Le contrat serait rédigé d'accord par une Commission patronale et par une Commission ouvrière. Mais quelle juridiction établir pour solutionner les différends d'interprétation et pour assurer les sanctions ? C'est là qu'apparaît un procédé original et ingénieux dont il convient de faire honneur aux Nantais.

Le maire, M. Guist'hau, proposa de créer une Commission municipale d'arbitrage. Syndicats ouvriers et

Chambres patronales acceptèrent, et voici quelques extraits des délibérations prises de part et d'autre.

D'abord par le Conseil de la *Chambre syndicale des entrepreneurs de bâtiment* :

Considérant qu'il est à désirer que des conflits fréquents, résultant des conditions du travail, ne viennent pas troubler à chaque instant l'exercice d'une industrie importante;

Qu'il y a intérêt aussi bien pour les ouvriers que pour les patrons à régler d'une façon précise et pour une durée déterminée ces conditions de travail par un contrat bilatéral.

. . . .

Emet l'avis que l'établissement d'un contrat de travail est désirable.

Décide de soumettre à la première assemblée générale une proposition tendant à la nomination d'une Commission chargée de procéder à l'étude de ce contrat; de soumettre un projet à l'assemblée générale et, après approbation, d'en assurer l'adoption, et, à cet effet, de suivre tous pourparlers nécessaires avec une Commission ouvrière régulièrement désignée; admet dès maintenant que les points qui ne pourraient être solutionnés à l'amiable, seraient soumis à l'arbitrage de la Commission arbitrale du travail qui, par ailleurs, décernera acte des accords intervenus.

Le secrétaire :
Signé : LECLERC.

Le président :
Signé : LE GUILLOU.

Le même jour, 9 mai 1910, la *Chambre syndicale des entrepreneurs de la maçonnerie* se ralliait à cet ordre du jour par un avis motivé, et, de leur côté, les

Syndicats ouvriers se réunissaient pour prendre la délibération suivante :

Le Conseil d'administration de la Chambre syndicale des ouvriers... du bâtiment de la ville de Nantes, après avoir entendu le camarade Tempée, délégué de la Chambre syndicale des ouvriers maçons de Nantes, et le secrétaire de la Bourse du travail, accepte de nommer une délégation ayant pour mandat de présenter ses revendications au Syndicat des entrepreneurs du groupe de la maçonnerie et, en cas de désaccord, accepte l'arbitrage de la Commission du travail pour l'élaboration d'un contrat qui devra être mis en application au plus tard au 1ᵉʳ octobre 1910.

> Pour et par ordre :
> *Le Secrétaire.*

Sept syndicats sur neuf qui existent à Nantes, dans l'industrie du bâtiment, acceptaient de signer cette rédaction. Deux s'abstenaient : le syndicat des plâtriers et le syndicat des peintres.

Néanmoins, fort du mandat que lui avaient donné la grande majorité des syndicats ouvriers, le secrétaire de la Bourse du travail s'aboucha avec le maire, M. Guist'hau, déjà en possession de la délibération prise par la Chambre des entrepreneurs du bâtiment.

Muni de ces documents, et investi par là même d'une véritable autorité arbitrale, M. le maire de Nantes n'hésita pas à prendre un arrêté dont voici les principaux passages :

Nous, député, maire de la ville de Nantes, chevalier de la Légion d'honneur, officier de l'Instruction publique,

Considérant qu'un conflit du travail a éclaté entre les entrepreneurs de maçonnerie et les ouvriers maçons et manœuvres;

Considérant qu'à la suite des différentes entrevues avec le maire, les groupements patronaux et ouvriers ont décidé de s'en remettre à une Commission arbitrale du soin de solutionner les points litigieux, ainsi que d'établir une entente durable entre employeurs et employés du bâtiment, étant entendu que les chantiers seraient rouverts et le travail repris immédiatement.

Vu l'ordre du jour, en date du 9 mai 1910, adopté par le Syndicat des entrepreneurs;

Vu l'ordre du jour des entrepreneurs de la maçonnerie, en date également du 9 mai 1910;

Vu les ordres du jour, en date du 11 mai courant, par lesquels la Chambre syndicale des ouvriers tailleurs de pierre blanche, la Chambre syndicale des ouvriers menuisiers en bâtiment et maritime, la Chambre syndicale des ouvriers granitiers réunis, la Chambre syndicale des ouvriers couvreurs-zingueurs, la Chambre syndicale des ouvriers serruriers, la Chambre mutualiste des ouvriers charpentiers, la Chambre syndicale des ouvriers maçons et la Chambre syndicale des manœuvres déclarent accepter l'arbitrage de la Commission arbitrale dans les conditions ci-dessus exposées, étant entendu que les décisions de cette Commission seront mises en application à la date du 1er octobre 1910 au plus tard;

Considérant que toutes les parties sont d'accord pour nous confier le mandat de nommer ladite Commission.

Arrêtons :

Article premier. — Il est constitué à Nantes une Commission arbitrale permanente à l'effet de régler les conditions du travail dans l'industrie du bâtiment.

Elle aura pour mission de prendre acte des accords intervenus entre les délégués des Syndicats intervenus entre les délégués des Syndicats patronaux et ouvriers, de solutionner les points litigieux dont elle sera saisie de plein droit, à défaut d'accord entre les parties, d'établir un contrat collectif du travail pour toutes les industries du bâtiment; d'en fixer la durée d'application, de l'interpréter et d'en surveiller l'exécution; étant admis que ledit contrat, en ce qui touche notamment les augmentations de salaires qu'il pourrait comporter, devra être appliqué à la même date pour toutes les corporations du bâtiment et au plus tard le 1er octobre 1910.

Elle aura pouvoir d'établir un bordereau général des salaires normaux dont l'application aura lieu à la même date.

Ladite Commission est composée de :

Le maire de Nantes ou de l'adjoint qu'il aura spécialement délégué;

L'ingénieur en chef de la ville;

Un membre de la Société des architectes;

Un membre de la Chambre syndicale des propriétaires;

Un membre de l'Union des Syndicats du commerce et de l'industrie;

Un membre de la Chambre syndicale des entrepreneurs du bâtiment;

Un membre du Conseil local des Syndicats du bâtiment;

Un industriel, membre ou ancien membre du Tribunal de commerce;

Le secrétaire de la Bourse du travail;

Un avocat.

Art. 2. — Sont nommés membres de ladite Commission :

. . . .

Art. 3. — La Commission sera présidée par le maire ou par l'adjoint qu'il aura spécialement délégué à cet effet.

Elle aura pour secrétaire, avec voix consultative, M. X... ingénieur des ponts et chaussées, ingénieur de la ville.

Art. 4. — Elle se réunira à l'Hôtel de Ville.

Fait à Nantes, en l'Hôtel de Ville, le 11 mai 1910,

Le député, maire de Nantes,

Signé : GUIST'HAU.

Nous avons tenu à reproduire presque intégralement cet arrêté municipal, car si la tentative de Nantes réussit, il constituera un document de haut intérêt. Cet arrêté, que beaucoup de maires eussent hésité à prendre, est un exemple de ce que peut, en dehors de toute considération politique et pour la solution pacifique des conflits du travail, une municipalité consciente des besoins nouveaux.

Sans doute, il convient d'attendre les résultats de l'expérience nantaise. Mais s'ils sont favorables, il faudra reconnaître que la collaboration des Chambres patronales, des Syndicats ouvriers et de la Municipalité aura créé dans notre droit public — et c'est là le point intéressant — une institution à la fois contractuelle et réglementaire du plus haut intérêt pour la future organisation du travail.

ANNEXE VI

Dispositions principales de la loi du 5 avril 1910 sur les retraites ouvrières et paysannes

TITRE PREMIER

Constitution des retraites.

ARTICLE PREMIER. — Les salariés des deux sexes de l'industrie, du commerce, des professions libérales et de l'agriculture, les serviteurs à gages, les salariés de l'État, qui ne sont pas placés sous le régime des pensions civiles ou des pensions militaires, et les salariés des départements et des communes bénéficieront, dans les conditions déterminées par la présente loi, d'une retraite de vieillesse.

ART. 2. — La retraite de vieillesse est constituée par des versements obligatoires et facultatifs des assurés, par des contributions des employeurs et par des allocations viagères de l'État.

Les versements obligatoires des salariés, comme les contributions des employeurs, sont établis sur les bases suivantes :

Les versements annuels seront de neuf francs (9 fr.) pour les hommes, six francs (6 fr.) pour les femmes et quatre francs cinquante centimes (4 fr. 5o) pour les mineurs au-dessous de dix-huit ans, soit par journée de travail : trois centimes (3 c.), deux centimes (2 c.), et un centime cinq millimes (1 c. 5).

La retraite est constituée à capital aliéné ; toutefois si l'assuré le demande, les versements prélevés sur son salaire seront faits à capital réservés.

La contribution de l'employeur reste exclusivement à sa charge toute convention contraire étant nulle de plein droit.

Un règlement d'administration publique déterminera la situation des salariés qui travaillent à façon, aux pièces, à la tâche ou à domicile.

Art. 3. — Les versements des salariés sont prélevés sur le salaire par l'employeur lors de chaque paye.

Chaque assuré reçoit gratuitement une carte personnelle d'identité, ainsi que des cartes annuelles destinées à l'apposition de timbres constatant les versements effectués obligatoirement pour son compte ou facultativement par lui-même.

Le montant total du prélèvement et de la contribution patronale est représenté par un timbre mobile que l'employeur doit apposer sur la carte de l'assuré.

Pour les salariés intermittents, les versements obligatoires seront effectués sur la base des versements mensuels, dans les conditions qui seront déterminées par un règlement d'administration publique, sans pouvoir dépasser les limites fixées au paragraphe 3 de l'article 2 de la présente loi.

Les Sociétés de secours mutuels, les Caisses d'épargne ordinaires et les autres Caisses prévues à l'article 14 de la présente loi peuvent se charger de l'encaissement des versements obligatoires ou facultatifs de leurs adhérents, si ceux-ci en font la demande.

Elles peuvent recevoir d'avance les versements obligatoires des assurés, à condition de les inscrire sur leurs cartes avec une mention spéciale.

Dans ce cas les employeurs s'acquittent de leurs contributions par l'apposition d'un timbre mobile.

Un règlement d'administration publique déterminera dans quelles conditions les Sociétés de secours mutuels et les autres Caisses devront justifier de l'encaissement des cotisations et du versement qu'elles seront tenues d'en faire à la Caisse des dépôts et consignations.

Ceux qui justifieront être déjà adhérents et payer leur cotisation à une Société de secours mutuels et de prévoyance faisant la retraite; ceux qui justifieront avoir contracté un engagement pour l'achat ou la construction d'une habitation à bon marché, ou pour l'acquisition d'une petite propriété (champ ou jardin), conformément aux conditions des lois des 30 novembre 1894, 30 avril 1904, 12 avril 1906 et 10 avril 1908, pourront être autorisés à continuer à appliquer à ces œuvres les versements personnels auxquels ils seront tenus par la présente loi.

Ils conserveront le bénéfice de la contribution des employeurs et la subvention complémentaire de l'État.

ART. 4. — L'allocation viagère de l'État est fixée à soixante francs (60 francs) à l'âge de 65 ans.

Pour être admis au bénéfice de cette allocation, l'assuré devra justifier qu'il a effectué au moins 30 versements annuels, atteignant, y compris ses versements facultatifs, le chiffre fixé à l'article 2.

Si le nombre des années de versements est inférieur à trente ans et supérieur à quinze, l'allocation sera calculée d'après le nombre des années de versements, ledit nombre multiplié par 1 fr. 50.

Les deux années de service militaire obligatoire entrent en ligne de compte pour la détermination du montant de l'allocation viagère. . . . .

Art. 5. — L'âge normal de la retraite est de 65 ans.

Tout assuré pourra, à partir de 55 ans, réclamer la liquidation anticipée de sa retraite ; mais, dans ce cas, l'allocation viagère accordée par l'État sera aussi l'objet d'une liquidation reportée au même âge et réduite en conséquence. . . . .

Art. 6. — Si un assuré encore astreint aux obligations de la présente loi décède avant d'être pourvu d'une pension de retraite de vieillesse, il est alloué:

1° A ses enfants âgés de moins de 16 ans; une somme de cinquante francs (50 fr.) par mois, pendant six mois, s'ils sont au nombre de trois ou plus; cinquante francs (50 fr.) par mois, pendant cinq mois, s'ils sont au nombre de deux; cinquante francs (50 fr.) par mois, pendant quatre mois, s il n'y en a qu'un seul.

2° A la veuve sans enfants de moins de 16 ans, cinquante francs (50 fr.) par mois, pendant trois mois.

En cas de divorce, les mêmes avantages sont alloués à la femme non remariée, quand le divorce aura été prononcé aux torts exclusifs du mari. . . . . . .

. . . .

Art. 9. — Les assurés qui seront atteints en dehors des cas régis par la loi du 9 avril 1898, et à l'exclusion de toute faute intentionnelle, de blessures graves ou d'infirmités prématurées entraînant une incapacité absolue et permanente de travail auront droit, quel que soit leur âge, à la liquidation anticipée de leur retraite.

La constatation de cette incapacité sera faite dans les conditions et formes déterminées par un règlement d'administration publique.

La retraite liquidée sera bonifiée par l'Etat dans les conditions fixées par ce règlement au moyen de crédits spéciaux, annuellement ouverts à cet effet par la loi de finances, sans que la bonification puisse dépasser soixante francs (60 fr.) de rente, ni la retraite devenir supérieur au triple de la liquidation ou excéder trois cent soixante francs (360 fr.), bonification comprise.

Employés d'administrations et salariés étrangers.

ART. 10. — Les agents, employés et ouvriers des grandes Compagnies de chemins de fer d'intérêt général et de l'administration des chemins de fer de l'État, les ouvriers et employés des mines et les inscrits maritimes demeurent respectivement soumis aux législations spéciales qui les régissent.

Il en sera de même des agents, employés et ouvriers des chemins de fer d'intérêt local et des tramways. Toutefois, si les dispositions établies en leur faveur par les exploitants dans les conventions passées, s'il y a lieu, entre ces derniers et l'État, les départements ou les communes intéressées sous l'approbation des ministres des Travaux publics et de l'Intérieur donnée après avis du ministre du Travail, ne devaient pas leur assurer une retraite au moins égale à celle résultant de la présente loi, celle-ci leur serait applicable dans les conditions qui seront fixées par un arrêté concerté entre le ministre des Finances, le ministre des Travaux publics et le ministre du Travail.

Les caisses de retraites ou les règlements de retraites dont bénéficient actuellement les salariés de l'État qui ne sont pas placés sous le régime des pensions civiles ou des pensions militaires et les salariés des

départements et des communes, pourront être main-
tenus par décrets rendus sur la proposition des
ministres du Travail et des Finances et du ministre
compétent.

De nouvelles caisses ou de nouveaux règlements de
retraites pourront être institués dans les mêmes conditions.

Les salariés dont la rémunération annuelle dépasse
trois mille francs (3.000 fr.) ne seront pas soumis aux
obligations de la présente loi. Ceux dont la rémunération annuelle atteindra trois mille francs (3.000 fr.)
cesseront de faire partie de la liste des assurés, mais
ils conserveront leurs droits acquis.

Art. 11. — Les salariés étrangers travaillant en
France sont soumis au même régime que les français.

Toutefois, ils ne peuvent bénéficier des contributions patronales et des allocations ou bonifications
budgétaires que si des traités avec les pays d'origine
garantissent à nos nationaux des avantages équiva-
lents.

Lorsqu'il n'y a pas lieu à application de l'alinéa
précédent, les contributions patronales sont affectées
à un fonds de réserve.

Sont également affectés au fond de réserve les contributions patronales correspondant à l'emploi des
salariés français dont la retraite est déjà liquidée.

Les chefs d'industrie qui auront constitué chez eux
des caisses de retraites patronales autorisées comme
il est dit à l'art. 19, seront tenus de verser au fonds de
réserve la contribution patronale afférente à ceux de
leurs salariés qui, par application des deux paragraphes précédents, ne pourraient bénéficier de cette contribution . . . .
. . . .

Art. 13. — Lorsque la retraite en cours d'acquisition dépasse cent quatre-vingts francs (180 fr.), l'assuré peut à toute époque, et après examen médical, affecter la valeur en capital du surplus, soit à une assurance en cas de décès, soit à l'acquisition d'une terre ou d'une habitation qui deviendra inaliénable et insaisissable, dans les conditions déterminées par la législation sur la constitution d'un bien de famille insaisissable.

Art. 14. — Les comptes individuels des assurés sont ouverts à leur choix dans l'une des caisses ci-après :

1° Caisse nationale des retraites pour la vieillesse, dont la gestion continue à être assurée dans les conditions de la loi du 20 juillet 1896, par la Caisse des dépôts et consignations, sous le contrôle de la Commission de surveillance placée auprès de cette Caisse, et qui ouvrira dans ses écritures une section spéciale pour les opérations afférentes à la présente loi.

2° Sociétés ou Unions de sociétés de secours mutuels dans les conditions spécifiées à l'article 17 ;

3° Caisses départementales ou régionales de retraites instituées par décret et administrées par des Comités de direction composés pour un tiers de représentants du gouvernement, pour un tiers de représentants élus des assurés, et pour le troisième tiers de représentants élus des employeurs ;

4° Caisses patronales ou syndicales de retraites ;

5° Caisses de Syndicats de garantie liant solidairement les patrons adhérents pour l'assurance de la retraite ;

6° Caisses de retraites de Syndicats professionnels.

Les caisses prévues aux cinq derniers alinéas ci-dessus relèvent du ministre du Travail. Elles jouissent de la personnalité civile et sont soumises au contrôle financier du ministre des Finances, dans les conditions qui seront déterminées par un règlement d'administration publique. Leurs fonds sont employés en placements prévus à l'article ci-après.

Chaque caisse, dans le premier semestre de chaque année, délivre gratuitement aux assurés un bulletin indiquant le total des versements obligatoires et facultatifs qu'elle a reçus l'année précédente, ainsi que le montant de la retraite éventuelle à 65 ans, atteinte au 31 décembre de l'année précédente.

Art. 15. — Pour l'application de la présente loi, la gestion financière des divers organismes visés à l'article précédent est confiée à la Caisse des dépôts et consignations, qui effectue gratuitement leurs placements moyennant le simple remboursement des droits et frais de courtage ou d'acquisition.

Un règlement d'administration publique, rendu sur la proposition du ministre des Finances et du ministre du Travail, après avis de la Commission de surveillance de la Caisse des dépôts et consignations, détermine les mesures d'exécution relatives à la gestion financière.

Les placements sont effectués : 1° en valeurs de l'État ou jouissant de la garantie de l'État; 2° en prêts aux départements, communes, colonies ou pays de protectorat, établissements publics, Chambres de commerce et en obligations foncières ou communales du Crédit foncier ; 3° sur l'avis favorable du Conseil supérieur des retraites ouvrières prévu ci-après et jusqu'à concurrence de 1/400 en acquisitions de terrains incultes à reboiser ou de forêts existantes; 4° sur l'avis favorable du Conseil supérieur des retraites ouvrières, et jusqu'à concurrence du dixième, en prêts aux institutions visées par l'art. 6 de la loi du 12 avril 1906 et aux institutions de prévoyance et d'hygiène sociales reconnues d'utilité publique, ou en prêts hypothécaires sur habitations ouvrières ou jardins ouvriers, ainsi qu'en obligations de Sociétés d'habitations à bon marché établies conformément à la même loi du 12 avril 1906.

Les sommes non employées seront versées en compte courant au Trésor dans les limites d'un maximum et à un taux fixé annuellement par la loi des finances.

Les placements seront opérés sur la désignation de chaque caisse intéressée. La Caisse des dépôts et consignations ne pourra se dispenser d'exécuter les ordres d'achat ou de vente adressées par les caisses visées aux paragraphes 2 à 6 de l'article précédent, sauf à les fractionner, s'il y a lieu, suivant la situation du marché et sauf avis contraire de la section permanente du Conseil supérieur des retraites ouvrières, en ce qui concerne les ordres de vente.

* * * * * * * * * * * * * * * *

TITRE V

Retraites des métayers, fermiers, cultivateurs, artisans et petits patrons.

Art. 36. — Les fermiers, métayers, petits cultivateurs, artisans et petits patrons qui, habituellement, travaillent seuls ou avec un seul ouvrier et avec des membres de leur famille salariés ou non, habitant avec eux, et qui voudraient se constituer une retraite ou en assurer une à ces membres de leur famille, seront admis facultativement, en opérant des versements à l'une des caisses visées par l'article 14 et dans les conditions énumérées aux paragraphes ci-après, au bénéfice d'une pension de retraite, à l'âge de 65 ans, et au bénéfice, le cas échéant, des dispositions de l'article 18.

Pour les fermiers, cultivateurs, artisans et petits patrons, les versements annuels seront, au minimum, de neuf francs (9 fr.) par assuré pour la cotisation totale et, au maximum, de dix-huit francs (18 fr.). En ce qui concerne les métayers, les versements annuels seront, au minimum, de six francs (6 fr.) ; ils emporteront de plein droit le versement de pareille somme par les propriétaires, à concurrence d'un maximum de neuf francs (9 fr.).

Ces versements bénéficieront, sur les fonds de l'État, d'une majoration allouée chaque année, à capital aliéné, au compte de l'intéressé; cette majoration sera égale au tiers des versements effectués.

Le droit à la majoration sera épuisé lorsque la rente viagère, résultant à soixante-cinq ans des majorations versées antérieurement, aura atteint le chiffre de soixante francs (6o fr.) ou lorsque le bénéficiaire cessera de faire partie des catégories visées au présent article.

Les dispositions des paragraphes précédents sont étendues : 1° Aux femmes et veuves non salariées des assurés des titres I et V ; 2° aux salariés dont le salaire annuel est supérieur à trois mille francs (3.ooo fr.), mais ne dépasse pas cinq mille francs (5.ooo fr.).   .

. . . .

ANNEXE VII

—

Tableau-résumé des dispositions de la loi sur les retraites

Loi du 5 avril 1910 sur les retraites ouvrières et paysannes
(Tableau extrait du *Bulletin de l'Office du Travail*, n° de mai 1910)

	ASSURANCE OBLIGATOIRE.	ASSURANCE FACULTATIVE.
1. Catégories assujetties et admises à l'assurance.	Salariés des deux sexes (industrie, commerce, agriculture, professions libérales) .... Serviteurs à gages; — salariés de l'État ne touchant pas une retraite (État, communes ou département) .... { gagnant moins de 3,000 fr. par an. (L'assuré qui cesse d'être assujetti à l'assurance conserve ses droits acquis.)	1. Fermiers, métayers, cultivateurs, artisans et petits patrons travaillant d'ordinaire seuls ou avec un seul ouvrier et des membres de leur famille, salariés ou non, vivant avec eur. (Retraites pour eux-mêmes ou pour les membres de leur famille non salariés). 2. Femmes et veuves non salariées des assurés obligatoires. 3. Salariés dont le salaire varie entre 3,000 et 5,000 francs. 4. Étrangers naturalisés avant l'âge de 5o ans. Les assurés facultatifs occupant des salariés faisant partie ou non de leur famille sont tenus à l'égard de ces derniers aux versements obligatoires des employeurs (voir n° 5).
2. Personnes dispensées de l'assurance.	Personnes versant en vue des pensions civiles et militaires. Personnel des mines; inscrits maritimes; personnel des chemins de fer (grandes compagnies et État); personnel des chemins de fer secondaires et tramways (à moins que leur retraite ne soit inférieure à celle que leur assurerait la loi). Salariés de l'État, des départements et des communes, affiliés à des caisses maintenues ou instituées par décret.	
3. Étrangers.	Les salariés étrangers travaillant en France ne bénéficient des contributions patronales et des allocations de l'État que si leur pays d'origine accorde la réciprocité. Les étrangers naturalisés avant 5o ans ont droit aux allocations de l'État et aux allocations spéciales prévues par la loi du 14 juillet 19o5.	Étrangers naturalisés avant l'âge de 5o ans.
4. Ressources.	Versements obligatoires et facultatifs des assurés; contribution des employeurs;	allocations viagères de l'État et allocations complémentaires en régime transitoire.
5. Versements, contributions et cotisations.	*Versements des assurés.* / *Contribution des employeurs.* Hommes.......... 9 fr. par an. / Par homme.......... 9 fr. par an. Femmes.......... 6 — / Par femme.......... 6 — Mineurs de 18 ans.... 4 5o — / Par mineur de 18 ans.. 4 5o — La cotisation totale est acquittée par le patron.	1. Fermiers, cultivateurs, artisans, petits patrons....... } cotisation totale { minimum : 9 fr. / maximum : 18 fr. } par assuré et par an. 2. Métayers : minimum de 6 francs avec versement égal du propriétaire, à concurrence de 9 fr. au maximum. 3. Femmes et veuves des assurés obligatoires et facultatifs. 4. Salariés gagnant de 3,000 à 5,000 francs par an.
6. Participation de l'État.	*Vieillesse.* 1. Allocation viagère de 6o francs à 65 ans, aux assurés ayant effectué 3o versements annuels atteignant (y compris les versements facultatifs) le montant fixé (270 fr.); ou proportionnelle aux versements : le nombre des versements, supérieur à 15 et inférieur à 3o, est multiplié par 1 fr. 5o. (Exemple : 18 versements donneront 18 × 1 fr. 5o = 27 fr.). 2. Exemption des droits de timbre et d'enregistrement; participation aux frais de gestion. 3. Allocation aux mutualités ou syndicats assurant contre la maladie, la vieillesse et l'invalidité; par an, par assuré : a) De moins de 18 ans, payant 3 francs d'assurance maladie : o fr. 75. b) De plus de 18 ans, payant 6 francs d'assurance maladie : 1 fr. 5o. Indemnités de fonctionnement. L'assuré conserve les avantages prévus par la loi du 14 juillet 19o5; la retraite est considérée comme provenant de l'épargne. *Invalidité.* Allocation réduite proportionnellement en cas de liquidation anticipée pour invalidité prématurée. La bonification de l'État ne peut dépasser 6o francs de rente et la retraite ne peut devenir supérieure au triple de la liquidation ou excéder 36o fr., bonification comprise.	1. Majoration annuelle, à capital aliéné, *égale au tiers* des versements annuels, jusqu'à ce que la rente résultant à 65 ans des majorations antérieures ait atteint 6o francs, tant que le bénéficiaire fait partie des catégories admises à l'assurance volontaire. 2. Allocations aux mutualités, etc. (comme pour les assurés obligatoires). 3. L'assuré qui a, depuis l'entrée en vigueur de la loi, ou depuis l'âge de 18 ans, versé 9 francs par an, bénéficie des mêmes avantages que l'assuré obligatoire : a) En cas d'incapacité prématurée; b) En ce qui concerne l'application de la loi du 14 juillet 19o5. Des dispositions spéciales concernent les assurés obligatoires passant à l'assurance volontaire, et inversement (voir art. 37).

DISPOSITIONS COMMUNES AUX ASSURÉS OBLIGATOIRES ET FACULTATIFS.

7.
Conditions de la liquidation.
—
Montant de la retraite.

Vieillesse.

Age normal : 65 ans.

Retraite anticipée à partir de 55 ans, avec réduction proportionnelle de l'allocation de l'Etat (et, pour la période transitoire, à condition que 5 versements annuels aient été effectués).

Incapacité.

Liquidation anticipée à n'importe quel âge, en cas d'incapacité absolue et permanente (en dehors des cas prévus par la loi du 9 avril 1898 sur les accidents du travail).

Somme constituée : 1° par les versements, capitalisés au taux d'intérêt de chaque caisse, et, *provisoirement*, d'après le tarif 3 p. o/o basé sur la table de mortalité de la Caisse nationale des retraites; 2° par les allocations de l'Etat. — Lorsque la retraite dépasse 180 francs, l'assuré peut affecter la valeur en capital du surplus, soit à une assurance au décès, soit à l'acquisition d'une terre ou d'une habitation inaliénable et insaisissable.

Montant touché, y compris les allocations de l'Etat, à 65 ans (au tarif o/o de la Caisse nationale), par les assurés ayant versé *chaque année* et qui, au moment de la mise en vigueur de la loi, étaient âgés de :

Assurés obligatoires.

PÉRIODE TRANSITOIRE.

AGE	HOMMES (1)	FEMMES	(PART de l'Etat)
	fr. c.	fr. c.	francs
64 ans.	102 06	(2) 101 38	(100)
60 —	103 69	(3) 99 79	(92)
55 —	109 06	100 04	(82)
50 —	118 64	103 09	(72)
45 —	132 93	100 29	(62)

PÉRIODE NORMALE.

AGE	Hommes.	Femmes.	(PART de l'Etat)
	fr.	fr. c.	francs
40 ans.	160 59	127 03	(60)
35 —	196 49	130 93	(60)
30 —	239 78	179 85	(60)
25 —	291 87	214 58	(60)
20 —	380 07	256 47	(60)
15 —	382 15	299 02	(60)
12 —	408 19	323 05	(60)

Assurés facultatifs.

AGE.	FERMIERS, ETC (3). VERSEMENT de 9 francs par an. Rente.	(Part de l'Etat (4).)	VERSEMENT de 18 francs par an. Rente.	(Part de l'Etat (4).)	MÉTAYERS. VERSEMENT TOTAL de 12 francs par an. Rente.	(Part de l'Etat (4).)
	fr. c.	fr. c.	fr. c.	fr. c.	fr. c.	fr. c.
64 ans........	50 63	(49 60)	52 00	(49 94)	51 10	(49 72)
60 —	52 23	(46 39)	60 02	(48 34)	54 82	(47 03)
50 —	58 06	(34 74)	89 15	(42 51)	68 42	(37 33)
40 —	67 05	(16 78)	134 10	(33 52)	89 40	(22 35)
30 —	119 85	(20 93)	239 70	(39 92)	159 80	(30 95)
25 —	154 57	(38 64)	291 88	(60 00)	206 11	(51 53)

Les personnes âgées de 65 à 69 ans, admissibles à l'assistance, reçoivent de l'Etat la moitié de l'allocation que leur attribue la loi du 14 juillet 1905, à concurrence de 100 francs au maximum (assurés obligatoires et facultatifs).

8.
Indemnités aux ayants droit.

En cas de décès d'un assuré non pourvu de sa pension et ayant effectué 8 versements, il est alloué :
1° à ses enfants : 50 francs par mois pendant 4, 5 ou 6 mois, selon qu'il y a 1, 2 ou 3 enfants de moins de 16 ans;
2° à sa veuve, sans enfants de moins de 16 ans, 50 francs par mois pendant 3 mois (art. 7).
L'assuré volontaire qui a, depuis l'entrée en vigueur de la loi ou depuis l'âge de 18 ans, versé 9 francs par an, bénéficie des mêmes avantages que l'assuré obligatoire.

9.
Retraite incessible et insaisissable.

Oui, excepté au profit des établissements publics hospitaliers pour le payement du prix de journées du pensionné hospitalisé, sauf en ce qui concerne les allocations en cas de décès.

(1) Les calculs sont faits, pour les *hommes*, avec interruption aux années 22 et 23, années du service militaire.

(2) Pendant un nombre restreint d'années, la rente totale des *femmes* qui part de 101 fr. 38 diminue d'une quantité très faible et tombe à 99 fr. 58 pour les titulaires âgées de 58 ans lors de l'application de la loi. Elle remonte ensuite pour atteindre 101 fr. 51 pour les titulaires âgées de 52 ans et continue à progresser comme l'indique le tableau.

(3) Les fermiers âgés de plus de 40 ans lors de la mise en vigueur de la loi, dont le fermage ne dépasse pas 600 francs bénéficient, pendant la période transitoire, des avantages accordés aux assurés obligatoires, à condition de verser 18 francs, par an.

(4) La part de l'Etat comprend : *a*) la majoration du tiers; *b*) la bonification pendant la période transitoire.

ANNEXE VIII

Critique du participationnisme

Les deux études qui suivent ont paru dans la Revue *le Sillon,* du 25 septembre 1906, et dans la Revue *A la Voile !* de Lille, numéro d'avril 1907.

Écrites à la demande d'amis qui m'interrogeaient sur ce qu'il y avait lieu de penser des « panacées jaunes », elles n'auraient guère qu'un intérêt rétrospectif, les Jaunes n'ayant même pas « vécu ce que vivent les roses, »... si l'on ne s'occupait de nouveau, en ce moment, des modes d'accession des travailleurs au capital industriel (1).

Nous les donnons telles quelles, avec leur style de polémique, qui ne leur ôte rien, d'ailleurs, de leur scrupuleuse objectivité.

Quelques réflexions sur la participation aux bénéfices, l'association du travail aux risques du capital, etc.

25 Septembre 1906.

Vous me demandez quelques explications au sujet de la médiocre confiance dont j'aurais témoigné — à Dijon (2) et ailleurs — par rapport à la participation

---

(1) Voir la récente étude de M. Ch. Gide sur « l'Actionnariat ouvrier », conférence faite à l'Université nouvelle de Bruxelles et publiée par la *Revue d'économie politique,* de janvier 1910; celle de M. Ch. Brouilhet, « Opinions sur l'actionnariat ouvrier »; *Quest. prat. de lég. ouvrière,* avril 1910; et celle de M. J. Doumergue, « Les actions du travail », dans *la Réf. économique,* du 27 mai 1910.

(2) A la *Semaine sociale* de Dijon.

aux bénéfices et aux chances de généralisation de cette institution : les voici aussi condensées et aussi claires qu'il m'a été possible de les formuler.

J'ai dit qu'il me semblait bizarre qu'on parût disposé à faire, à nouveau, de la réclame autour d'une institution aujourd'hui jugée en doctrine et en expérience. En effet, la question n'est pas neuve : elle est sur le tapis depuis plus de soixante ans.

En 1895, le *Musée social* ouvrait un grand concours sur la participation aux bénéfices : les mémoires déposés par mes excellents amis et collègues des Universités catholiques de Lille et de Paris, MM. Maurice Vanlaer et Paul Bureau obtenaient respectivement le second et le troisième prix ; et si le premier prix était décerné à un belge, M. Waxweiler, ce n'était pas que son manuscrit présentât une supériorité scientifique sur les autres, mais, — tout le monde le sut alors, — parce que le jury avait voulu donner à son vénérable président, M. Charles Robert, — mort depuis, et que l'on appelait *le Père de la participation* — la satisfaction de couronner le mémoire *le moins pessimiste* par rapport au présent et à l'avenir de la participation.

En fait, ce concours constituait le plus documenté et le plus probant des réquisitoires contre la portée pratique et les probabilités d'extension de cette institution.

La participation aux bénéfices — en somme — a-t-elle échoué jusqu'ici, et n'y a-t-il pas lieu d'espérer pour elle un plus grand succès dans l'avenir principalement parce que ce serait une institution *illogique*, si elle ne comporte pas — le cas échéant — la participation aux pertes, et *dangereuse* pour l'ouvrier, si elle ne le met pas à même d'obtenir du patron un droit de contrôle très minutieux sur sa gestion et sur sa comptabilité? Non pas. Ainsi que l'indiquait très nettement mon collègue et ami Bureau, dans un article récent (*Demain*, n° du 6 juillet 1905), ce sont là objections secondaires, et qui ne sont pas restées sans réponse.

L'illogisme et le danger de l'institution ne sont pas là.

L'illogisme de la participation consiste en ce qu'elle fait subir au travailleur, sur la rémunération de son travail, les contre-coups des décisions auxquelles il n'a pris aucune part. Dans la coopérative de production complète (et c'est là, d'ailleurs, précisément ce qui rend son fonctionnement si difficile, pour ne pas dire impossible, dans une foule de cas) si les résultats financiers sont intégralement partagés, les responsabilités de direction l'ont été également, et tout d'abord. Tous, ici, ne subissent les répercussions pécuniaires que de décisions prises collectivement. Dans la participation aux bénéfices, au contraire, la direction de l'entreprise reste absolument entre les mains du patron (c'est là, aussi bien, une nécessité pratique pour la bonne marche de quantité d'affaires, et c'est ce qui maintiendra pour de longs jours encore, sans doute, le régime capitaliste de l'industrie concentrée).

Quoi qu'il en soit, dans le régime de la participation aux bénéfices, le travailleur voit une part de la rémunération de son travail dépendre du plus ou moins d'habileté technique, de l'esprit d'économie plus ou moins stricte, des initiatives plus ou moins heureuses du patron ; et, par conséquent, pendant une *même* période, dans une *même* circonscription industrielle, des ouvriers exécutant exactement le *même* travail peuvent toucher des rémunérations très différentes pour ce même travail, suivant la plus ou moins grande prospérité de l'affaire particulière, de l'usine à laquelle ils sont attachés.

Mais on ferait volontiers bon marché de l'illogisme s'il n'y avait, à côté, le danger.

Le danger de la participation aux bénéfices consiste en ce qu'il fait passer une part de la rémunération des travailleurs du compte « frais généraux » qui groupe les dépenses stables, indispensables, irréductibles d'un bilan de société, au compte « profits et pertes » dont les éléments sont variables, aléatoires, constamment influencés par les inégalités du savoir-faire patronal, les surprises de la concurrence, les fluctuations de prix du marché économique.

En somme, *par la participation aux bénéfices, on fait lâcher à l'ouvrier la proie pour l'ombre*.

Ce qui importe, en effet, avant tout, à l'ouvrier c'est la sécurité d'un salaire à la fois stable, et régulièrement ascendant avec l'amélioration graduelle des conditions générales de la vie, — et rémunérant un travail accompli dans des conditions de jour en jour moins abrutissantes et plus humaines.

Toute l'attention du travailleur doit être concentrée sur cette progression régulière de la rémunération de son travail comme aussi sur la transformation constante des conditions d'exécution de ce travail. Or, « le jour où la participation aux bénéfices serait largement appliquée, aucun mouvement vigoureux en faveur de la hausse des salaires et de la diminution de la journée de travail ne serait plus possible. — On ne manquerait jamais de répondre aux associés que leur réclamation d'une augmentation de salaire est presque dénuée d'intérêt, puisqu'ils ont l'assurance de retrouver comme part dans les profits ce qu'ils n'auront pas obtenu sous forme de salaire » (1); et qu'une diminu-

_____

(1) PAUL BUREAU, *Demain*, n° du 6 juillet 1906.

tion des heures de travail serait de nature à leur porter tort, puisque, en diminuant la productivité de leur travail, elle réduirait du même coup la quote-part de bénéfice qui doit leur échoir.

C'est à ce même résultat, infiniment dangereux et dommageable, qui consiste à détourner l'attention de l'ouvrier de ce qui lui importe avant tout, qu'aboutirait aussi, — accompagnée d'autres inconvénients également très graves, — la réalisation sur une grande échelle d'une *idée jaune*, voisine de la participation, et que M. Biétry et ses amis prônent partout, depuis quelque temps, comme une panacée sociale. Pour ces messieurs, la question ouvrière serait bien près d'être résolue par « *l'obtention légale, par les travailleurs, d'une parcelle des revenus sociaux* » ; en termes moins sibyllins, si nous avons bien compris : par l'accession des travailleurs à une portion de la propriété industrielle.

« Quand, — lit-on, chaque semaine, en tête du journal de M. Biétry, — quand dans une usine qui compte par exemple 5.000 ouvriers, 500 d'entre eux posséderont seulement une action de 100 francs, il y aura quelque chose de changé. »... Eh bien, j'estime — quant à moi — que cette panacée sociale est, à la fois, une balançoire et un traquenard. — Remarquez, je vous prie, que je n'incrimine aucunement les intentions, et que ces deux caractères de ladite panacée ont, sans doute, échappé à ses inventeurs.

Et d'abord, le remède qui paraît prôné comme un remède général au régime moderne du salariat, n'apparaît comme applicable que dans les entreprises où le capital industriel est divisé par actions. Il est donc totalement inopérant au regard de toute une série d'affaires industrielles importantes dont le capital n'est pas divisé par actions, au regards de tous les métiers, au regard de toute l'agriculture.

Si, — d'ailleurs, — ce système obtenait un considérable succès, il devrait donc avoir pour effet de multiplier les affaires à capital divisé en actions, autrement dit d'augmenter encore le nombre des entreprises asservies au capital anonyme et irresponsable dont tous les moralistes avisés souhaitent si ardemment voir décliner la tyrannie économique.

D'autre part, et dans les limites mêmes où ce système apparaît comme applicable, il doit avoir pour résultat d'associer le travailleur aux risques d'une entreprise donnée, non seulement pour une portion de la rémunération au jour le jour de son travail, — comme dans la participation aux bénéfices, — mais pour une portion, pour la totalité même — peut-être — de son épargne en capital. *Et ici, le risque peut consister non seulement dans la non-augmentation de ce capital-épargne de l'ouvrier, mais dans sa perte intégrale*, si l'industrie vient à sombrer.

Ne voit-on pas le danger considérable que cela présente? la responsabilité écrasante que l'on assume en engageant le travailleur à placer, dans des conditions aussi aléatoires, son épargne, fruit sacré de ses privations et de ses sueurs?

Et, si l'on a dû, par une législation spéciale, entourer de garanties la conservation des réserves constituées par certains patrons, en vue des risques professionnels encourus par leur personnel, soit au moyen de retenues sur les salaires de leurs ouvriers, soit même par des contributions volontaires des seuls employeurs, ne voit-on pas quelles précautions bien plus grandes encore s'imposeraient, avant qu'on osât pousser les ouvriers à exposer le petit capital-épargne péniblement amassé par eux à tous les aléas d'une entreprise industrielle ?

Si cette association des travailleurs à la prospérité éventuelle de l'industrie à laquelle ils collaborent devait toujours se produire dans les conditions où vient de la réaliser un patron très généreux de ma connaissance, rien de mieux. Ce patron annonçait récemment à son personnel qu'il avait résolu d'intéresser tous ses collaborateurs à l'affaire qu'il dirige, en les déclarant *usufruitiers* chacun d'une obligation de 5oo francs qui leur donnera droit à toucher, chaque année, en plus des intérêts à 5 o/o de cette obligation, une part des bénéfices de l'entreprise proportionnelle à la valeur de leur titre par rapport au capital social.

Il n'y a ici qu'à applaudir, sans aucune réserve.

Mais, du jour où — au lieu de se résoudre en un *don gratuit,* comme dans le cas dont il s'agit — le régime préconisé aurait pour résultat de faire souscrire des parts du capital d'une entreprise par les ouvriers qui y collaborent, en y employant leur épargne, qui ne voit les dangers et les responsabilités que comporterait l'extension d'un pareil système?

Un mode de participation aux bénéfices qui, lui, ne présente pas d'inconvénients, est celui qui résulte d'une échelle de tarifs établie, par voie de contrat collectif, entre les employeurs et les employés syndiqués d'une même branche industrielle, ainsi que cela est pratiqué, avec grand succès, depuis plusieurs années, pour l'industrie minière de la région du Nord, sous le nom de *Conventions d'Arras.*

Des salaires de base ayant été fixés, d'un commun accord, par les délégués des sociétés houillères et les représentants des ouvriers syndiqués, pour les diverses catégories des travailleurs de la mine, ces salaires sont majorés de 5, de 10, de 20, de 40 o/o, conformément à des conventions périodiquement révisables, et d'après les conditions de prospérité générale de l'industrie houillère. Comme on le voit, l'application de ce système comporte, en somme, la fixation, par conventions synallagmatiques professionnelles, d'un *salaire minimum* pour chaque catégorie de travailleurs (le salaire de base) et d'une majoration variable, mais *uniforme pendant une période donnée* (un an, dix-huit mois, deux ans...), de ce salaire de base, suivant la plus ou moins grande prospérité de l'industrie.

On comprend sans peine que si, pendant une période un peu prolongée (quatre ou cinq années), les primes ont été fixées à 30, 35, 40 o/o du salaire de base, une portion de cette majoration de salaire peut être considérée comme définitivement acquise et moralement *consolidée*.

Voici donc un mode de participation des travailleurs aux bénéfices, ou plutôt à la prospérité générale de l'industrie, qui ne motive aucune réserve.

Il établit une certaine *stabilité du salaire*, qui n'est pas influencé par les résultats plus ou moins brillants de l'inventaire annuel de telle ou telle entreprise particulière. Il consacre, en même temps, une *progression graduelle* et constante de ce salaire (en dépit de quelques oscillations d'amplitude variable). Il ne dépend pas, enfin, du seul bon vouloir des patrons, mais il a pour titre une *convention librement débattue et souscrite* : c'est la charte consentie, au lieu de la charte octroyée.

⁎

Quelques réflexions
sur la « Participation au Capital »

Avril 1907

Depuis six mois, il semble que — dans certains

milieux — on tienne très fort à *se désolidariser de la participation aux bénéfices.*

« Jamais nous n'avons prétendu que la participation aux bénéfices était une théorie défendable au point de vue de la transformation du salariat que nous professons (*sic*) » (1).

« M. Faguet ne me semble pas avoir compris la pensée des Jaunes. — Et, d'abord, nous ne sommes pas pour la *participation aux bénéfices !...* » (2).

Dont acte.

Et voilà, tout au moins, l'horizon social déblayé d'une « nuée », selon l'expression chère à Maurras. — Mais la confiance que l'on mesure à la participation aux bénéfices, on la reporte tout entière sur *la participation au capital.*

Qu'y a-t-il donc lieu de penser de cette théorie, « au point de vue de la transformation du salariat que nous professons ? » (M. Biétry).

*
* *

On prétend que Napoléon Ier, au soir d'une victoire, ayant — à la critique — demandé à l'un de ses lieutenants : « Pourquoi, Maréchal, n'avez-vous pas appuyé votre action par quelques feux d'artillerie ? » — le Maréchal aurait répondu : « Sire, pour plusieurs raisons ; d'abord, je n'avais pas de canons... » Et Napoléon de l'interrompre : « Merci, Maréchal ; cette raison dispense des autres ».

On pourrait, sans doute, se dispenser d'autres arguments contre la participation au capital, envisagée comme procédé de transformation du salariat, si l'on

(1) M. Biétry. *Le Jaune,* du 9 février 1907.
(2) M. Poizat, traducteur d'*Electre; Le Jaune,* du 16 mars 1907.

établissait que sa réalisation ne saurait être que chi-mérique.

Et le raisonnement suivant pourrait être considéré comme apportant cette démonstration.

L'on cherche, en effet, à transformer le salariat parce qu'il ne procure pas à l'ouvrier une part suffi-sante dans la répartition soi-disant proportionnelle des résultats de la production entre le capital et le travail. — Les salaires, constate-t-on, sont trop bas pour permettre à l'ouvrier de vivre d'une vie com-plète, lui procurant la sécurité du présent et du len-demain. Ces salaires sont insuffisants — dans leur ensemble — pour comporter le prélèvement des di-verses primes d'assurances qui donneraient à l'ouvrier cette sécurité.

Et, cependant, *l'on prétend faire accéder l'ouvrier au capital*, et cela non par voie d'abandon volontaire de la part des capitalistes, non par voie d'appropria-tion violente de la part des travailleurs, mais *par voie d'achat*, en bourse, *à beaux deniers comptants, de parts dudit capital !*

Qui donc fournira aux travailleurs les deniers pour ces achats ? — Seront-ce les députés ??...

*
* *

Mais, supposons — libéralement — que la réalisation de cette théorie ne soit pas absolument chimérique.

Voici quels seraient les inconvénients infiniment gra-ves de ce prétendu mode de transformation du salariat.

Je néglige, intentionnellement, l'inconvénient qu'il y aurait à exposer l'épargne sacrée du travailleur (celle qu'il a réalisée, parfois, sur son *nécessaire*), aux aléas d'une entreprise industrielle quelconque : l'en-treprise dans laquelle se trouve engagée ce travailleur.

J'ai indiqué, ailleurs, cet inconvénient et les responsabilités graves qui en découleraient.

Je suppose un pareil placement garanti contre tout aléa.

Quels en seront les résultats ?

Certains ouvriers accèderont au capital industriel.

Ces ouvriers se présenteront désormais, dans leurs relations avec l'entreprise à laquelle ils sont attachés, sous un double aspect : sous l'aspect de *travailleurs,* d'une part, — et d'autre part, au titre d'actionnaires, de *capitalistes.*

Or, les intérêts qu'ils auront à faire valoir à ces deux titres seront, non pas convergents, mais -- souvent — absolument *divergents.* — Et si, chez eux, l'importance de l'aspect capitaliste arrive à acquérir une certaine ampleur, par comparaison avec l'aspect travailleur, *ce seront les intérêts-capitaliste qui primeront très vite les intérêts-travailleur.*

En effet, prenons une affaire au capital de 2 millions, qui occupe 1000 ouvriers, au salaire moyen de 1.000 francs par ouvrier et par an, et qui soit à même de distribuer depuis plusieurs années à ses actionnaires 200.000 francs de dividende, soit 10 % de son capital initial.

La situation de cette affaire se résumerait dans le tableau suivant :

Capital............... 2.000.000 fr.
Dividendes annuels.... 200.000 fr.

Soit 10°/₀ du capital.

Ouvriers occupés..... 1.000 fr.
Salaires annuels....... 1.000.000 fr.

Soit 1.000 fr. de salaire moyen par ouvrier et par an.

Qu'il se produise, par hypothèse, de la part des ouvriers de cette affaire, une revendication en vue d'une augmentation de leurs salaires :

Que résulterait-il du fait que les actionnaires consentiraient à abandonner la moitié de leurs dividendes annuels pour permettre cette augmentation ?

Il en résulterait cette modification au tableau :

Capital................. 2.000.000 fr.

Dividendes .... 100.000 fr.

Soit 5°/₀ du capital.

Ouvriers occupés...... 1.000

Salaires annuels....... 1.100.000 fr.

Soit 1.100 francs de salaire moyen par ouvrier et par an.

Or, si un des ouvriers de cette entreprise possède *une action de mille francs* (1) dans l'affaire à laquelle il collabore comme travailleur, cette modification dans la répartition des dividendes et salaires aurait pour résultat, en ce qui le concerne, d'augmenter de 100 francs son salaire de travailleur, mais en diminuant de 50 francs son dividende comme actionnaire. Cet ouvrier n'aurait donc qu'un intérêt de 50 francs à la hausse générale des salaires, alors que son voisin — c'est-à-dire tout autre ouvrier ne possédant aucun intérêt, en tant que capitaliste, dans l'affaire, — y trouverait un avantage intégral de 100 francs.

Si le même ouvrier possédait deux actions au lieu d'une, il n'aurait plus aucun intérêt personnel à l'augmentation générale des salaires, puisque à cette augmentation, en ce qui le concerne, correspondrait une

---

(1) Raisonnant sérieusement de choses sérieuses, nous ne faisons pas état de l'intérêt que pourrait avoir, comme capitaliste, dans une affaire, l'ouvrier qui serait possesseur d'une action de 100 francs.

diminution mathématiquement égale de ses dividendes d'actionnaire : 100 francs d'un côté, 100 francs de l'autre. — Enfin, si cet ouvrier possédait plus de deux actions, il aurait un intérêt très net à ce que la hausse générale des salaires ne fut pas accordée aux travailleurs, puisque, à cette opération, il perdrait plus comme actionnaire qu'il ne gagnerait comme salarié : sans compter *la dépréciation en capital* qui résulterait pour ses actions du fait de la diminution des dividendes.

On le voit, le résultat du système qui tend à faire de l'ouvrier un capitaliste intéressé comme tel dans l'affaire à laquelle il est attaché, d'autre part, comme travailleur consisterait à mettre ses intérêts de capitaliste en antagonisme avec ses intérêts de salarié, et à le désolidariser d'intérêt d'avec ses compagnons de travail qui, eux, n'auraient pas de part au capital de l'entreprise.

Et que l'on ne dise pas que l'inconvénient irait s'atténuant à mesure qu'un plus grand nombre d'ouvriers pourraient accéder au capital industriel.

L'injustice n'irait, au contraire, qu'en s'accentuant.

En effet, les ouvriers qui pourraient ainsi accéder au capital de l'entreprise ne seraient pas, — le plus souvent, — les plus intéressants ; car, *à travail égal ne correspond pas toujours* — beaucoup s'en faut — *puissance d'épargne égale* ; et ceux-là, précisément, qui *ne peuvent pas épargner*, soit parce qu'ils ont la charge d'une nombreuse famille, soit parce qu'ils ont subi telle ou telle malchance, telle ou telle incapacité plus ou moins prolongée de travail, etc.., sont à la fois, ceux dont le sort aurait le plus besoin d'amélioration et qui, d'ailleurs, *ne peuvent obtenir cette amélioration qu'au titre de leur travail*, et non au titre d'un capital qu'ils n'ont pu constituer et ne possèderont jamais.

Le système aboutit donc, en dernière analyse, à créer une catégorie de travailleurs-capitalistes dont les intérêts arrivent à converger avec ceux des capitalistes purs, et à se trouver — au contraire — en antagonisme avec ceux des travailleurs qui continuent à ne toucher de rémunération qu'au titre de leur travail. Et alors, si — dans l'entreprise que nous prenions pour type, tout à l'heure, — on arrivait à ce que 100 ouvriers possédassent chacun trois actions de mille francs, je vois très bien ce que les actionnaires de ladite entreprise y gagneraient en sécurité, pour avoir solidarisé leurs intérêts avec les intérêts apparents de ces 100 ouvriers ; — je vois, aussi, le bénéfice personnel que ces cent individualités pourraient, *momentanément*, en tirer ; — mais, je ne vois pas du tout ce que la masse ouvrière de l'usine y gagnerait « au point de vue de la transformation du salariat » : je vois très nettement, au contraire, ce qu'elle y perdrait par sa désagrégation, par l'opposition qui aurait été habilement créée entre les intérêts des travailleurs capitalistes et ceux des travailleurs non-capitalistes, par l'impossibilité peut-être définitive où — par le fait de ses divisions — serait la masse ouvrière d'obtenir, à l'avenir, aucune hausse de la rémunération de son travail.

⁂

Je résume les griefs contre *la participation de l'ouvrier au capital industriel*, à supposer que cette participation soit, jamais, réalisable sur une certaine échelle :

1° Ce procédé de transformation du salariat tend à *figer* la rémunération du travailleur, comme tel, en procurant à certains ouvriers une participation à la prospérité de l'industrie, en tant que capitalistes, et non pas au titre de leur travail.

2° Cette participation au capital, et par voie de conséquence à la prospérité de l'industrie, serait sans aucun rapport avec la somme de travail fournie par les collaborateurs-travailleurs de ladite industrie. — En effet, à travail égal et à salaire égal ne correspond pas du tout capacité d'épargne égale ; et ceux des ouvriers qui peuvent épargner ne sont pas toujours les plus intéressants.

3° *La véritable résultante pratique du procédé consisterait donc à créer un antagonisme d'intérêts entre travailleurs-capitalistes, et travailleurs non capitalistes.*

... Et, de moins en moins, je me persuade de l'avantage que pourraient bien trouver les travailleurs, à suivre ceux qui leur prêchent de pareilles doctrines.

**

Non, *l'accession du travailleur à la propriété*, si morale, si désirable, si bienfaisante au point de vue de la stabilité familiale et de la paix sociale, *doit être considérée comme une résultante de la réforme du salariat*, comme une des conséquences les plus heureuses qui puissent sortir d'une plus équitable répartition des résultats de la production industrielle, d'une plus large rémunération du travail.

Mais, *présenter cette accession à la propriété comme un point de départ de la réforme du salariat*, c'est se laisser égarer, ou vouloir égarer autrui par des mirages ; c'est mettre la charrue avant les bœufs, ou plus exactement atteler les bœufs à rebours, pour ramener la charrue en arrière et empêcher le sillon fécond de s'ouvrir.

TABLE ANALYTIQUE

DES MATIERES

CHAPITRE II. — Le contrat de travail et la morale sociale.

CHAPITRE III. — Nature juridique du contrat de travail.

CHAPITRE IV. — Les ambiances du contrat de travail.

I. — Les parties au contrat :
Employeurs et salariés.

II. — Sur le pied de guerre :
Les grèves et leur régularisation.

III. — Vers un régime de paix :
Les conventions collectives de travail.

IV. — L'arbitre :

*Les conditions du travail dans les marchés de fournitures
et de travaux publics.*

V. — Les invalides :

Un complément du salaire : les retraites ouvrières.

CHAPITRE V. — Projets de réforme du contrat de travail.

ANNEXES.

Le Mans. — Imprimerie Monnoyer. — Juillet 1910.